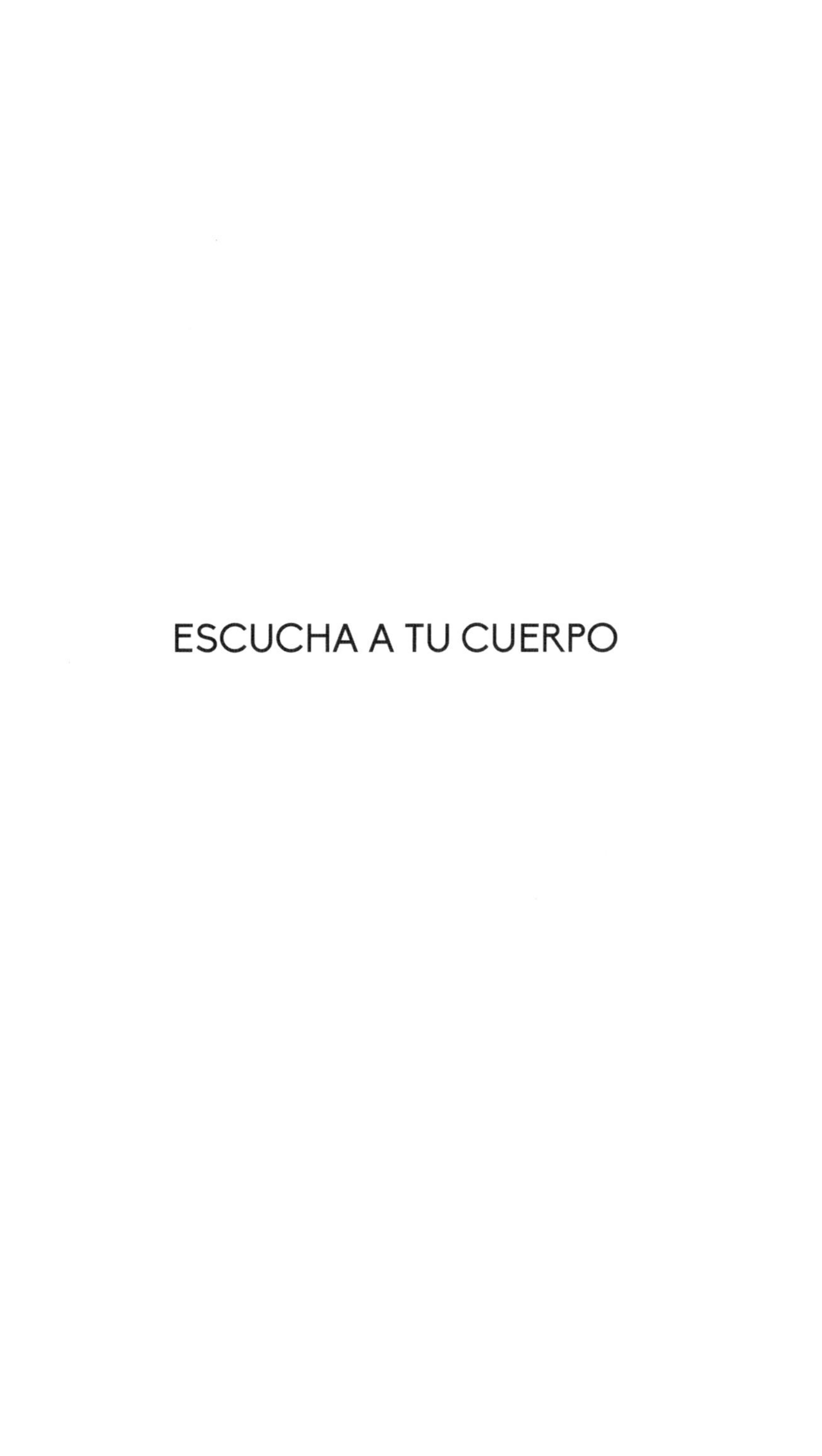

ESCUCHA A TU CUERPO

5ª edición: febrero 2025

Título original: ÉCOUTE TON CORPS
Traducido del francés por Editorial sirio
Diseño de portada: Editorial Sirio, S.A.

www.editorialsirio.com
sirio@editorialsirio.com

I.S.B.N.: 978-84-16579-08-2
Depósito Legal: MA-81-2016

Impreso en Imagraf Impresores, S. A.
c/ Nabucco, 14 D - Pol. Alameda
29006 - Málaga

Impreso en España

Puedes seguirnos en Facebook, X, YouTube e Instagram.

Lise Bourbeau

ESCUCHA A TU CUERPO

AGRADECIMIENTOS

Desde lo más profundo de mi corazón, quiero dar las gracias a todos aquellos que confiaron en mí lo bastante como para animarme a escribir este libro.

Mi más sincero agradecimiento a las personas que me ayudaron a realizar la primera edición en 1987: Denise Trépanier, Pierre Nadeau, Odette Pelletier, Liza Klimusko, Danielle Turcotte, Lise Fauteux y Édith Paul.

Gracias también a quienes me han ayudado a elaborar esta nueva edición: Micheline St-Jacques y Nathalie Thériault.

También quiero dar las gracias de forma muy particular a Jean-Pierre Gagnon, director de Les Éditions ETC, que está siempre ahí para animarme y apoyarme en la producción de todos mis libros.

Gracias igualmente a Monica Shields, la presidenta y directora general de la escuela *Escucha a tu cuerpo*, que está siempre a mi lado para ayudarme en infinidad de cosas y que se ocupó, además, del diseño de la nueva portada.

Un agradecimiento muy especial va dirigido a todos los lectores de este libro que deseen servirse de él para propagar el amor por toda la Tierra.

Dedico muy particularmente este libro a mis padres, a mis hermanos y hermanas, a mis dos cónyuges –el pasado y el actual– y a mis tres hijos, de los que tanto he aprendido. Hoy, sigo aprendiendo, entre otras cosas, el amor verdadero.

PREFACIO

El libro que ahora tienes entre tus manos ha sido escrito especialmente para ti. Aunque no seas consciente de ello, has realizado un gesto que de algún modo transformará tu vida.

Sea cual sea el motivo por el que hayas abierto este libro, puedes estar seguro de que, a través de sus páginas, pasaré a convertirme en tu gran amiga. Porque, una vez que me has elegido, siempre estaré a tu lado.

Me permito tutearte para poder sentirme más cerca de ti. Y, al igual que una amiga, mi más profundo deseo es ayudarte. Trataré de dar una respuesta a todas tus preguntas y te guiaré para que puedas descubrir toda la riqueza que hay en ti.

Sin embargo, sin tu participación no podré hacer nada. Si después de leer este libro lo dejas olvidado en un rincón de tu biblioteca, eso significará que renuncias a ayudarte a ti mismo. La decisión debes tomarla ahora.

Mi método es muy sencillo. Bastará con que leas atentamente cada uno de los capítulos y apliques en tu vida lo que aprendas en ellos, según tus necesidades. Al final de cada capítulo tendrás que hacer algunos ejercicios. Si sigues estas directrices que te doy, alcanzarás grandes logros.

Todo lo que te voy a transmitir es fruto de las investigaciones, los estudios y las observaciones que he realizado durante los últimos treinta años. Todo lo que menciono lo he experimentado por mí misma, y la felicidad que obtuve me impulsó a enseñar las grandes leyes de la vida y, finalmente, a escribir este libro.

Hasta ahora, miles y miles de personas han transformado sus vidas al aprender a descubrirse a sí mismas, sintiendo cada vez con más fuerza esa paz interior que antes creían inaccesible.

Te deseo una agradable estancia en el interior de ti mismo. Si te tomas el tiempo necesario y no te saltas ninguna etapa, también tú podrás realizar numerosos descubrimientos.

Con cariño,

LISE BOURBEAU

PRÓLOGO

Decidí revisar este libro para celebrar sus veinticinco años de existencia. De hecho, la primera edición apareció en 1987 y la llegada del año 2012 me animó especialmente a introducir algunas variaciones. A lo largo de estos veinticinco años, se han vendido ochocientos mil ejemplares y el libro se ha traducido a diecinueve idiomas.

No obstante, he tratado de conservar en la medida de lo posible su estructura original, aunque ajustándola a la enseñanza actual de *Escucha a Tu Cuerpo*. Es indudable que durante todos estos años se han realizado numerosos descubrimientos que he querido compartir con vosotros, los lectores. A pesar de todo, la enseñanza básica sigue siendo la misma. Este largo período me ha llevado a descubrir medios adicionales para transmitir mejor las enseñanzas, a fin de que resulte más sencillo integrarlas y llevarlas a la práctica.

Desde la publicación de este primer volumen, han aparecido otros veintiún libros, lo que os permite tener acceso al conjunto de mi enseñanza.

Primera parte

LAS GRANDES LEYES DE LA VIDA

Capítulo 1

EL OBJETIVO PRIMORDIAL DEL SER HUMANO

¿Te has preguntado alguna vez qué estás haciendo aquí, en la Tierra? ¿O cuál es tu objetivo como ser humano? ¡Hay que ver cuántas personas lo ignoran!

Sin embargo, la respuesta es muy sencilla. Todos tenemos el mismo objetivo: *evolucionar* para hacernos conscientes de quiénes somos.

Todo aquello que pueda denominarse VIDA debe crecer. Mira a tu alrededor. Cuando un árbol o una flor dejan de crecer es porque se están muriendo. Lo mismo sucede con los hombres. Todo ser humano debe seguir progresando y avanzando en su evolución. Para el hombre, esto significa «crecer interiormente». El alma es la que sigue desarrollándose a lo largo de toda tu vida, y no el cuerpo.

Pero ¿cómo se puede llegar a crecer? Jesús nos lo enseñó y nos lo transmitió de una forma muy sencilla, al decirnos que las dos principales verdades del ser humano son el AMOR y la FE. Realmente, no parecen entrañar ninguna complicación en sí mismas, pero mientras el ser humano siga empeñado en crearse todo tipo de problemas, la incomprensión hacia estas dos verdades permanecerá.

Jesús, un ser excepcional, vino a la Tierra al inicio de la era anterior, la era de Piscis, y, lamentablemente, han sido necesarios dos mil años para que su enseñanza comenzara a ser aceptada. Todos debemos aprender a amar para vivir mejor esta nueva época que ahora se inicia –la era de Acuario– y que nos aporta la energía necesaria para vivir de forma inteligente.

Se dice que cuando el ser humano aprenda realmente a amarse a sí mismo y a los demás, dominará la materia y su existencia en este planeta ya no será necesaria.

Debemos considerar a la Tierra como un ser, es decir, como un alma, como una persona. También ella tiene la responsabilidad de evolucionar.

Al igual que tu cuerpo está formado por billones de células, cada ser humano es como una célula de la Tierra. Si todas tus células están sanas, tu cuerpo gozará de buena salud y te sentirás muy bien en él. Y lo mismo sucede con este mundo que habitamos.

Cada ser humano tiene la obligación de purificarse, así como de conservar una buena salud física, mental y emocional; así es como vive generalmente un ser inteligente y espiritual. De esta forma, la armonía reinará entre todos los hombres y la Tierra se convertirá en un lugar lleno de amor, de paz y de felicidad.

Estás en este planeta para atender a tu propia evolución y no a la de los demás. Es inútil que utilices tus energías para juzgar, dirigir y dominar a los otros. Si estás aquí, es para ocuparte de ti mismo.

A lo largo de este libro, encontrarás medios e instrumentos que te permitirán convertirte en dueño de tu propia vida. Conforme vayas desarrollando esta gran fe y este gran amor hacia ti mismo, desprenderás tal cantidad de energía que tu relación con el entorno y la de tu entorno contigo se verán totalmente transformadas.

La Tierra (o la sociedad) es tan fuerte como pueda serlo el más débil de sus individuos, al igual que una cadena es tan fuerte como lo sea el más débil de sus eslabones.

Hay quienes afirman que, en su conjunto, el planeta está evolucionando. Sin embargo, si miras a tu alrededor, verás lo contrario. Las farmacias, los hospitales, las cárceles y los asilos se multiplican; la gente está cada vez más enferma y tiene verdaderos problemas físicos; mientras, los medios de comunicación (televisión, radio, prensa, Internet, etc.) te muestran a diario auténticas atrocidades... ¿Es esto el reflejo de la evolución? El ser humano tiene razón al sentirse insatisfecho.

Quizá tú también, en este momento, estés viviendo esta insatisfacción. Y, probablemente, este sea uno de los motivos por los que estás leyendo este libro. Sabes que en tu interior hay un vacío que continuamente intentas llenar. Pero ¿estás seguro de estar buscando en el lugar adecuado? No se trata de que mires a tu alrededor, sino dentro de ti mismo. Tu gran amigo está allí. Es la divinidad. Es tu DIOS interior y está aquí para guiarte y ayudarte.

Espero que desde ahora y hasta el final del libro llegues a descubrirlo realmente y consigas sentir su manifestación en todo lo que hagas. Porque, a partir de ese momento, y gracias a su eterno poder, serás capaz de realizar todo cuanto te propongas en la vida.

Imagino que te preguntarás: «¿Es posible que se trate de algo tan sencillo y a la vez tan inaccesible? Y si el ser humano es capaz de hacer cualquier cosa, ¿por qué hay tan pocas personas que lo consiguen?».

Tienes razón. En este momento, en la Tierra, son muy pocos los que han logrado convertirse en dueños de su propia vida. Pero no te desanimes, pues ya estamos empezando a despertar. Cada vez nos hacemos más preguntas y cada vez queremos ir más lejos, pues ahora somos conscientes de que existe algo más. Estamos en la era de la espiritualidad. Aunque al ser humano no le resulta nada fácil seguir profundizando. Por una parte, tiene demasiado orgullo y, por otra, demasiado miedo. ¡Miedo a descubrir un monstruo en su interior!

¿De dónde proviene ese miedo? Quizá proceda de la educación recibida o tal vez incluso de alguna de nuestras vidas anteriores. Pero esto carece de importancia. Olvidemos el pasado, pues este ya ha desaparecido y no puede cambiarse. El momento más precioso es el que vives en el presente. Y el futuro tan solo depende de ti y de lo que pienses ahora.

Si te estás iniciando en lo relativo a tu evolución personal, me gustaría prevenirte: puede que experimentes algunos trastornos. Tal vez llegues a tener la impresión de que los cimientos de tu ser se están sacudiendo y de que todo se va a desmoronar. Pero no te preocupes. No es más que una ilusión. Esta conmoción demuestra que algo está sucediendo en tu interior y que has decidido limpiarlo todo para mejorar tu calidad de vida.

Ya sea permaneciendo alerta a tus pensamientos, siguiendo cursos, asistiendo a conferencias o leyendo libros, estás en el buen camino, en un camino de búsqueda, de crecimiento personal y, a través de él, te estás purificando. Y para seguir purificándote más todavía, debes repetir ciertos actos. Repitiendo estos actos, acentúas tu purificación. Como ejemplo, imaginemos un vaso de agua salada en el que poco a poco vas vertiendo agua limpia. Llegado un momento, si sigues este proceso, el agua se purificará y terminarás por conseguir un vaso de agua totalmente pura. Esto es lo que sucederá en tu interior si practicas el crecimiento personal. Al comienzo quizá te sientas abrumado, incluso puede parecerte que tus problemas aumentan y se agravan, pero eso es solo una ilusión. Son los síntomas de que te estás haciendo más consciente. Pero, descuida, te aseguro que si perseveras, tus esfuerzos se verán recompensados.

El ser humano crece de la misma forma que lo hace todo cuanto existe en la Tierra. Un árbol surge gracias a una pequeña semilla. Esta semilla permanece en la oscuridad, en la humedad, en el frío, rodeada por una multitud de formas vivientes subterráneas. A pesar de todo, incluso de ella misma, y sin saber por qué, se siente irresistiblemente atraída hacia el sol y hacia la luz. En lugar de intentar hundirse cada vez más, por el contrario, sube, se libera de su corteza y atraviesa la capa de tierra a fin de ir hacia la luz. Y en cuanto alcanza la luz, empieza a crecer hasta convertirse en un árbol inmenso.

Lo mismo sucede con el ser humano. Hay personas que todavía se encuentran en plena oscuridad. Ignoran que pueda existir una alternativa. No ven. Aunque alguien les hable de la luz o se la muestre, no importa, para ellas la luz no existe. Inconscientes de su gran poder, no tienen idea de lo que verdaderamente son.

A pesar de todo, el ser humano que se decide a crecer es como la planta que está a punto de atravesar la corteza de tierra para dirigirse hacia el exterior. Comienza a ver la luz y se dirige hacia ella. Cuanto más sube, más experimenta su calor y más animado e iluminado se siente.

Como todos los que empiezan a crecer, seguramente vivirás algunos momentos difíciles. Cuando se está lleno de orgullo, resulta casi imposible admitir que los demás tengan razón. ¡No es fácil reconocer que otros puedan tener la respuesta! Con frecuencia, te gustaría cambiar a quienes te rodean para poder seguir teniendo razón. Es una prueba por la que hay que pasar y realmente vale la pena. Cuanto más llegues a dominar ese orgullo, con más facilidad dominarás las situaciones externas. Este esfuerzo te conducirá hacia la luz, hacia la felicidad.

El crecimiento personal se puede comparar con una herida. Para acelerar su curación, debemos aplicarle un medicamento (por ejemplo, agua oxigenada), que normalmente suele provocar un dolor todavía más fuerte. La finalidad de ese dolor es curar la herida y sabemos que, pasados unos momentos, la cicatrización empezará a tener lugar. Lo mismo sucede cuando nos encaminamos hacia el interior de nosotros mismos, cuando nos comprometemos a crecer, a purificarnos y a descubrirnos. El dolor es real, pero temporal, y lo único que hará será beneficiarnos.

Si experimentas algún dolor es porque todavía sigues resistiéndote, es decir, porque aún tienes miedo a dejarte llevar. Si me dices que no tienes las relaciones, el amor, la salud o el dinero que desearías, te preguntaré lo siguiente: «Si hay tantas cosas que no funcionan en tu vida, ¿qué temes perder?». No te resistas y déjate llevar. Convéncete de que empezando algo nuevo, tan solo puedes ganar. Tu crecimiento se beneficiará y tu desgracia será mucho menos dolorosa. Los que más sufren siempre son aquellos que se resisten. Cuanta más resistencia opongas, más persistirá el dolor y cuanto más te opongas a ciertas situaciones, más se repetirán estas. Sin duda es algo que ya has experimentado.

Es cierto que, en las personas que poseen un carácter fuerte, la resistencia suele ser mucho más pronunciada. Estas deberán esforzarse el doble. *Pero ahora lo que importa eres tú*. Sigue tu camino, persevera, consigue pequeñas victorias cotidianas y, gradualmente, llegarás a provocar todo aquello que desees en tu vida.

La palabra «DIOS» será mencionada a menudo a lo largo de este libro, así como algunos de los pasajes de las enseñanzas de Jesús. Pero no temas, este no es un libro religioso. En el mundo no existe más que una sola religión: *la religión del amor hacia uno mismo y hacia el prójimo, la religión de aceptar a los demás tal y como son.* No puedes renegar de DIOS pues eres una de SUS manifestaciones, al igual que todo cuanto existe en la Tierra.

El nivel de la conciencia humana es tan débil que, la mayoría de las veces, el hombre no sabe realmente lo que dice, lo que hace o lo que piensa. Lo hace todo de forma mecánica. Para llegar a dirigir tu vida, tendrás que volverte más consciente.

Todo cuanto percibes a través de tus sentidos, todo lo que ves a través de tus ojos o escuchas a través de tus oídos no es más que una ilusión. La realidad sucede en el mundo invisible. Antes de hacerse visible, todo debe pasar por el plano invisible. No hay nada en la Tierra que pueda existir antes de haber sido imaginado, pensado o soñado. Este es el gran poder del ser humano.

Las entidades del plano mineral (las rocas), del plano vegetal (las plantas y los árboles) y del plano animal no pueden crear. La única entidad en la Tierra capaz de crear es el ser humano. Es cierto que los animales pueden crear un nido, un lugar en el que ocultarse, por ejemplo, pero lo hacen de manera instintiva, para sobrevivir y perpetuar su especie, y no de forma consciente como el ser humano. Hemos alcanzado un grado de conciencia mucho más elevado que los otros tres reinos, es decir, el ser humano es consciente de Dios, de dónde viene y adónde va. Ahora debe alcanzar el quinto reino, que es el reino divino.

Cuando decimos que el hombre ha sido creado a imagen y semejanza de Dios, eso es precisamente lo que queremos decir. Dios ha creado la Tierra y todo cuanto existe en el cosmos. Eres una manifestación de la divinidad, es decir, la divinidad mora en ti. Para aceptar esta realidad, debes, en primer lugar, cambiar tu definición de la palabra «Dios». En realidad, DIOS no es un personaje, es más bien una energía creadora que se experimenta a través de ti y en todo lo que vive en este planeta. Hasta ahora, la mayor parte de las veces has utilizado esta energía para crear lo contrario de lo que deseabas.

PUEDES CREAR TODO CUANTO QUIERAS EN ESTE MUNDO.

¿Por qué no lo has hecho hasta ahora? Porque no te lo creías. No aceptar este poder es el gran error del ser humano.

Conforme vayas llevando a cabo actos de fe y empieces a realizar actos extraordinarios, comprenderás todo lo que esto supone y entenderás el significado de las siguientes palabras: *el ser humano se convierte en aquello que piensa*.

El pensamiento es una imagen que enviamos al mundo invisible. Al crear esta imagen y alimentarla con tu poder, le das vida. Este pensamiento se nutre de tus sentimientos y de tus emociones y, finalmente, pasa a convertirse en algo visible en el plano físico. El cosmos posee sus propias leyes y si las sigues, podrás conseguir lo que desees. Deberás empezar por el plano mental (imaginándolo), luego por el emocional (sintiéndolo como si ya estuviera ahí) y después por el físico (realizando acciones). Pero antes de comprometerte, habrás de aprender a ser consciente, pues el noventa por ciento de tu tiempo ignoras lo que estás pensando. Tus pensamientos son tan inconscientes que provocan infinidad de situaciones que no deseas o que te resultan desagradables. Además, tampoco resolverás nada culpando a los demás. Ellos no tienen nada que ver. El único responsable de lo que te pueda suceder eres tú mismo.

Tú eres quien ha materializado todo lo que ocurre, tanto lo positivo como lo negativo. Acepta que posees ese gran poder, y canalízalo. ¿No sería maravilloso utilizarlo para crear únicamente acontecimientos agradables?

Realmente, es desalentador pensar que todo cuanto te sucede es producto de una influencia externa. Si eres desgraciado y crees que los demás son los culpables de tu desgracia, ¡deberás tener paciencia y esperar a que ellos cambien para que tú puedas ser feliz! Y si estás enfermo y culpas de ello a causas externas (genética, fiebre, etc.), de nuevo habrás de ser paciente y esperar a que se transformen las causas externas para poder restablecerte. Pero ¿vas a seguir mucho tiempo así? ¿No sería mejor que tú mismo creases tu propia vida?

Visualízate dichoso. No te costará más de un minuto, y tu cuerpo se beneficiará enseguida. También es muy fácil asumir el papel de víctima y pensar que eres un desgraciado, que tienes mala suerte, que nadie te quiere..., pero lo único que conseguirás con esos pensamientos será que tu felicidad se volatilice. Se emplea el mismo tiempo y la misma energía en amar que en criticar, en agradecer lo que tenemos que en lamentar lo que nos falta. Tú eliges. ¡En un solo instante eres tú mismo quien lo cambia todo! No te dejes engañar por los sentidos y mira el mundo con los ojos del corazón.

Busca la belleza detrás de la fealdad, el amor detrás de las críticas y habrás dado el primer paso hacia el aprendizaje. Evolucionar significa convertirse en un ser espiritual.

SER ESPIRITUAL SIGNIFICA VER
Y SENTIR A DIOS POR TODAS PARTES.

La inteligencia divina quiere que todos seamos felices. Ahora, en la nueva época en que nos adentramos, tenemos la oportunidad de recibir la ayuda necesaria para vivir esa inteligencia y esa gracia.

¿Qué quiere decir una vida inteligente? Es una vida en la que únicamente manifestamos lo que nos es útil y agradable. El amor, la conciencia y la responsabilidad son los medios por excelencia para llegar a manifestar la inteligencia en nuestra vida. Más adelante se tratarán todos estos temas.

Detente unos instantes, intenta profundizar en tu interior y date cuenta de cuáles son tus pensamientos más frecuentes durante el día. ¿No mencionas a veces «tus dolores de cabeza», «tus dolores de espalda» o «tus problemas»? Te empeñas en prestarles tanta atención, les das tanta energía que tus males persisten. ¡Nos convertimos en aquello que pensamos! ¡No lo olvides! Cuando tus pensamientos no son inteligentes, te creas, en consecuencia, una vida desagradable.

Cuando estás con tus amigos o con tus seres queridos, ¿de qué hablas? ¿Evocas tus problemas o intentas encontrarles una solución? ¿Y qué haces con tu tiempo de ocio? ¿Ves programas de televisión constructivos que puedan enriquecer tu personalidad o prefieres dedicarte a ver películas que te hagan vivir momentos de angustia o de envidia? Debes ser consciente de que las películas falsean la realidad. ¿Y qué lees? ¿Artículos que enriquezcan o ayuden a evolucionar tu conciencia o las típicas novelas? Te conviertes en todo aquello que dejas penetrar en tu mente consciente y en tu mente subconsciente.

No estás en la Tierra para vivir en la riqueza o en la pobreza, en la popularidad o en el anonimato, en el trabajo o en el desempleo. Estás en la Tierra para «ser», es decir, para desarrollar tu individualidad, tu «yo superior». A la mayoría de la gente le preocupa su personalidad. Y cuando hablo de personalidad, no me refiero a la auténtica esencia de alguien, sino a aquello que se ve, aquello que percibimos, el *personaje*. Para poder alcanzar nuestra propia individualidad debemos librarnos de esta personalidad.

Lo que sigue es uno de los ejercicios mencionados en el prefacio. Encontrarás uno al final de cada capítulo. Si realmente deseas ayudarte a ti mismo, te aconsejo que les prestes una especial atención.

EJERCICIOS SUGERIDOS PARA ASIMILAR ESTE CAPÍTULO

1. Toma una hoja de papel y escribe en ella todo cuanto recuerdes haber hecho durante la semana:
    - Aquello que tienes conciencia de haber realizado en tu propio beneficio, que te ha hecho sentir bien y te ha dado una cierta felicidad.
    - Aquello que has hecho por los demás, mencionando si ha sido de forma voluntaria o qué fue lo que te motivó o te impulsó a hacerlo.
    - Nombra todas las personas a las que has criticado o juzgado durante la semana, así como a todas aquellas que han dicho o hecho algo que no te ha gustado o que hubieses preferido que no dijeran o hicieran. Incluye tanto las críticas de palabra como de pensamiento.
    - Escribe todo lo que recuerdes.
2. Ahora te sugiero que siempre que estés solo con tus pensamientos y hasta que te sientas preparado para iniciar el segundo capítulo, pronuncies la siguiente afirmación:

> SOY UNA MANIFESTACIÓN DE DIOS, SOY DIOS Y POR LO TANTO PUEDO CREAR AQUELLO QUE DESEO Y PUEDO LOGRAR UNA GRAN PAZ Y UNA GRAN FUERZA INTERIOR

Capítulo 2

MENTE CONSCIENTE, MENTE SUBCONSCIENTE, MENTE SUPERCONSCIENTE

Estoy segura de que el examen de conciencia propuesto como ejercicio al final del capítulo anterior te habrá ayudado a descubrir algunos aspectos de ti mismo que desconocías.

Te habrás dado cuenta de que a menudo actúas mecánicamente, sin ser consciente de lo que haces, y de que al final de cada jornada eres incapaz de recordar todo lo que has dicho o pensado. También es probable que hayas descubierto que hiciste algo por alguien sin preguntarte si realmente deseabas hacerlo. No te preocupes.

Como media, el ser humano tan solo es consciente de un diez por ciento de lo que piensa, dice o siente a lo largo del día. Asombroso, ¿verdad? Esto significa que el noventa por ciento de su tiempo lo emplea en actuar, hablar y pensar de forma automática. Juntos vamos a intentar modificar eso, pues para materializar lo que deseas, es primordial que tengas plena conciencia de cada uno de tus actos, palabras y emociones.

La parte de tu mente a la que llamamos «subconsciente» afecta directamente al plexo solar, el área situada entre el ombligo y la zona del corazón. Lo que queda registrado en el subconsciente actúa sobre tus emociones, las cuales, a su vez, influyen en tu forma de actuar.

El subconsciente de una persona activa, que viva en una gran ciudad, puede registrar hasta diez mil mensajes por día. Tu subconsciente es como una especie de ordenador. Graba todo cuanto sucede en tu vida. Desde el momento de tu concepción, es decir, nueve meses antes de tu nacimiento, va almacenando todo cuanto ha sido sentido, visto, oído y percibido por tus sentidos, seas o no consciente de ello.

Mientras te diriges hacia tu trabajo, tu subconsciente capta todas las señales de tráfico, las vallas publicitarias, los transeúntes, los nombres de las calles, los colores y los sonidos, es decir, todo aquello que estás viendo y oyendo, pues tu mente consciente todavía no está preparada para poder aceptarlo todo. Resultaría excesivo para ella. ¡El subconsciente está presente para acudir en tu ayuda y para mantenerte cuerdo!

El subconsciente es una parte de ti mismo que no razona. Lo acepta todo de la misma forma en que un ordenador admite todos los datos que le son introducidos. Es como una calculadora: si le mandas que multiplique 3 x 4, cuando tu intención era que calculase lo que son 4 x 4, sin lugar a dudas, te responderá que 12, pues no es capaz de adivinar tus errores, y menos aún tus intenciones. Acepta las órdenes tal y como se le dan.

El subconsciente hace exactamente lo mismo. Almacena todo cuanto penetra en su interior y hace que reacciones en consecuencia. Posee una enorme influencia sobre tu forma de ser, de actuar, de pensar y de sentir. ¿Cuántas veces no habrás pasado delante de la misma valla publicitaria en la que se anuncia una nueva marca de cigarrillos y, sin que hayas llegado a tomar conciencia de ello, has terminado por comprar justo esa marca? Sencillamente, te has dejado hipnotizar. Tu subconsciente ha captado el mensaje y, de repente, el deseo de probar esa nueva marca de cigarrillos se ha puesto de manifiesto. En la Tierra existen muchos hipnotizadores de este tipo: la televisión es uno de los más importantes.

La gente no es consciente de todo lo que capta; ¡hay que ver cuántas cosas hacen siguiendo esos mensajes! Por eso es importante prestar atención a lo que entra en tu subconsciente. Es tu más fiel servidor. No conoce ni el bien ni el mal; no sabe diferenciar entre lo que puede resultarte beneficioso o perjudicial. Se limita a darte los resultados de lo que le transmites.

Así pues, si alimentas continuamente pensamientos de temor o estás rodeado por personas que no te hablan más que de miedos, de desgracias o de cosas negativas, terminarás por reaccionar de la misma forma que ellas. Tus pensamientos negativos son registrados por tu subconsciente, este te los devuelve otra vez y vuelves a dejarte dominar por los pensamientos negativos. Entonces, tu subconsciente captará de nuevo estos pensamientos y te los enviará otra vez. Es un círculo vicioso.

Al poner la radio, tanto en casa como en el coche, también puedes llenarte de inquietud y de dudas. Mientras te dedicas a tus quehaceres cotidianos o a conducir, crees que no prestas atención a lo que están diciendo a través de las ondas, pero todo penetra sutilmente en tu subconsciente.

Tu subconsciente siempre actúa sobre el último mensaje recibido. Es como si fuese un taxista y el pensamiento el pasajero. Le pides al conductor que te lleve al número 62 de la calle Papineau. El taxista se dirige hacia la dirección que le has dado y hace todo lo posible por cumplir la orden recibida. Pero, pasados unos minutos, de repente te das cuenta de que te has equivocado y que el nombre de la calle es St. Denis y no Papineau. Entonces él cambia de itinerario con el fin de dirigirse hacia la nueva dirección. Al igual que el conductor del taxi, el subconsciente se limita a llevar a cabo el mensaje recibido.

Utilizo este ejemplo para que comprendas que, si te pasas la vida cambiando de ideas, tu subconsciente estará confuso y ya no sabrá qué escuchar ni a quién escuchar, exactamente igual que el taxista, el cual, después de que le hayas hecho cambiar ocho o diez veces de dirección, finalmente perderá los estribos y exclamará: «¡Señor, a ver si se aclara usted de una vez! ¿Tiene o no alguna idea de adónde quiere ir?». Y lo mismo le sucede a tu subconsciente. Sin embargo, si le transmites el mismo mensaje con asiduidad, te proporcionará las situaciones, los encuentros y los acontecimientos que te conducirán a la concreción de tus deseos.

Pongamos otro ejemplo. Has decidido que el año que viene te mudarás de tu apartamento y te trasladarás a vivir a una hermosa casa, al lado del mar. Empiezas a pensar en tu nueva casa, te la imaginas y la visualizas, incluso puedes sentir la felicidad de estar ya ahí, en ella, sentir el frescor del agua.

Debes saber que tu subconsciente lo comprende todo mucho mejor y con más rapidez si le ayudas con imágenes, resultando por tanto mucho más eficaz. Así pues, imagínatela y piensa en ella continuamente. Con toda seguridad, el año que viene la habrás conseguido. ¿Cómo? ¿Con qué dinero? ¡Eso es lo de menos!

Sucede lo mismo que con el conductor del taxi. Dale una dirección y no cambies de idea. Siéntate tranquilamente en el coche y déjate conducir hacia donde quieres ir. No hay duda de que llegarás a tu destino. Sea cual sea el camino tomado y sea cual sea el motivo de tu elección, el taxista te llevará al lugar elegido. Haz lo mismo con tu subconsciente. Dale una orden, déjate conducir y espera a que te lleve adonde quieres ir.

Lo más importante es recordar que no tienes que cambiar de idea. No te dejes influenciar por las opiniones de otras personas. En cuanto reveles tus intenciones, los demás empezarán a ensañarse contigo y a llenarte de preguntas de este tipo: «¿Esperas conseguir una casa así?», «¿Cómo vas a reunir el dinero necesario?». Entonces las dudas comenzarán a asaltarte y no podrás evitar pensar: «Quizá voy demasiado deprisa, quizá debería esperar un año más».

¡Y ya está! Al cambiar de idea, has cambiado la orden dada al subconsciente, y este asimila tu último pensamiento, es decir, el de que ya no deseas cambiar de casa. Pero al día siguiente vuelves a pensar de nuevo en tus planes o te das cuenta de que realmente deseas mudarte y, de nuevo, tu subconsciente vuelve a trabajar sobre ello.

El ser humano cambia de idea continuamente. Aprender a concentrarse en aquello que deseas requiere una gran maestría. Tu subconsciente no razona; no conoce el bien ni el mal. Es una gran fuerza que posees en tu interior. ¿Por qué no utilizarla para tu propio beneficio? Todo ser humano posee una mente subconsciente, y la forma de utilizarla solo le concierne a él.

A partir de ahora, empieza a visualizar cómo desearías que fuese tu vida. ¿Te gustaría sentirte rodeado de amor? ¿Desearías llevarte mejor con tus hijos? ¿Morirías por conseguir el empleo con el que siempre has soñado? Tu subconsciente puede hacer que consigas todo lo que deseas. Si no te gusta tu trabajo, visualízate anunciando a tus amigos la fantástica noticia, visualízate diciéndoles que acabas de encontrar un trabajo maravilloso, el trabajo que siempre habías soñado. ¡Siéntelo dentro de ti!

Si piensas en ello conscientemente, razonándolo, y le das una orden a tu subconsciente, diciéndole que te gustaría tener un determinado tipo de trabajo, con un sueldo concreto, en un lugar en especial y con un jefe con unas determinadas características, lo único que conseguirás es reducir tus posibilidades y hacerlo mucho más difícil. Si pretendes conseguir algo demasiado preciso, es como si le dijeses al conductor del taxi por dónde tiene que ir. Seguramente, el recorrido será bastante más largo y el viaje te costará el doble.

Simplemente, confía en tu subconsciente, el cual se halla vinculado al superconsciente, que, a su vez, posee grandes poderes. Debes decirle con exactitud lo que deseas, pero no los detalles, ni el camino que debe seguir para conseguirlo.

¿Deseas una pareja? Es inútil programar su altura, el color de sus ojos, su profesión, si ronca o si lleva dentadura postiza, pues no harías más que reducir el número de posibilidades. Tan solo habrá uno entre muchos miles que responda al tipo de persona deseada. Sería mejor que te visualizaras con una persona, pero sin verla en detalle. Desea que se trate de alguien fantástico, de alguien con quien poder aprender y que congenie contigo. Quizá encuentres un tipo de persona en la que jamás se te hubiese ocurrido pensar, pero que es la que necesitas realmente.

Según cierta teoría, en una gran ciudad, para cada uno de sus habitantes, hay como mínimo tres mil quinientas personas del sexo opuesto que pueden ser compatibles. Así pues, no debes preocuparte.

También es importante no olvidar esa parte de ti mismo a la que denominamos superconsciente y que está situada en tu interior. El superconsciente se halla vinculado a tu aspecto divino. Es esa parte de ti que conoce todas tus vidas, tanto anteriores como futuras. Es tu Dios y sabe exactamente cuál es el camino que debes seguir para llegar a la perfección, para alcanzar tu perfección divina. En resumen, es otro nombre para designar a Dios.

Por ello, cuando pidas, desees o pienses tener una necesidad real y le des la orden a tu subconsciente, también debes pedirle que consulte con tu superconsciente con el fin de saber si aquello que deseas es algo realmente positivo y beneficioso para ti. De no ser así, tal vez recibas un nuevo mensaje que te advierta de ello y te invite a desear otra cosa. Ese nuevo deseo será, además, aún más fuerte que el primero.

Volvamos al ejemplo de la casa al borde del mar. Si esta no se corresponde a lo que actualmente es más beneficioso para ti y estás abierto a escuchar un mensaje de tu superconsciencia, recibirás ese mensaje en las semanas siguientes. Para que esto ocurra, debes estar alerta a lo que sientes.

TU DIOS INTERIOR TE HABLA FUNDAMENTALMENTE A TRAVÉS DE LO QUE SIENTES. PORQUE LO IMPORTANTE ES LO QUE SIENTES, NO LO QUE PIENSAS.

Cuando se manifieste el nuevo deseo y estés indeciso, verifica cómo te sientes con cada uno de ellos. Comprueba cuál de los dos produce una verdadera exaltación en tu interior. Cuando tengas las ideas claras, la decisión será fácil de tomar: «Esto es lo que deseaba realmente y no la casa de la playa».

Es tan reconfortante saber que en nosotros existe esta gran fuerza directamente vinculada al gran poder universal, a la totalidad del cosmos, a la superconsciencia de todos cuantos habitamos en la Tierra, como saber que todas las células del cuerpo humano se hallan vinculadas entre sí.

Esta parte de la superconsciencia está siempre presente, las veinticuatro horas del día, para aconsejarte y ayudarte. Sería una excelente idea que le dieses un nombre. Cuando aprendas a hablarte a ti mismo, a hablar con tu superconsciencia, tendrás la impresión de que te estás dirigiendo a un buen amigo. La elección de su nombre la dejo en tus manos.

Con frecuencia suelo sugerirle a la gente que le busque un nombre que no pueda confundirse con ningún otro y que tampoco pueda estar relacionado con ningún recuerdo. Sugiero «Arom», que contiene las mismas letras que la palabra «amor». Ahora tienes a alguien en quien confiar y con quien poder hablar.

Verás cómo ya no volverás a estar solo nunca más. Esta gran fuerza, oculta en tu interior, sabrá exactamente lo que es mejor para ti. Y si piensas, dices o haces algo que vaya en contra de este gran poder interior, tu superconsciencia se encargará de enviarte un mensaje a través de tu mente subconsciente. Este mensaje te hará tomar conciencia de que, en estos precisos momentos, estás haciendo algo que no es bueno para ti.

¡Te das cuenta de lo maravilloso que es esto! Eres tu propio terapeuta. Puedes vivir a tu antojo y cada vez que des un paso equivocado, recibirás alguna señal. Ya no tienes por qué preocuparte, ni por qué pensar una y mil veces las cosas, ni analizarlo todo antes de tomar una decisión. Tu gran poder interior, tu Dios, siempre estará ahí para hacerlo en tu lugar. Este es un excelente medio para dejar a un lado las preocupaciones y aceptar que hay algo en tu interior que siempre te guiará a tomar la decisión correcta.

Cuando tomes el camino equivocado, tu superconsciente encontrará la manera de advertirte. Su mensaje puede llegarte en forma de enfermedad, malestar, exceso de emotividad, falta de energía, problemas de peso, algún accidente, adicción al alcohol o a las drogas, tendencia a dormir o comer en exceso o demasiado poco, etc.

Desde que naciste, has recibido miles de mensajes. Al no poder descifrarlos, atribuiste todos tus malestares o angustias a algo procedente del exterior. Este es el motivo por el cual la gente tiene problemas en su vida personal. Buscan en el lugar equivocado.

Fuiste creado a imagen y semejanza de Dios, es decir, perfecto. Sin embargo, cada vez que te sucede algo que va en contra de tus deseos y de tus necesidades, es decir, cada vez que sufres algún tipo de carencia o frustración, te apartas de tu natural esencia. En esos momentos, Dios, en su perfección, te hace llegar un mensaje para indicarte que no vas por el buen camino, por el camino del AMOR. El objetivo de dicho mensaje es llamar tu atención sobre tu forma equivocada de pensar –lo que sucede en tu *interior*–, que es la responsable directa del sufrimiento que vives en el mundo *exterior*.

Dios, en su amor incondicional, nos ha dado libre albedrío, libertad para cometer nuestros propios errores y vivir nuestras vidas tal y como nos parezca. Y precisamente ese es uno de los motivos por los que sufrimos tantos sinsabores. Dios te ama como un padre ama a su hijo. Si este desea abandonar el hogar a una edad temprana y vivir sus propias experiencias, la primera reacción de los padres protectores suele ser resistirse y advertirle sobre los errores que ellos cometieron cuando tenían su edad, con la esperanza de evitárselos. Pero cuando existe un amor verdadero, este gran amor que sienten hacia su hijo finalmente los inspirará para dejarlo ir en busca de su propia aventura, de su propio aprendizaje.

Eso es lo que Dios hace contigo. Él siempre está presente en tu interior. Ve todo cuanto sucede a tu alrededor, pero te deja libertad para poder elegir aquello que deseas y lo que no. Si actúas contra sus leyes, le enviará un mensaje a tu superconsciencia de forma inmediata. Pero, finalmente, la elección dependerá únicamente de ti.

Cuando tengas un accidente, una enfermedad o una emoción difícil de controlar, en lugar de enfadarte, acepta la situación y da gracias a tu Dios interior por el mensaje. Rebelarte no hará más que agravar la situación. Obsérvate de manera objetiva, sabiendo que estás viviendo una experiencia con la finalidad de aprender sobre ti. Intenta comprender lo que trata de enseñarte. Eso te liberará, te ayudará a estar en armonía contigo mismo y a obtener una mayor paz interior.

Sé que, a partir de hoy, desearás volverte mucho más consciente y aprender a dirigir tu vida. Así pues, lo único que debes hacer es intentar comprender los mensajes y actuar en consecuencia.

Ejercicios sugeridos para asimilar este capítulo

1. Antes de pasar al capítulo siguiente, toma una hoja de papel y escribe todo cuanto recuerdes de lo que haya podido sucederte gracias al poder de tu subconsciente. Seguramente ignorabas que así es como provocas los acontecimientos de tu vida. Intenta recordar algunos de esos acontecimientos, tanto los que te resultaron agradables como los que no. Puedes haber tenido miedo de que te sucediera algo y, por supuesto, al final, te sucedió. O bien puedes haber deseado algo con todas tus fuerzas y lo conseguiste. Sin darte cuenta, estabas programando tu subconsciente. Escribe todo cuanto recuerdes haber provocado. A partir de ahí, empezarás a tomar conciencia de la fuerza que siempre te ha acompañado, pero que ignorabas poseer.
2. Ahora vas a visualizar, vas a imaginar algo que te gustaría que sucediera en los próximos días. Puede ser algo pequeño, sin grandes pretensiones. Deséalo con todas tus fuerzas y dedica algunos momentos del día para visualizarlo como si ya hubiese ocurrido. Haz la prueba y verás cómo puedes conseguir todo cuanto desees. Debes saber que tu subconsciente no comprende ni el pasado ni el futuro. Si le dices: «Algún día *conseguiré* tal o tal cosa», no lo

entenderá. Para materializar tus deseos debes afirmar y sentir que en este momento, en el momento presente, ya has obtenido aquello que deseas. Debes visualizarte disfrutándolo, imaginar escenas en las que ya lo tienes.

3. Puedes leer y releer este capítulo cuantas veces sea necesario hasta conseguir aquello que deseas.
4. Esta es la afirmación que debes hacer cada día con la máxima frecuencia posible:

AHORA CONSIDERO A MI CUERPO COMO MI MEJOR AMIGO Y MI GUÍA EN ESTA TIERRA Y ESTOY APRENDIENDO A RESPETARLO, A ACEPTARLO Y A AMARLO COMO SE MERECE.

Capítulo 3

COMPROMISO Y RESPONSABILIDAD

Es importante establecer la diferencia entre los compromisos y la responsabilidad. El diccionario define la palabra «responsabilidad» como la capacidad para reconocer y aceptar las consecuencias de nuestras elecciones.

Seguramente estarás de acuerdo conmigo en que, la mayoría de las veces, lo que sufrimos son las consecuencias de las elecciones de los demás. Si alguien cercano se siente desgraciado por el motivo que sea, nos sentimos mal, nos sentimos incluso culpables, y hacemos todo lo que está en nuestras manos para ayudarlo a cambiar su estado de ánimo. Pues bien, aunque suene a egoísmo, lo cierto es que la verdadera responsabilidad del ser humano no es la felicidad del otro.

NUESTRA «ÚNICA» RESPONSABILIDAD EN ESTA TIERRA ES LA DE NUESTRA PROPIA EVOLUCIÓN, ES DECIR, LA DE ELEGIR, TOMAR DECISIONES Y ACEPTAR SUS CONSECUENCIAS.

Tú eres el responsable de tu vida desde el momento en que fuiste concebido. Quizá esto te pueda parecer algo inverosímil, pero eres tú quien ha elegido a tus padres, tu ambiente familiar e incluso tu país. Tal vez te resulte difícil de aceptar, pero todo ello forma parte del concepto de responsabilidad.

Mientras sigas albergando alguna pequeña duda acerca de tu responsabilidad, no podrás cambiar ninguno de los acontecimientos de tu vida. Debes comprender y aceptar que tú eres el único responsable. Si no te gusta el resultado de tus propias decisiones, no tienes más que cambiarlas. Solo tú puedes dirigir tu vida. Tu gran responsabilidad eres tú mismo. Y ello implica aceptar que los demás también son responsables de «sus» propias vidas.

El mejor regalo que un padre puede hacer a sus hijos es mostrarles el significado de la palabra «responsabilidad». Por ejemplo, si una mañana, un niño decide no ir al colegio porque no le apetece y le pide a su madre que le escriba una nota en la que diga que no ha podido asistir a clase por estar enfermo, lo que estará haciendo será adoptar una decisión sin asumir las consecuencias. En este caso, la madre debería escribir en la nota: «Mi hijo ha faltado a clase porque le ha apetecido». Tal vez el niño se ponga de muy mal humor y entonces la madre debería responderle: «Has sido tú quien ha tomado esta decisión, ¿por qué tengo que ser yo la que mienta? ¿Por qué tengo que decir algo que me incomoda? ¡Enfréntate a tus decisiones y asume las consecuencias!».

La reacción de la madre suscitará, probablemente, una conversación con el niño sobre sus motivos y sus miedos para no querer ir a la escuela, por ejemplo.

Otra escena: el niño quiere salir a jugar a la calle sin ponerse un jersey. La madre, consciente del frío que hace fuera, le propone que se abrigue. El niño le dice que no le apetece abrigarse más. Lo que tendría que hacer la madre es dejarlo salir así. Se trata de su cuerpo y, por lo tanto, él es quien debe decidir. Si la madre se empeña en convencerlo para que se abrigue y le dice que si no lo hace se resfriará, el niño empezará a pensar en la enfermedad y sin duda acabará con una gripe. Pero si respeta la decisión de su hijo y le dice: «Si estás convencido, puedes salir así. Pero si después tienes frío, vuelve y ponte el jersey». La postura del niño cambiará de forma radical. Si no se abriga para salir a la calle, será su propia elección y, por lo tanto, no pensará en la enfermedad. Y si al cabo de un rato empieza a tener frío, se sentirá con libertad suficiente como para poder volver a casa y ponerse una prenda de abrigo.

¡Cuántas veces el niño hace lo contrario de lo que realmente desearía con el único fin de desafiar a sus padres! Y a su vez, los padres se sienten fracasados porque su hijo toma un camino diferente al que habían soñado para él. Cuando el joven deja los estudios, o entra en contacto con drogas, o roba e incluso acaba en prisión, los padres sufren no solo por la preocupación lógica que nace del amor sino, sobre todo, porque asumen una responsabilidad que no les corresponde: se responsabilizan de decisiones ajenas y eso va en contra de las grandes leyes naturales.

Desgraciadamente, este tipo de actitud se prolonga a lo largo de nuestra vida adulta. Seguimos alimentando toda clase de expectativas frente a nuestros familiares. Creemos que debemos olvidarnos de nosotros durante un tiempo, si son desgraciados, y hacer por ellos todo cuanto podamos. Además, estamos convencidos de que, gracias a nosotros, serán felices. Esta actitud no consigue, en realidad, más que inflar nuestro ego. Nos impide asentarnos en el corazón, seguir las grandes leyes del amor y de la responsabilidad.

En el momento en que actuamos contra estas leyes, provocamos toda una serie de reacciones que se manifiestan en forma de enfermedades, malestares y emociones negativas. Hay grandes leyes que se establecieron para gobernar la Tierra. Son las leyes físicas, cósmicas, psíquicas y espirituales. Si alguien decide beberse un vaso de veneno porque, aun siendo consciente del peligro, el líquido tiene toda la apariencia del agua, su cuerpo sufrirá una violenta reacción, pues se habrá enfrentado a las leyes de la física.

La gran ley de la responsabilidad forma parte de la ley del amor. Es una gran ley espiritual que afecta a lo más profundo del alma. Todo ser humano es responsable de sí mismo, de lo que «es» y de lo que «tiene». Sabemos que sentirse responsable de la felicidad o de la desgracia de los demás implica un sentimiento de culpabilidad. Si eres hipersensible y te sientes responsable de todo lo que les sucede a quienes te rodean, sabrás qué incómoda puede llegar a ser esta posición. Por otro lado, actuando de esta forma, te creas falsas expectativas con respecto a los otros. Aquel que se preocupa en exceso por los demás y se desvive por ellos, suele esperar que estos hagan lo mismo por él. Y cuando no sucede así, aparecen las decepciones, la ira y las frustraciones.

Los padres que elegiste tienen algo que enseñarte. Y mientras no aceptes este hecho, darás paso a un sinfín de situaciones desagradables. Si tienes hijos es porque así lo elegiste, ya sea consciente o inconscientemente. No los has tenido para dirigir sus vidas, sino para guiarlos y aprender de ellos. Todo encuentro, toda situación te aporta algo; te permite evolucionar.

Si eres padre o madre, es importante que empieces a enseñar a tus hijos, desde muy pequeños, que ellos son los responsables de sus propias elecciones. Si tu hijo te dice que deja los estudios porque no le apetece seguir estudiando y ya no aprende nada en la escuela, te sugiero que le contestes: «Bueno, pero ¿sabes lo que puede pasarte si dejas la escuela antes de completar tus estudios? ¿Estás dispuesto a aceptar que tendrás que ponerte a trabajar y que quizá no puedas encontrar el trabajo que deseas por la simple razón de no tener ningún título? ¿Estás seguro de poder enfrentarte a ello?». Si te respondiera de forma afirmativa y realmente este fuese su deseo, será preferible dejarle hacer lo que quiera y permitirle vivir sus propias experiencias. Si no, lo más probable es que haga todo lo posible para desafiarte. Los padres pueden aconsejar o guiar a sus hijos, pero deben dejar que sean ellos quienes decidan si aceptan o no sus consejos.

Si ya afrontas la paternidad o esperas hacerlo en un futuro, te preocuparás ante este concepto de responsabilidad en el sentido de que cada cual es responsable de sí mismo y de sus propios actos. Seguramente te gustaría responder: «Sí, esta idea de responsabilidad está muy bien, pero no puedo dejar que mi hijo haga lo que quiera, soy responsable de él. Y encima soy yo quien sufrirá las consecuencias si no encuentra trabajo. Sin dinero, seguirá dependiendo de mí».

Como padre, tu única responsabilidad es la de amar y guiar a tus hijos. Intenta recordar tu infancia. Sin duda, no pudiste tener todos los juguetes que deseabas, ni todos los «caprichos» que se te antojaban, pero sabías que tus padres te amaban de verdad y vivías en un ambiente lleno de amor. ¿Acaso esto no era lo más importante para ti? Lo que desea cualquier ser humano en la Tierra es *vivir el amor*. A esto es a lo que todos aspiramos en lo más profundo de nuestro ser. En el próximo capítulo, definiré qué es realmente el amor verdadero. Tomar la decisión de tener un hijo implica un compromiso, al igual que también lo implica decidirse a vivir en pareja.

Ni un solo ser humano ha sido puesto en este planeta para ser responsable de la felicidad o de la desgracia de otro. Tú no eres el responsable de la felicidad o de la desgracia de tu padre, de tu madre, de tus hijos, de tu pareja, de tus amigos o del resto de la gente que te rodea.

Por el contrario, sí eres responsable de la actitud que la gente demuestra hacia ti. Sorprendente, ¿no es cierto? Eres tú quien motiva el hecho de que una persona se muestre dulce, violenta, crítica o amorosa contigo. De forma inconsciente, haces que se acerque a ti en función de lo que eres. Los demás actúan contigo de la misma manera que tú actúas contigo mismo. ¿Eres consciente de ello?

Pongamos como ejemplo a una persona que cuando está contigo no hace más que criticarlo todo. Nunca encuentra nada a su gusto y digas lo que digas, siempre parece estar en desacuerdo. Si la juzgas como a una persona crítica, se comportará como tal y no dejará de criticarte, pues eso es lo que has decretado. Ella está en tu vida para hacerte comprender hasta qué punto te criticas a ti mismo. Sin embargo, puede haber otra persona que la aprecie mucho y no vea en ella más que franqueza y sinceridad. Por tanto, la misma que contigo se ha mostrado siempre tan crítica, ante quien la ve de una forma distinta, se convierte en un ser de lo más dulce y agradable. Tus vibraciones hacen que los demás adopten una actitud u otra con respecto a ti. Todos están en tu vida para guiarte y ayudarte a tomar conciencia de lo que sucede en lo más profundo de ti mismo.

Te dará la impresión de que, al transformar tu manera de pensar, los demás también cambiarán. Pero no, ellos seguirán siendo los mismos. Solo que, al variar tu forma de pensar, has hecho surgir otros aspectos de ellos.

¿Te das cuenta del alcance del concepto de responsabilidad? Por ello, debes ser consciente de lo que eres, de lo que dices y de lo que haces. Empieza ahora mismo a ponerlo en práctica en tu vida.

En resumen, una persona responsable es aquella que conscientemente configura su vida según sus elecciones, decisiones, acciones y reacciones. Sabe que los demás son igualmente responsables de sus propias elecciones, decisiones, acciones y reacciones.

¿Cómo ser una persona responsable? Asumiendo las consecuencias de tus actos y, sobre todo, dejando que los otros asuman las consecuencias de los suyos.

A la mayoría de la gente que se siente responsable de la felicidad de los otros le resulta difícil establecer la diferencia entre una responsabilidad y un compromiso. Se creen comprometidos cuando no lo están. La responsabilidad se sitúa en el nivel del *ser*, mientras que el compromiso está en el nivel del *hacer* y del *tener*. Uno no se puede comprometer a «ser» algo, pues eso exigiría demasiado control.

Veamos ahora qué es un *compromiso*. Un compromiso es la acción de vincularse a otra persona mediante una promesa o un contrato, verbal o escrito, al igual que un empleado se compromete a seguir un horario, a desempeñar una función determinada y a recibir un sueldo a cambio de su trabajo.

Frente a los hijos los padres adquieren un compromiso y no una responsabilidad. Cuando decidimos tener un hijo, nos comprometemos como padres a mantenerlo y educarlo hasta que sepa valerse y ganarse la vida por sí mismo, al menos hasta que alcance la mayoría de edad prescrita por la ley de cada país. Forma parte del compromiso darle un techo bajo el que cobijarse, unos alimentos que llevarse a la boca y una ropa con la que abrigarse, lo cual no significa proporcionarle todo lo que quiera. Simplemente, debes comprometerte a darle lo necesario. Si quieres ofrecerle algo más, que sea porque así lo deseas y no porque te sientas obligado a ello. Los extras no forman parte de los compromisos.

Lo mismo sucede con el empleado que se compromete a quedarse un rato más en la oficina para hacerle un favor a su jefe. Si quiere trabajar más, está muy bien, pero es una elección suya. Lo importante es que cumpla con su compromiso básico.

Los padres no pueden nunca comprometerse a que su hijo *sea* feliz, amable, instruido o a que esté siempre sano. Esto depende de la responsabilidad del niño.

Cuando te comprometas, cumple. Pues en la vida existe otra ley natural: «cosecharéis aquello que sembráis». Y, de hecho, si no respetas tus compromisos con los demás, no esperes que nadie los respete contigo.

No puedes desentenderte de tus responsabilidades, ya que estas te pertenecen (recuerda que me refiero únicamente a la responsabilidad sobre uno mismo). Sí podrás renunciar a algún compromiso adquirido, pero habrás de asumir las consecuencias que dicha renuncia te puede acarrear.

Muchas personas se desentienden continuamente de sus compromisos; otras se olvidan de ellos y no se preocupan en absoluto de las consecuencias. Al actuar así, se crean muchos problemas en sus relaciones con los demás. No olvides que cosechas aquello que siembras. Así pues, antes de tomar una decisión, detente un momento y pregúntate: «¿Cuáles serán las consecuencias que esta decisión tendrá en mis relaciones, en mi salud, en mi felicidad o en mi relación de pareja?». Si la situación no presenta ninguna gravedad o las consecuencias no van a ser demasiado drásticas y estás dispuesto a enfrentarte a ellas, podemos decir que no te saldrá demasiado caro.

Te has comprometido a encontrarte con alguien para salir una noche, pero un día antes te surge otro compromiso mucho más interesante. Sin embargo, no te atreves a romper tu primer compromiso porque te sabe mal o porque temes que te critiquen o te juzguen duramente; una vez más, te sientes obligado a hacer algo que no te apetece. Con frecuencia te comprometes demasiado deprisa y luego enseguida te arrepientes. Si este es tu caso, no dudes en cancelar tu compromiso. No es tan complicado telefonear a alguien para decirle que has cambiado de idea. Muéstrate claro y sincero con la otra persona.

Lo mismo sucede con respecto a ti mismo. Por ejemplo, un buen día decides que a partir de ahora, cada mañana, practicarás un poco de ejercicio. Acabas de comprometerte a hacer algo. Te has hecho una promesa. Durante los primeros días, todo va muy bien, pero, poco a poco, empiezas a descuidar tu compromiso. Ya no dispones de tanto tiempo para practicar tus ejercicios, a veces te olvidas de hacerlos o no tienes ganas, etc. Y, finalmente, llega lo inevitable: lo dejas por completo. En lo sucesivo, te sentirás culpable e insatisfecho. Te reprocharás que no terminas nada de lo que comienzas. Después, no harás más que preguntarte si alguna vez llegarás a cambiar. Para evitar que aún te sientas peor contigo mismo, sería mejor que te dijeses: «Bueno, adquirí un compromiso, prometí hacer unos ejercicios, pero he cambiado de idea. Me comprometí demasiado deprisa. Realmente, no dispongo del tiempo suficiente. Quizá pueda hacerlo más adelante». Así pues, liberándote del compromiso, evitas la posibilidad de sentirte culpable.

No obstante, debes ser consciente de que si adquieres la costumbre de desentenderte de tus compromisos, terminarás por cosechar aquello que has sembrado. Los demás tampoco cumplirán sus compromisos contigo. ¿Estás dispuesto a pagar este precio?

Cuando te decides a vivir con alguien, tienes que aprender a comprometerte. Si deseas vivir con dos, con tres o con más personas bajo un mismo techo, sería aconsejable que cada uno de vosotros se comprometiera individualmente con el fin de determinar cómo vivir esta vida en común de forma armoniosa y justa. ¿Quién hará qué?

Podemos imaginarnos a unos jóvenes que deciden casarse o irse a vivir juntos. Todo es muy bonito hasta que llega el momento en el que se dan cuenta de que no han decidido quién va a lavar los platos, hacer la compra, preparar la comida, limpiar el polvo, bajar la basura, etc. En una vida en común, es muy importante que todos adquiramos ciertos compromisos. En casa, al igual que en el lugar de trabajo, cada cual tiene una labor que cumplir. Así pues, si cuatro personas colaboran para ensuciar la casa, también deberían colaborar para limpiarla. Sugiero que todos los habitantes de la casa se reúnan alrededor de una mesa y vayan enumerando por escrito las tareas que deben desempeñar. Si en un momento dado no podemos cumplir nuestro compromiso, sería aconsejable prever quién podrá hacerlo en nuestro lugar, intercambiarnos el trabajo o los turnos con alguna de las personas con las que convivimos, etc. Esta es una forma de mejorar las relaciones en una vida en común: saber adquirir unos compromisos y también saber cómo liberarse de ellos previendo y asumiendo las consecuencias. Lo mismo sucede con la pareja que decide tener hijos. ¿Qué papel asumirá cada uno en la educación y la evolución de esos niños?

Si desde un principio se tienen claros los compromisos adquiridos –en una y otra dirección–, se puede avanzar con confianza y sin crearse falsas expectativas, evitando así la frustración y los reproches que estas conllevan.

Ejercicios sugeridos para asimilar este capítulo

1. Busca una situación desagradable en tu vida actual de la que culpes a alguien. Reflexiona con tranquilidad e intenta asumir tu parte de responsabilidad. Si lo consideras necesario, contacta con esa otra persona para aclarar la situación.

2. Encuentra ahora una situación que afecte a otra persona y de la que te consideres responsable. Acepta que es la única responsable de su vida, de sus elecciones y de sus decisiones e intenta aclarar esta situación con ella.
3. Ahora, anota en una hoja de papel al menos cinco compromisos que hayas adquirido en este último año. Enseguida te darás cuenta de que te has sentido forzado a adquirir muchos de ellos y que eso te ha obligado a hacer cosas que no entraban en tus planes. De nuevo intenta aclarar cada una de estas situaciones con las personas involucradas.
4. Esta es la afirmación que te aconsejo que repitas siempre que puedas:

> YO SOY EL ÚNICO RESPONSABLE DE MI VIDA, Y EN CONSECUENCIA DEJO QUE MIS ALLEGADOS TAMBIÉN LO SEAN DE LAS SUYAS.

Capítulo 4

AMOR Y POSESIÓN

¡Amor! ¡Qué hermosa palabra! Durante estos últimos veintiocho años, he trabajado con millares de personas que me aseguraban que sabían amar... pero ¡que eran los demás quienes no sabían hacerlo!

¿Cómo te sientes ante esta declaración? Según tú, ¿amas de la manera correcta? ¿Amas a tu hijo? ¿A tu pareja? ¿Y a tus padres? ¿A tu familia? ¿A tus amigos? Estoy segura de que contestarás que sí. Sin embargo, ¿acaso no experimentas una cierta insatisfacción en alguna parte de tu ser? ¿Acaso no has sentido la tentación de contestar: «Sí, los quiero... pero creo que mis relaciones no funcionan tal y como desearía que funcionasen. ¡Me gustaría tanto poder cambiar algunas cosas!»?

Esto es lo que suele decir la mayoría de la gente. Uno empieza a darse cuenta de que esta insatisfacción existe desde hace mucho tiempo. Presiente que en algún otro lugar tiene que haber algo mejor.

LA GRAN LEY DEL AMOR ES LA MÁS IMPORTANTE DE TODAS LAS LEYES NATURALES Y ESPIRITUALES.

Nos aporta cosas realmente maravillosas, y para ser feliz basta con ponerla en práctica y convertirla en hábito.

Pero ¿qué es el amor? ¿Qué es el verdadero amor, el que procede del corazón, el amor total e incondicional? En este capítulo, hablo especialmente del amor a los seres que nos rodean, pues es el medio ideal para hacernos conscientes de cómo nos amamos a nosotros mismos.

SE AMA A LOS OTROS DE LA MISMA FORMA EN QUE NOS AMAMOS A NOSOTROS MISMOS Y EN EL MISMO GRADO.

Por tanto, amar verdaderamente supone:

- Respetar el espacio propio y el del otro.
- Otorgarse a uno mismo y otorgar a los demás el derecho de ser humano, es decir, de tener necesidades, creencias, heridas, límites, deseos, miedos, fuerzas y debilidades diferentes de las de otros, sin juicio ni culpabilidad.
- Dirigir y orientar sin expectativas.
- Dar por el placer de dar, sin esperar nada a cambio.
- Aceptar, aunque no se esté de acuerdo o no se comprenda mentalmente.

A partir de ahora, tu cometido será el de aprender a amar con el corazón. Tu especialidad es la de amar con la cabeza. Estoy segura de que ya lo sabes, pues todos hacemos lo mismo. Creemos que amar es decirle al otro lo que «tiene» que hacer. Intentamos cambiar a la otra persona para evitar que cometa los mismos errores que nosotros hayamos podido cometer. Pensamos que si cambiase su forma de ser, de actuar, de hablar o de pensar, su vida podría mejorar. Pero cuidado... lo que ocurra en la vida de los otros no te concierne en absoluto. Estás aquí, en la Tierra, para cuidar de tu propia evolución personal y no de la de los demás.

Si analizamos y juzgamos constantemente el comportamiento de aquellos que nos rodean, es porque esperamos algo de ellos. Esto no es más que un mero afán de poseer. Esto es amar con la cabeza. El verdadero amor consiste en dar o guiar sin esperar nada a cambio. ¡La de veces que no hemos sabido amar! ¡Y la de veces y veces que nos hemos preguntado qué es lo que no funciona en nuestras vidas!

En cierta ocasión, una señora me confesó que, un buen día, su marido llegó a casa y le dijo que tenía la intención de crear un pequeño huerto. El diálogo que mantuvieron pudo desarrollarse más o menos así:

—Querida, he decidido hacer un pequeño huerto. Tendremos verduras frescas. Siento que me vendrá bien ocuparme de ese proyecto.

—¡¿Estás loco?! Trabajas demasiado; cada día llegas a casa a las ocho o a las nueve de la noche. ¡Apenas te quedará tiempo para poder ocuparte de él!

—Me apetece mucho tener un huerto. Y si no tengo bastante tiempo para ocuparme de él, le pediré a nuestro hijo que me ayude.

—Pero ¿es que no conoces a nuestro hijo? ¡Nunca está cuando se le necesita! ¿Y qué harás entonces? ¿De dónde sacarás el tiempo para ocuparte del huerto? ¡Tu capricho solo servirá para cargarte con más trabajo! Y, además, me sentiré obligada a encargarme de lo que tú no puedas hacer, y no me apetece.

Al final, y por no oírla, el hombre se deja convencer y acaba renunciando. Durante esa noche, la mujer se siente muy insatisfecha consigo misma. El marido, sentado en un rincón, se pasa todo el rato frente al televisor y sin pronunciar una sola palabra. Ella se pone a comer por hacer algo, pues se siente muy arrepentida de haberlo obligado a cambiar de opinión.

Si actuó así, en primer lugar, fue porque lo amaba y, en segundo, porque deseaba evitarle una gran cantidad de trabajo inútil. Esto es lo que se llama *amar con la cabeza*. No lo ama con el corazón. Si lo hubiera amado con el corazón, le habría dicho: «Si lo que deseas es construirte un pequeño huerto, ¡adelante, empieza a plantar tus hortalizas!». Si no hubiese tenido tiempo para ocuparse de él, ¿acaso eso habría influido o cambiado en algo la vida de ella?

Amar de una forma incondicional es aceptar los deseos de los demás, incluso aunque no los comprendamos o no estemos de acuerdo con ellos. Estoy segura de que ese hombre se hubiese organizado para llegar un poco antes a casa, simplemente para poder disfrutar un poco de su huerto. Y aun en el caso de que hubiese empezado a descuidarlo por no haber obtenido los resultados esperados o por falta de tiempo, habría tenido la satisfacción de haber hecho lo que le apetecía, al menos durante cierto tiempo.

Podría citaros muchos ejemplos como este. Amar es respetar el espacio de la otra persona. Cada vez que intentamos dirigir los pasos de otro, de cambiar o de modificar sus acciones, sus palabras o sus pensamientos, interferimos en su espacio. Cuando entras en el espacio de otra persona, pierdes el tuyo y ella el suyo. El espacio de ambos se entremezcla y cada uno vive asfixiado por la energía del otro.

Todo cuanto existe en la Tierra necesita su propio espacio para crecer y evolucionar. Si intentásemos hacer que creciesen cinco o seis árboles en el mismo sitio, no funcionaría, ¿verdad? Pues lo mismo sucede con el ser humano. El espacio vital es muy importante. Algunas personas necesitan más espacio que otras, por ejemplo, alguien muy independiente y con un carácter fuerte, tanto si es niño como si es adulto.

¿Te has dado cuenta de que los niños necesitan mucho espacio? Apenas tienen tres años y ya quieren hacer muchas cosas por sí mismos. Son los adultos quienes se lo impiden, siempre en nombre del amor. De forma innata, los niños saben amar de manera natural. Los miembros de la nueva generación se consideran almas más evolucionadas, saben afirmarse más en sus peticiones. Somos nosotros quienes les enseñamos el concepto de la posesión y tratamos de obligarlos a olvidar lo que saben de manera intuitiva. Deberíamos poner más interés en observarlos y escucharlos, pues a menudo tienen mucho que enseñarnos.

¿Empiezas ya a comprender lo que significa amar? Aun así, debes tener muy clara la diferencia entre aceptar y estar de acuerdo.

ACEPTAR ES RECONOCER AQUELLO QUE ESTÁ AHÍ, LO QUE ESTÁ PRESENTE, SIN JUICIOS DE VALOR. ESTAR DE ACUERDO SIGNIFICA SIMPLEMENTE COMPARTIR UNA MISMA OPINIÓN.

Amar de verdad es ser capaz de aceptar, incluso aunque no estemos de acuerdo. Esto es lo que más difícil le resulta al ser humano. Y, como siempre, sigue siendo nuestro ego el que nos impide verlo de esta forma.

Resulta evidente que para un padre no es nada fácil ver cómo su hijo ha caído en las redes de la droga: «No puedo aceptar que mi hijo se drogue, es nefasto para él. No estoy de acuerdo, no tiene ningún sentido». Quisiéramos que todos fuesen felices según nuestra idea de la felicidad. Y aunque la intención es buena, eso es pedir lo imposible. Si el hijo siente la necesidad de tomar drogas, es porque tiene una experiencia que vivir a través de ellas. No incumbe a los padres ni a nadie de la sociedad juzgarlo, criticarlo o intentar controlar su vida. Esta responsabilidad solo le pertenece a él. Será él quien deba decidir cuándo dejarla. Y seguramente lo hará cuando haya aprendido lo que tenía que aprender. Él será el único que habrá de asumir las consecuencias de su elección.

Para este chico, el peligro consistirá en verse rodeado por personas que no hagan más que recriminarle lo que hace y que se empeñen en impedírselo. Con esta actitud no harán más que aumentar sus deseos, y él seguirá actuando así como una forma de venganza y de desafío hacia la autoridad. Una hermosa prueba de amor consistiría en decirle: «Personalmente, no estoy de acuerdo con tu comportamiento. Los dos sabemos de sobra los peligros que entraña la droga. Pero se trata de tu propia vida y de tu responsabilidad; si esa es tu elección, yo no tengo más remedio que aceptarla. Solo espero que seas consciente de los efectos que conllevará y que sepas hacerles frente». El padre o la madre pueden incluso ayudarlo haciéndole analizar todas las consecuencias posibles y preguntándole cómo cree que las podrá asumir.

Con esta actitud, el joven los respetará mucho más. No invadir el espacio de los demás significa respetar sus elecciones y, sobre todo, respetar su forma de ser.

Es importante diferenciar entre los términos «ser», «tener» y «hacer». «Amar» significa dejar a los otros «ser» lo que son, y no darles todo el «tener» que deseen ni dejar que «te hagan» todo lo que quieran. Y digo «te hagan», porque lo que hagan consigo mismos, si no afecta a tu propio espacio, a tu propia libertad, solo les incumbe a ellos. Si tu hijo decide llevar el pelo largo, abandonar los estudios, comer de forma diferente o pensar de otra manera, no intentes impedírselo, pues se trata de su propia elección. En lugar de ello, será mucho mejor que le digas: «Si piensas que esto te hará feliz, hazlo. Yo te quiero y lo único que me importa es que seas feliz. Pero ¿estás seguro de querer hacerlo? ¿Has pensado ya en las consecuencias y en poder asumirlas? Si es así, adelante».

«*Si eso es lo que quieres hacer, ¡hazlo!*». ¿Te imaginas lo que estas palabras pueden llegar a implicar en una relación? ¿Recuerdas si de joven te dijeron alguna vez algo semejante? ¿Te hubiese gustado que te hablasen así? ¡Qué pregunta más tonta!

Pongamos el ejemplo de un niño que intenta manipular a sus padres o un marido a su mujer, o viceversa. Si le contestan algo parecido a: «Mira, si esto es realmente lo que quieres y crees que te hará feliz, entonces, hazlo». Te aseguro que estas palabras lo harán reflexionar y es muy posible que, pasados unos minutos, vuelva y te diga: «He cambiado de idea, lo he estado pensando y me he dado cuenta de que, realmente, no es lo que quiero hacer». Este es uno de los grandes poderes del amor.

Es importante que comprendamos la noción de «espacio». Algunas personas dependen de otras para ser felices. En estos casos, es importante que sepas poner límites.

Imaginemos que alguien te hace la siguiente propuesta: «Me encantaría que vinieses al cine conmigo esta noche», pero resulta que tú tienes otros planes. Si no te apetece ir al cine con esa persona, no tienes por qué hacerlo. Simplemente dile: «Lo siento, pero ya he quedado». Tú no eres en absoluto responsable de la felicidad del otro ni de su reacción, como tampoco estás obligado a justificarte en lo que se refiere a tus actividades. Si, a pesar de todo, decides ir al cine y complacer así a la otra persona, ¡hazlo, pero sin esperar nada a cambio! La mayoría de las veces, quienes hacen algo solo para agradar a los demás suelen esperar algún tipo de recompensa, y eso normalmente genera un sinfín de decepciones.

En este otro ejemplo el marido telefonea a su mujer y le dice: «Querida, me siento en plena forma; he tenido un día estupendo en el trabajo y tengo ganas de salir. Arréglate, te voy a llevar a un buen restaurante». Ella ni siquiera se plantea si es eso lo que realmente quiere hacer. Se arregla y sale con él para complacerlo. Como recompensa por la agradable velada, el marido está convencido de que van a hacer el amor. Pero a ella no le apetece, y está en todo su derecho. La noche termina con los dos decepcionados, dándose la espalda, cada uno en su lado de la cama. ¿Ves cómo esperar cualquier tipo de recompensa casi siempre suele acarrear alguna decepción?

Si el marido de nuestro ejemplo amara con el corazón, la versión de la escena sería esta: «Cariño, he tenido un día estupendo en el trabajo y quiero celebrarlo esta noche contigo, ¿qué te apetece que hagamos?». Quizá ella desea pasar una velada tranquila en casa rodeada de ternura y caricias. Si lo que él realmente quiere es festejarlo fuera, puede proponérselo y dejar que ella decida si quiere acompañarlo. Con transparencia se pueden evitar muchos malentendidos. Este ejemplo muestra muy bien la diferencia que existe entre hacer partícipe al otro de nuestro deseo y tratar de imponérselo.

Este es uno de los motivos por los que surgen tantos problemas en las relaciones de pareja, entre padres e hijos, entre amigos, etc. Nada está claro. La comunicación es nula; todo se basa en la posesión y en la manipulación. Debes aceptar que no hay nadie en el mundo que sea responsable de la dicha de otra persona. Digamos que el pastel de la felicidad corre de tu cuenta, y los que desean hacerte feliz lo único que pueden hacer es poner la guinda.

ES IMPORTANTE QUE NO OLVIDES QUE NADIE TIENE LA OBLIGACIÓN DE HACERTE FELIZ.

¿Te gustaría cambiar muchas cosas de tu pareja? La pareja que has elegido (puesto que has sido tú quien la ha elegido) probablemente tenga algo que enseñarte. Si la dejases sin haber completado tu relación con ella, es decir, negándote a aceptar lo que debías aprender a su lado, es probable que tengas que vivir de nuevo la misma situación hasta que concluyas el proceso que has dejado a medias. Y cada vez resultará un poco más difícil, considerando que es tu ego, más que tu corazón, el que orienta tu actividad.

Sería mucho más inteligente que aprendieses a amar a esa persona tal y como es y que aceptases su forma de ser. No obstante, es posible que después de haberse aceptado uno al otro y de haber reconocido su responsabilidad, la pareja decida, a pesar de todo, separarse. Se dan cuenta de que ya han aprendido todo lo que debían aprender juntos. Esta separación se hace, pues, en armonía, y se convierte por tanto en una separación cariñosa. Incluso pueden seguir siendo amigos. Si una pareja rompiese a causa de un malentendido o por ser incapaz de aceptarse mutuamente y de convivir en armonía, esta separación no sería más que una huida y seguramente, un día u otro, ambos tendrían que volver a enfrentarse a una situación idéntica. No hay escapatoria. Mientras continuemos negándonos a amar, siempre se reproducirán las mismas circunstancias.

Pongamos el ejemplo de una mujer que cree dar por amor pero cuya conducta se rige en realidad por lo que dicta su cabeza. Es el cumpleaños de una amiga muy querida. Recorre un montón de tiendas en busca de algo que ella misma siempre había deseado tener y, cuando finalmente lo encuentra, se lo compra dando por sentado que le gustará. Le entrega el regalo, pero su amiga no reacciona tal y como ella había esperado. Entonces se siente frustrada y desilusionada, pues ha malgastado gran parte de su dinero y de su tiempo en conseguir el obsequio. ¡Eso le sucede por amar con la cabeza en lugar de con el corazón! Si lo que deseas realmente es hacer feliz a alguien en el día de su cumpleaños, lo primero que tienes que hacer es preguntarle cuál es el regalo que más ilusión le haría recibir. Simplemente puedes decirle: «Mira, este es mi presupuesto, ¿qué quieres que te regale?». Aunque tengas poco dinero, la intención es lo que cuenta. Puedes pedirle que te dé algunas ideas o sugerencias. De este modo, no albergarás falsas esperanzas y no te sentirás decepcionado. Quizá prefiera no recibir nada: «No quiero que me hagas ningún regalo; no hace falta que me compres nada, con tu presencia tengo más que suficiente». Lo único que tienes que hacer es respetar su elección: «Muy bien. Lo único que quiero es que seas feliz. Si prefieres que no te haga ningún regalo, no te lo haré». Si realmente deseaba recibir algún regalo pero no se ha atrevido a pedirlo, se dará cuenta de que has tomado sus deseos al pie de la letra, y a partir de ese momento probablemente se muestre mucho más sincero cuando se le presente otra ocasión.

Pero si, por el contrario, quieres darte el gusto de sorprender a alguien y comprarle algo, debes ser consciente de que, en primer lugar, el gusto te lo estás dando a ti mismo. Tú eres quien lo pasa bien yendo de compras, eligiendo el regalo y envolviéndolo. Sé sincero, ¡tú eres el primero en disfrutarlo! «Te he comprado una cosa, creo que te gustará, pero no estoy seguro. De todas formas, no hay problema, pues me he guardado el *ticket* y, si no te gusta, podemos cambiarlo. Simplemente, te lo he comprado porque he querido hacerlo». La situación está clara, sin falsas esperanzas ni decepciones.

Si alguien te habla sobre sus proyectos, deberías escuchar sin juzgar, sobre todo en el caso de que no te haya pedido tu opinión. Si ves que no parece sentir ningún interés por conocerla, pero tú ardes en deseos de dársela, siempre puedes preguntarle: «¿Quieres que te diga lo que opino?». Si su respuesta es negativa, no insistas, pues no es de tu incumbencia. Al fin y al cabo, se trata de su vida, y la decisión que haya tomado, sea cual sea, le llevará a vivir experiencias muy valiosas para su propia evolución.

Las únicas elecciones ajenas que te incumben son aquellas que interfieren en tu espacio. Si eres un padre de familia y tu hijo decide invitar a sus amigos a casa para tocar la batería a las dos de la mañana, esto interferiría en tu espacio y, en este caso, tendrás toda la razón si le dices: «Lo siento, pero estas no son horas de ponerse a tocar la batería, sino de dormir. La casa es de todos y debemos respetarnos mutuamente». De todas formas, tu hijo siempre podrá invitar a sus amigos durante tu ausencia.

Por el contrario, si decide volver tarde a casa, aunque tú consideres que es mejor que se acueste pronto, no debes intervenir. Se trata de su vida y de su cuerpo. Si al día siguiente está cansado y muerto de sueño, será él quien sufra las consecuencias.

Cuando desees cambiar a alguien o dirigir su vida, deberías preguntarte: «¿Qué temo que me ocurra a mí si no cambia?». Gracias a su comportamiento, llegas a descubrir uno de tus miedos.

¿Por qué complicarnos la vida si una persona se peina o se viste de otra manera o si no tiene los mismos conceptos sobre la felicidad que podamos tener nosotros? La mayoría de las veces nos preocupamos tanto por los asuntos de los demás que apenas nos queda tiempo ni fuerzas para ocuparnos de los nuestros.

Tus relaciones serán mucho más fáciles cuando hayas aprendido a amarte a ti mismo. No solo deberás aprender a aceptar a los demás tal y como son, sino también a ti mismo, aunque en ese momento no estés de acuerdo con lo que eres y eso te ocasione problemas o inconvenientes. Después de haberte dado cuenta de que tu actitud actual te hace vivir situaciones difíciles y de que estás continuamente pagando un precio por ello, decidirás tu nueva forma de ser. Pero, sobre todo, no olvides que debes empezar por aceptar lo que no te gusta de ti, para poder llegar a ser lo que siempre has querido ser. También tú tienes muchas experiencias que vivir. Las consecuencias de estas experiencias serán el resultado de tus decisiones y de tus elecciones. Eres el único que deberá aprender de ellas.

Lo más importante es que te ames y te respetes tanto a ti mismo como a los demás. No dejes que nadie te haga sentir culpable por nada. (Hablaré detalladamente sobre la culpabilidad en otro capítulo).

Puesto que cosechas aquello que siembras, ¿por qué no siembras amor? Puede que protestes y digas que no es justo que seas tú el que tenga que hacer todos los esfuerzos. Quizá pienses que si los demás fuesen más amables, más pacientes y más agradables contigo, te resultaría mucho más fácil cambiar tu comportamiento. Esto es lo mismo que decir que cuando los demás decidan sembrar zanahorias, ¡te las comerás! Tú eres el único que debe decidir aquello que quieres cosechar. Pero ¿qué puedes cosechar si no has sembrado nada? ¿Quieres zanahorias? ¡Pues siémbralas! Es la única forma de asegurarte la cosecha. Por tanto, si deseas recibir amor, para poder disfrutar de él, antes que nada tendrás que sembrarlo. Es tan simple como eso.

El amor posee un gran poder de curación. El amor vibra. Cuando estás lleno de amor, estas vibraciones emanan de tal forma de ti mismo que quienes están a tu alrededor se sienten muy bien por el solo hecho de tenerte cerca. Y, en ese momento, es cuando cambian su actitud y se muestran diferentes con respecto a ti. Su transformación no es más que el resultado de tus propias vibraciones.

Dejar de querer cambiar a los demás o dejar de querer cambiarse a uno mismo es lo que podríamos denominar «soltar». Cuando lo hayas soltado todo, empezará a tener lugar la transformación y, entonces, te darás cuenta de que el amor hace milagros.

Cuanto más practiques el amor, más pequeñas victorias irás consiguiendo y más fácil te resultará seguir haciéndolo. No olvides que cuando juzgas o criticas a alguien, es porque piensas que tú eres igual que Dios y que el otro no lo es. Cualquier persona, incluso el mayor de los criminales, ha nacido para amar y ser amado.

EN LA VIDA NO HAY PERSONAS MALAS,
SINO PERSONAS QUE SUFREN.

Aceptando nuestro propio sufrimiento o el de los demás, nos resultará mucho más fácil aceptar aquello que puede parecernos excesivamente desagradable o violento. Si ves sufrimiento en un criminal, lo aceptas mejor, incluso aunque no estés de acuerdo con su comportamiento. Acepta que él también cosechará aquello que ha sembrado. Cuando haya sufrido lo suficiente, se transformará y descubrirá que él es el único que puede dirigir su vida. Cuando se dé cuenta por sí mismo de lo mucho que le cuesta ser así, seguramente decidirá cambiar su forma de ser y de comportarse. Aprendiendo a amarte a ti mismo y a los demás, cosecharás mucho amor.

Es como aprender a bailar. Cuanta más práctica y disciplina adquieras, más oportunidades de éxito tendrás.

Trabajo con esta noción de amor desde hace algunos años, y no hay semana en que no sea testigo de algún milagro. ¡Es fantástico! Desde el momento en que la gente empieza a aplicar esta idea en su vida, sea con su pareja, sus padres, sus hijos, sus familiares, sus amigos, sus empleados o incluso sus jefes, los resultados se revelan extraordinarios. El amor tiene el poder de producir cambios sensacionales para todos.

Si tienes hijos, es recomendable que les enseñes esta idea del amor desde su más tierna infancia; más aún, desde el nacimiento e incluso a lo largo del embarazo. Por ejemplo, una madre puede confiarle su voluntad de respetarlo y asegurarle que será él quien tendrá que decidir sobre su vida. Ese niño llegará a estar mucho más realizado. Después del nacimiento, la enseñanza continuará, revelando que todo lo que le sucede en su vida es él quien lo hace llegar, quien ha atraído hacia sí todo lo que le ocurre. ¡Qué privilegio para un niño oír hablar de amor y responsabilidad desde el comienzo de su vida! Sin embargo, no hay nada más poderoso que el aprendizaje mediante el ejemplo. Si eres una persona tranquila y positiva, eso tendrá más peso que todo lo que puedas tratar de enseñarle en el futuro. Te percibirá entonces como un modelo, un mentor, y es sabido que los jóvenes tienen una especial necesidad de personas a las que estimar y respetar.

Ejercicios sugeridos para asimilar este capítulo

1. Busca una situación en la que tengas que tomar una decisión y plantéate la siguiente pregunta: «¿Qué me haría feliz en este momento?».

2. Concédete este placer, haz aquello que realmente te haría feliz.
3. Ahora, busca una situación similar, pero que ataña a otra persona, y pregúntale qué le haría feliz. Si te habla de un deseo, verifica de qué forma ese deseo la ayuda a «ser», aunque tú no lo comprendas o no estés de acuerdo. Pero si lo que te demanda implica una inversión de tiempo o de dinero por tu parte, es aconsejable que le dejes muy claro el importe que estás dispuesto a gastar o el tiempo que podrías dedicarle. En todo momento debes respetar tus necesidades y tus límites. El amor verdadero comienza por uno mismo.
4. Cuando estés solo con tus pensamientos, repite la afirmación siguiente; hazlo hasta que te sientas listo para pasar al quinto capítulo:

RESPETO Y ACEPTO LOS DESEOS Y LAS OPINIONES DE LOS DEMÁS, AUNQUE NO LOS COMPRENDA O NO ESTÉ DE ACUERDO CON ELLOS Y, EN CONSECUENCIA, RECIBO CADA VEZ MÁS AMOR.

Capítulo 5

LA GRAN LEY DE CAUSA Y EFECTO

La ley de causa y efecto es la ley de «acción y reacción». También se denomina la ley del «karma» o «efecto búmeran», ya que todo aquello que lanzas al universo vuelve de nuevo hacia ti. Es una gran ley que no debe ser ignorada y que podría cambiar completamente tu vida, pues te ayudará a convertirte en el dueño de tu destino.

No existe causa sin efecto, pues toda causa siempre genera un efecto. Esta gran ley pertenece al mundo físico, psíquico, mental, cósmico y espiritual. Es inmutable.

No creer en ella es tan insensato como negar la existencia de la ley de la gravedad y lanzarse al vacío desde un edificio de sesenta pisos, o bien ingerir un veneno pensando que no nos va a hacer nada porque el aspecto del líquido parece inofensivo.

La ley de causa y efecto es una ley irreversible. Está claro que si sembramos zanahorias, cosecharemos zanahorias y no patatas. Este mismo fenómeno también se produce en tu vida. Cosechas lo que siembras. Todo aquello que cosechas ha sido sembrado por tus pensamientos conscientes e inconscientes.

Podría citarte miles de ejemplos. ¿Acaso actualmente podrías permitirte el lujo de vivir en una casa de un millón de euros? No. Imposible. Me dirás que eso no es para ti, que es solo para ricos. Esto ya es suficiente para que coseches lo que piensas. Pero ¿cómo puede ser que haya tantas personas que vivan en auténticos palacios? ¿Cómo puede haber tantos y tantos millonarios? ¿Por qué ellos y no tú? Simplemente porque creen en sí mismos.

¿No te gustaría hacer un viaje que durase todo un año? ¡Imposible! ¿De dónde ibas a sacar el tiempo y el dinero? Esto es lo que cosechas, te quedas donde estás.

¿Crees que tienes una enfermedad hereditaria? ¿Sí? ¡Ah! Veo que no tienes elección y que vas a ser diabético como el resto de tu familia. Jamás podrás cosechar otra cosa pues, inconscientemente, ya has aceptado la idea de esa enfermedad como hereditaria. ¿Sabías que se ha demostrado que realmente existen muy pocas enfermedades hereditarias? La única que conozco es la de la forma de pensar transmitida de generación en generación...

«No puedo. No soy capaz. Jamás lo conseguiré»; ¡estas son algunas de las fórmulas para darle la espalda al éxito!

La gran ley de causa y efecto es la misma para todos los seres de la Tierra. Seamos ricos, pobres, clérigos, mendigos, hombres, mujeres o niños, esta ley existe para todos y cada uno de nosotros. Cada vez que la transgredimos, con pensamientos, palabras y acciones contrarios al amor y a nuestras necesidades, somos nosotros quienes más sufrimos sus consecuencias.

SER CAPACES DE RECONOCER EL EFECTO QUE PROVOCARÁ UNA CAUSA EQUIVALE A POSEER UNA GRAN SABIDURÍA.

Si te pasas la vida haciendo el vago y esperando que todo te caiga del cielo, jamás podrás cosechar lo mismo que aquel que se esfuerza por conseguir algo y se empeña en ello. Hay mucha gente que lo único que hace es envidiar el éxito de los demás, espiarlos, observar todos sus logros y, de ese modo, se resignan a pensar y creer que nunca tendrán la misma suerte. Se creen nacidos para una felicidad mínima, para un beneficio minúsculo, en lugar de aspirar a la alegría mayor de cosechar simplemente los frutos de la vida tal como la desean. Al perpetuar esas creencias, sin duda, acabarán cosechando aquello que han sembrado, es decir, nada.

Si no cosechas el suficiente amor en tu vida, ¿quién se olvidó de sembrarlo? Si no tienes todo el afecto que desearías, ¿quién se olvidó de sembrarlo? Mostrar signos de amor y afecto no se convertirá en una cosecha fructífera de forma automática. Todo dependerá de si lo haces con alguna expectativa de recompensa. Estas expectativas están tan solo en nuestras mentes. Pero aquí estoy hablando del «verdadero» afecto y del «verdadero» amor, es decir, de aquel que procede directamente del corazón y que no espera nada a cambio. No podrás cosechar el corazón de los demás si únicamente actúas con la cabeza.

Si quieres modificar los efectos, simplemente debes cambiar las causas. Mira qué es lo que estás cosechando y fíjate en lo que has sembrado. Sin lugar a dudas, ahí encontrarás la causa.

Puedes verificar la ley de causa y efecto con pequeños test: si te acercas demasiado al fuego, te quemarás. Si tocas el hielo directamente con las manos, te helarás los dedos. ¿Demasiado simple? En realidad, esta gran ley de causa y efecto no es mucho más complicada.

Hagas lo que hagas, la reacción será igual a la acción, así como el efecto es igual a la causa y lo que cosechas es igual a lo que siembras. Con frecuencia, ante lo sencillo, el ser humano suele complicarse la vida. Duda, teme, se preocupa o se extravía para terminar de nuevo en el mismo punto de partida. Y durante todo ese tiempo ha vivido un sinfín de situaciones desagradables que podría haber evitado si hubiese buscado la respuesta en sí mismo. La respuesta todavía sigue ahí.

Si ciertas situaciones siguen repitiéndose en tu vida sin que puedas llegar a entenderlas, acepta la idea de que lo que estás cosechando, lo has sembrado anteriormente, tal vez desde tu más tierna infancia. Es obvio que, ya desde muy joven, decidiste compadecerte de ti mismo y esto es lo único que cosechas actualmente. Esta cosecha puede verse reflejada en una salud delicada, una enfermedad, una actitud violenta, etc. No recuerdas estas decisiones porque, casi siempre, las tomaste de forma inconsciente.

No hace falta que retrocedas tanto en el tiempo para intentar comprender. Ni siquiera creo que sea absolutamente necesario que intentes comprenderlo. Podemos hacer borrón y cuenta nueva con el pasado y empezar desde ahora. Si lo deseas, puedes cambiar los efectos en tu vida, simplemente cambiando las causas. La decisión es tuya. Si decides que a partir de ahora lo que quieres cosechar es amor, ya puedes empezar a sembrarlo donde quieras y cuando quieras. No te preocupes del pasado ni de sus causas. A partir de ahora, todo será nuevo. Olvídate del pasado; no son más que experiencias que ya has vivido.

Siembra aquello que deseas cosechar. Si deseas vivir en la abundancia, empieza a pensar con abundancia. Imagina que eres rico y que dispones de todo el dinero que necesitas. ¿Qué harás ahora? ¿Irás a comer a una fonda de tercera clase o bien a un restaurante de primera? Si eliges el de primera, ¡perfecto! Pero quizá me digas que no te lo puedes permitir, ya que si fueras a comer a ese restaurante, probablemente no te quedaría bastante dinero para pagar el alquiler. ¿No te das cuenta de la causa que, con estas palabras, estás poniendo en movimiento? Acabas de decir que no tendrías suficiente dinero para pagar el alquiler y, sin lugar a dudas, finalmente, esto será lo que te sucederá. Debes programarte continuamente afirmando cosas como: «Soy rico, nado en la abundancia; no sé de dónde me vendrá toda esta riqueza, pero sé que estará aquí, disponible para mí». Así, terminarás por sentir esa idea en lo más profundo de tu ser y por creer verdaderamente en ella, para finalmente llevarla a que se haga realidad. Es muy posible que eso se manifieste de una forma totalmente inesperada para ti. El universo –tu Dios interior– utiliza a menudo medios en los que nunca habrías pensado.

Tampoco es necesario llegar hasta esos extremos. Empieza con deseos pequeños, pero teniendo muy claro qué es lo que quieres cosechar. Estás listo para pasar a la acción y en condiciones de obtener el efecto deseado. No lo olvides: acción y reacción. Permaneciendo en casa y conservándolo todo al nivel del pensamiento, los resultados serán muy lentos. Debes utilizar todas tus energías y actuar.

Si deseas renovar tu vestuario, deshazte de toda la ropa que ya no quieras y empieza a dejar sitio para la que te vas a comprar. Visualiza tus nuevos vestidos, siente la dicha de vestirte con un guardarropa renovado. Actúa de forma gradual, empezando por ir a buscar todo aquello que deseas realmente.

Seguro que, en estos mismos momentos, estarás pensando: «Es demasiado bonito para ser verdad; es casi imposible que esto pueda sucederme a mí». ¿Te das cuenta de cuáles son los mecanismos que pones en movimiento? Sé consciente de cada uno de tus pensamientos. ¿Qué piensas al leer estas líneas? ¿Crees en ello? ¿Estás dispuesto a vivirlo, o todavía albergas alguna duda? Sigue dudando y jamás conseguirás aquello que deseas.

Si lo que quieres es tener amigos, sentirte rodeado por ellos y llevar una vida activa, debes empezar a actuar en este sentido. Conoce gente, acércate a los demás, habla con las personas que pasan por la calle. Hazlo todos los días; de esta forma, pondrás una nueva causa en movimiento. Ten por seguro que nadie irá a buscarte a casa. Eres tú el que debe dar el primer paso.

Visualiza aquello que deseas; empieza a ponerte en acción y, finalmente, eso será lo que cosecharás. No olvides sentir la felicidad que crece en ti ante la idea de obtener el objeto de tu deseo cuando lo visualizas. La cosecha no será siempre instantánea y este es el motivo por el cual la perseverancia es uno de los atributos indispensables para el ser humano.

Esta gran ley de causa y efecto existe para todos los seres humanos y se ocupa de que se coseche aquello que se ha sembrado. Actúa así en todos los ámbitos de nuestra vida, incluido el de las relaciones. Los demás se comportan con nosotros en función de cómo nosotros nos comportamos con ellos. Entonces, ¿por qué intentar vengarnos o castigar a los demás? Guardar rencor, dejar de hablar, enfadarnos, querer cambiar al otro, todo esto es como decir: «Yo soy Dios y tú no lo eres; ¡te voy a enseñar a serlo!». Si tú eres Dios, el otro también lo es. Si te han hecho daño, el castigo no es competencia tuya. El ser humano no tiene ningún derecho a castigar a los demás. La ley de causa y efecto se ocupará de la otra persona de acuerdo con las intenciones que esta pudiera tener con respecto a ti. Le hará cosechar aquello que ha sembrado. Por eso es muy importante que nos limitemos a ocuparnos de nuestros propios asuntos y aprendamos a aceptar a quienes nos rodean tal y como son.

Ejercicios sugeridos para asimilar este capítulo

1. Haz una lista de los objetos o situaciones que te gustaría cosechar, ya sea para mañana, la semana que viene o incluso el año próximo. No hay nada imposible. No existe límite alguno, ya que todo cuanto existe en la Tierra ha sido creado para todos nosotros.
2. Después de haber escrito en un papel aquello que deseas cosechar, ponte de inmediato manos a la obra, actuando en consonancia con tus deseos.
3. Durante los tres próximos días, toma conciencia de tus actitudes negativas, es decir, de aquellas que

podrían impedir o retrasar que coseches aquello que deseas. Transfórmalas en pensamientos positivos y constructivos.

4. Cuando estés a solas con tus pensamientos, repite la afirmación siguiente; hazlo hasta que te sientas listo para el próximo capítulo:

> A PARTIR DE AHORA, CON MIS PENSAMIENTOS,
> CON MIS PALABRAS Y CON MIS ACTOS,
> SEMBRARÉ Y COSECHARÉ AQUELLO QUE
> SEA MÁS BENEFICIOSO PARA MÍ.

Capítulo 6

CORTAR LAS ATADURAS. EL PERDÓN

Este capítulo es uno de los más importantes del libro, pues contiene principios fundamentales para el ser humano. Por tanto, es necesario que le prestes una atención especial. Si lo lees con el corazón, es probable que te cambie la vida.

Debes entender como ataduras aquellos vínculos invisibles que se han ido formando desde que naciste. Son rencores enquistados, vínculos creados por tus reacciones, las cuales, a su vez, han sido provocadas por alguna autoridad: padre, madre, hermanos mayores, abuelos, tíos, cuidadores, maestros, etc. Lo que te negaste a aceptar en la forma de ser de estas personas creó un lazo invisible con cada una de ellas. ¿Quién ha estado presente en tu vida hasta los siete años, actuando como figura de autoridad y ejerciendo una influencia sobre ti?

Desde que nacemos hasta los siete años, aceptamos las cosas tal y como nos las presentan, al igual que haría un animal. Nuestras reacciones son instintivas. No obstante, ya desde esa temprana edad comenzamos a tomar decisiones, la mayoría de forma inconsciente, en función de nuestro plan de vida.

Es más, la primera decisión la tomaste antes de nacer: elegiste a tus padres. Al hacerlo, aceptaste amarlos tal y como eran. Pero pronto empezaste a descubrir rasgos de su carácter que no te gustaban y que hubieses cambiado de buen grado. Cada actitud no aceptada ha formado un vínculo. Este vínculo invisible, pero claramente presente entre vosotros, genera irritación, incomodidad. Y está ahí para que tomes conciencia de que posees ese rasgo que odias en tus padres. Eso es lo que deberás aprender de ellos. Ellos están en tu vida para ayudarte a ver lo que todavía no aceptas de ti.

Llamo atadura a ese vínculo pues ata a quien está resentido con aquel contra el que reacciona. Atadas una a la otra, esas dos personas están, ambas, prisioneras en su dificultad de expresar el amor verdadero.

Toda actitud no aceptada continúa repitiéndose en la vida. Por ejemplo, tu padre era una persona muy cerrada. Jamás expresaba sus sentimientos, se apartaba de los demás y prefería no hablar con nadie. Apenas existió comunicación alguna entre vosotros y nunca supo revelarte lo mucho que te amaba. Al no aceptar esta actitud, dejaste que la frustración se adueñase de ti. Mírate ahora. ¿Acaso desvelas tus sentimientos ante los demás? Cuando hablas, ¿dices exactamente aquello que piensas? ¿O tan solo expresas aquello que quiere oír la gente? ¡Te das cuenta! ¡Te has vuelto exactamente igual que tu padre! Su copia exacta, recalcarán algunos, aun cuando las circunstancias puedan ser diferentes.

¿Tu madre se inmiscuía en tus asuntos? ¿Limitaba tu espacio? ¿Te sobreprotegía y te decía siempre lo que tenías que hacer? Según tú, eso era inaguantable, era algo inaceptable. Pero ¿acaso no te das cuenta de que ahora estás haciendo exactamente lo mismo? Si te resulta imposible creer que tú también eres así, pregúntales a las personas que te rodean qué es lo que ven en ti. Todas asegurarán que eres el vivo retrato de tu madre.

Si siempre te negaste a aceptar la autoridad de tu padre, ahora la has adquirido. A partir de ahora, forma parte de tu personalidad. Quizá la expreses de otro modo, pero no hay duda de que está ahí.

¿No aceptabas la sumisión de uno u otro de tus padres? Fíjate en tu vida. ¿Haces las cosas porque realmente así lo deseas o bien porque te obligan a hacerlas?

¿Tu madre era una maniática de la limpieza? ¿Y actualmente a ti también te molesta el desorden o la suciedad? Pues es exactamente lo mismo.

Tras estos ejemplos, probablemente llegues a encontrar algo que no aceptabas de tu madre, pero de lo que no encuentras ni un solo vestigio en tu actual comportamiento. «¡En absoluto, es justamente todo lo contrario!», te apresurarás a replicar. Lo que sucede es que te esfuerzas tanto por actuar de forma contraria para evitar parecerte a ella que lo único que consigues es dejar de ser tú mismo. ¿Te has dado cuenta de la cantidad de energía que requiere vivir del modo contrario a la verdadera naturaleza? Simplemente, estás reaccionando ante aquello que jamás llegaste a aceptar.

Y, en este caso, el vínculo será mucho más difícil de romper, pues debes llegar a ser consciente de ese lazo antes de poder hacer algo con él.

Actuar así equivale a oponerse a la gran ley del amor. Mientras, consciente o inconscientemente, sigas intentando convertirte en otra persona para evitar parecerte a aquellos que ejercieron alguna influencia sobre ti, jamás podrás conseguir la paz interior. Tus objetivos personales no serán más que una amalgama de proyectos confusos, y tu presencia aquí en la Tierra, un simple extravío.

Las situaciones más difíciles de aceptar son aquellas que implican cualquier tipo de abuso, como la violencia física o psicológica. Si nunca aceptaste que te pegasen, porque pensabas que se estaba actuando de forma injusta o violenta hacia ti, deberás romper este vínculo a toda costa antes de que todo ese veneno penetre en tu interior. Tal vez todavía no hayas sentido la necesidad de expresarte de una forma violenta, sea físicamente, en pensamiento o en palabras, pero si buscas en lo más profundo de tu corazón, seguramente encontrarás una gran dosis de violencia dispuesta a manifestarse en cualquier momento. Y uno de estos días, esa dosis de violencia hará que te arrepientas de tus actos.

Quizá intentes ocultar todos tus sentimientos, pero esa lucha interior se eternizará y te convertirá en una verdadera víctima. La única forma de hacer frente a este tipo de situaciones es rompiendo estos vínculos.

Date cuenta de que todo aquello que no aceptas sigue repitiéndose sin cesar a lo largo de tu vida. De este modo, acabas siempre rodeado de personas (jefes, pareja, hijos, amigos, etc.) que te molestan continuamente debido a su forma de actuar. Inevitablemente, terminas por atraerlas. Sin embargo, se presentan en tu vida para llamar tu atención sobre lo que no has aceptado de tus padres, y, por consiguiente, no aceptas en ti. Además, y sin lugar a dudas, esto seguirá ocurriéndote hasta que llegue el día en el que finalmente comprendas que, en alguna parte, todavía existe algún vínculo sin romper. Ten en cuenta que todo cuanto te sucede es precisamente para que puedas extraer algún aprendizaje de ello, para ayudarte a que seas consciente de lo que aceptas o no de ti.

Debes aprender a amar a pesar de la indiferencia, a pesar de la violencia, a pesar de la sobreprotección e incluso a pesar del rechazo. Si de joven te sentiste rechazado, si notaste que los demás pasaban de ti olímpicamente, que no te querían o que no te aceptaban, seguirás viviendo este rechazo durante el resto de tu vida. Te sentirás rechazado continuamente por las personas que te rodean. Por ello debes cortar todos tus vínculos, ya que esta será la única forma de poder progresar en tu evolución.

Y si en la actualidad ya eres padre de familia, ¿qué actitud mantienes frente a tus hijos? ¿También los riñes, los reprendes, los castigas y les dices cosas desagradables? ¿Verdad que lo haces por amor? En el fondo, los quieres mucho, pero tienes que hacerles comprender las cosas. Resulta muy frecuente ver cómo los padres pierden fácilmente la paciencia con sus hijos, y esto se debe a que no actúan de la forma adecuada. No aman con el corazón, al igual que sus padres tampoco supieron amarlos a ellos con el corazón. A pesar de todo, es importante que no te culpabilices, pues sea cual sea tu forma de querer, tu grado de amor es muy importante.

Hazte consciente de que amar con la cabeza es más doloroso que amar con el corazón. La primera forma de amar se basa en el miedo, y no proporciona sino emociones y decepciones, mientras que la segunda es liberadora y aporta, por el contrario, paz interior y armonía con el entorno.

Para romper este vínculo con tus padres y, al fin, poder llegar a ser tú mismo, debes aceptar que tanto ellos como las personas que los representaron actuaron lo mejor que pudieron y te quisieron lo mejor que sabían. Eran incapaces de darte más, pues esta fue la única forma de amor que les habían enseñado a ellos. Actuaban de ese modo creyendo que era por tu bien.

¿No te das cuenta de que la indiferencia expresada por los padres también puede ser un sinónimo de confianza? Quieren tanto a sus hijos que les dan entera libertad para que puedan vivir su propia vida. Confían tanto en ellos que les dejan tomar sus propias decisiones. Este tipo de indiferencia es una gran prueba de amor. En ese caso, ¿por qué pensar que te ignoraron? Quizá, observando más de cerca, nos daríamos cuenta de que nuestra interpretación de los hechos no es la más apropiada al estar influida por nuestras heridas.

Los padres más críticos o exigentes son aquellos que esperan demasiado de sus hijos. De acuerdo con su forma de ver las cosas, desean que lleguen más lejos de lo que han llegado ellos. Y no toleran ningún fallo. Ejercen una continua presión. Ese tipo de padres pretenden que sus hijos hagan realidad los sueños que ellos no pudieron alcanzar. Pero, de todos modos, detrás de cada crítica también se oculta un acto de amor puesto que, ante todo, consideran a su hijo como una persona realmente capaz.

Muchos padres harían lo que fuera para evitar que sus hijos corriesen la misma suerte que ellos. Un hombre sumiso y más bien débil ante las adversidades de la vida utilizará toda su violencia con sus hijos con el fin de que estos se vuelvan tan fuertes e insensibles como él hubiese deseado ser. ¿Acaso no lo hace por amor? Utilizará la violencia con ellos porque no le gusta su propia vida, es decir, una vida llena de resignación. Una madre superexigente y controladora lo que busca en realidad es asegurarle a su hija una vida mucho mejor que la suya.

La mayoría de los padres desean que sus hijos sean mejores que ellos y que lleguen a conseguir muchas de las cosas que ellos no lograron. De esta forma es como empiezan a forjarse toda una serie de expectativas muy poco realistas. Cualquier protección desmesurada hacia los hijos, así como cualquier conducta excesivamente severa, es la manifestación de un amor posesivo. Cuanto más tememos, más amamos con la cabeza.

Recuerda la definición del amor:

AMAR ES ACEPTAR A LOS DEMÁS,
AUNQUE NO LOS COMPRENDAMOS, O INCLUSO AUNQUE
NO ESTEMOS DE ACUERDO CON ELLOS.

No hay ni un solo niño en la Tierra que esté totalmente de acuerdo con la idea de amor recibida de sus padres, porque cada persona es única. Cualquier niño, sea cual sea su posición social, hubiese preferido ser amado de una forma distinta. Le hubiese gustado ser amado con más o menos afecto y haber disfrutado de más o menos atenciones. Pero nosotros no podemos cambiar a los demás. Todos los padres tienen su propia forma de ser. Son lo que son, según lo que han aprendido.

Tú tienes la oportunidad de aprender que existe una forma de amor mucho más elevada que el amor posesivo. El ser humano ha ignorado durante años la existencia de su propio potencial interior. Su amor tan solo dependía de las personas que lo rodeaban. ¿Cómo podría enseñar algo que no conocía?

Si guardas en tu interior todo lo que te hubiese gustado cambiar en tus padres, si recuerdas todas las desavenencias y todos los reproches recibidos, que te hacen vivir el rencor, incluso el odio, te darás cuenta de que, con el transcurso de los años, tus ataduras han alcanzado un nivel inconmensurable. Conforme vayas tomando conciencia del amor que motivaba cada uno de sus gestos, de sus actos y de sus palabras, irás cortando poco a poco todos esos vínculos, todas esas ataduras, y finalmente, llegará el día en el que rebosarás de amor hacia ellos. Para llegar ahí, debes aceptar, en primer lugar, los medios utilizados por tus padres, aunque no estés de acuerdo con su actitud y sus comportamientos. Los verás de forma distinta –con tus ojos de amor– y te darás cuenta de lo mucho que te querían realmente y, sobre todo, de hasta qué punto no se querían a sí mismos, incapaces de verse a través de ti.

Cualquier rencor que puedas albergar con respecto a aquellas personas que llegaron a marcarte y a influenciar tu vida forma un vínculo que te oprime. Probablemente, esta sea una de las causas que provocan tu insatisfacción interior. Pero, ahora que sabes que en la Tierra existe algo muchísimo más extraordinario que lo que estás viviendo actualmente con respecto a estas personas, ¿no crees que liberándote de todos tus rencores lograrías que tu corazón se hiciese mucho más grande?

Para romper con este tipo de vínculos, no se trata de intentar comprender a los padres: esto sería utilizar la cabeza. Bastará con vivir el sentimiento de amor que estas personas sentían hacia ti en aquellos momentos. Este sentimiento se halla en tu interior y no en tu cabeza. Evita cualquier tipo de razonamiento y utiliza tu corazón. Debes intentar ir algo más allá del siguiente pensamiento: «Es cierto que su vida nunca fue fácil. Eran muchos de familia y eran tan pobres... Mamá tuvo que enfrentarse a muchas dificultades». Al ser humano le gusta tanto utilizar su razón que a menudo suele olvidarse de su corazón. Cuando aceptes realmente lo mucho que te quisieron tus padres (aunque solo fuese con la cabeza), sentirás una gran oleada de amor hacia ellos.

Probablemente existan algunos vínculos entre los profesores de tus primeros años de escuela y tú. ¿Acaso eres exactamente igual que alguno de ellos? Observa todo aquello que te haya podido molestar, hacerte vivir emociones, enfadarte. Luego, verifica hasta qué punto ese rencor afecta a tu vida profesional. De hecho, los vínculos formados durante la educación escolar afectan a las relaciones ligadas a la vida profesional, mientras que los vínculos formados en la vida familiar afectan más tarde a las relaciones íntimas, a las sociales y a las de amistad.

Desde joven, siempre te sentiste de lo más predispuesto contra esas personas y estabas tan preocupado ante el temor de parecerte a ellas que te olvidaste de ser tú mismo. Ese ser extraordinario que hay en ti grita para ser descubierto. ¿No escuchas las llamadas de tu alma? Tú eres la única persona que puede liberarla de sus cadenas y de su aislamiento. Tu alma necesita evolucionar, respirar libremente y disponer de su propio espacio tanto como las demás.

Si sigues albergando rencor hacia tus padres o hacia otras personas, es porque te dejas dominar por el orgullo. Te niegas a aceptar las cosas tal y como son. Tal vez estés convencido de que todo es una injusticia y una insensatez. Ese rencor puede convertirse en odio, lo que significa que la atadura que os liga se hace cada vez mayor. Pero el precio que tendrás que pagar por ello será demasiado alto, pues seguirás viviendo rodeado por las mismas situaciones. Todo ello te costará muy caro en tus relaciones, en el amor que recibes, en tu felicidad y en tu salud. Tu cuerpo y tu superconsciencia no cesarán de enviarte señales para que vayas al encuentro de las leyes del amor. No podrás escapar de ellas. Ni siquiera intentes imaginártelo.

Si eres el hijo mayor, probablemente los vínculos entre tus padres y tú serán mucho más fuertes que los del resto de tus hermanos. El primero de los hijos es siempre el que tiene menos espacio, ya que los padres quieren que sea perfecto y suelen mostrarse muchísimo más exigentes con él que con los demás. Si uno de los padres hubiese preferido tener un niño en lugar de una niña (o viceversa), esto podría indicar que no ha logrado realizarse en la vida como hombre o como mujer. En este caso, quizá pudieras sentirte rechazado, pero no porque tu padre o tu madre no te amen, sino porque ni siquiera aman su propia vida.

Ten valor. Enfréntate a una sola situación a la vez y cuando llegue el momento, acabarás siendo capaz de cortar todas tus ataduras.

Una de las ataduras con las que nos topamos con más frecuencia tiene que ver con la actitud hacia el dinero. En la época de nuestros padres, el dinero era algo muy importante. Había que administrarlo. Su felicidad dependía exclusivamente de sus bienes materiales. Para ellos, el dinero era sinónimo de seguridad y estaban convencidos de que para poder asegurarte la felicidad tenías que ahorrar. Tus padres quieren que tengas dinero porque desean verte feliz. Este es su concepto del amor. Si no le otorgas ninguna importancia al dinero o eres un derrochador, probablemente esta sea tu forma de reaccionar ante la actitud de tus padres, pues no has descubierto el equilibrio.

Cualquiera que sea la situación, puedes estar seguro de que, de una u otra forma, en el fondo, tus padres te amaban. De acuerdo con las grandes leyes de la naturaleza, es imposible que los padres no amen a sus hijos, así como tampoco es posible que los hijos no amen a sus padres. Este amor es realmente precioso. El gran problema es que la mayor parte de la gente no sabe cómo expresarlo. Hay algunas personas que llegan incluso a afirmar que odian a sus padres o que les resultan indiferentes, cuando, en realidad, es su sufrimiento lo que ha llegado a alcanzar un grado muy elevado. Recuerda que el odio puede ser sinónimo de un gran amor que se ha visto frustrado.

La única solución para cortar toda atadura, sea cual sea, a fin de liberarnos de los rencores y el odio, es el perdón verdadero.

Para que el perdón se haga realidad, es imprescindible, ante todo, que seamos capaces de reconocer nuestra responsabilidad.

Reconocer (asumir) tu responsabilidad significa aceptar que todo lo que sucede en tu vida es creación tuya, el fruto de tu Dios interior, que pone en acción situaciones que te permiten llegar a ser consciente de aquellos aspectos de tu forma de ser que todavía no has aceptado. Cuanto mayor es el sufrimiento, más urgente es la necesidad de ver ese aspecto de tu personalidad para poder aceptarlo finalmente.

Te recuerdo que el amor verdadero se manifiesta cuando se acepta cualquier actitud, aunque no se esté de acuerdo con ella. Ese es siempre el único medio para llegar a amarse a uno mismo y amar a los otros tal como son. Significa otorgarse a sí mismo el derecho a ser humano, pero también otorgárselo igualmente a los demás. Así, podrás aceptar que todo lo que juzgas en el otro está también en ti.

El hecho de asumir tu responsabilidad te ayudará a ser compasivo, contribuyendo de ese modo a reconciliarte. Progresivamente, te harás consciente de que la persona a la que has juzgado y condenado te ha juzgado igualmente por lo mismo, aunque tú no seas consciente de haberle causado ningún daño.

A continuación, tienes que concederte el derecho de sentirte resentido con esa persona, ver que es una reacción normal y humana en cualquiera que experimente un gran sufrimiento. La última etapa consiste en aceptarte, en admitir el hecho de que tu actitud haya contribuido a hacer sufrir al otro. *Ese es el verdadero perdón a uno mismo.*

Cuando leas el capítulo 14, «Aprender a expresar las emociones», podrás realizar el trabajo interior que este capítulo sobre el perdón sugiere.

Ejercicios sugeridos para asimilar este capítulo

1. Piensa en tres personas con las que estés resentido, por la razón que sea.
2. Repara en cómo las juzgas.
3. Verifica las circunstancias en que esas tres personas han podido considerar que tú eres lo que, en realidad, estimas que han sido ellas.
4. Tómate el tiempo necesario para aceptar que has atraído a esas personas y esas situaciones, con el fin de hacerte consciente de un aspecto de ti que no aceptabas.
5. Admite que eres humano, igual que esas tres personas con las que compartes miedos y sufrimientos comunes.
6. Visualiza el día en que haces las paces con ellas, expresando todo lo que has aprendido sobre ti. Debes recuperar el deseo sincero de llegar a esa situación para que se pueda manifestar.
7. Repite la afirmación siguiente tan a menudo como te sea posible:

SIENTO COMPASIÓN POR TODOS AQUELLOS A LOS QUE HE JUZGADO. ME PERDONO Y ME LIBERO DE LAS ATADURAS QUE ME IMPIDEN ESTAR EN ARMONÍA. AMO CADA VEZ MÁS CON EL CORAZÓN.

Capítulo 7

LA FE.
LA ORACIÓN

¿Qué es la fe? Muchos confunden la palabra «fe» con la palabra «creencia». Creer significa considerar algo como cierto. Si estás seguro de estar en posesión de la verdad, vive esta verdad y, si te resulta beneficiosa, propágala. Que quienes la acepten, la adopten y quienes la rechacen, la ignoren. Las verdades y las creencias cambian. Cada cual tiene sus propias verdades y sus propias creencias. Puesto que evolucionamos, sería ilógico que uno creyera en lo mismo durante toda su vida. Debes creer en algo porque es pertinente, benéfico, y no porque alguna otra persona crea en ello, aunque sea tu padre o alguien muy influyente.

La fe es algo mucho más profundo, una fuerza en sí misma, un poder directamente ligado a nuestra alma y a nuestro Dios interior. Las Sagradas Escrituras la definen como «la seguridad en aquello que esperamos y la evidencia de lo que no vemos». Cuando te sientas motivado por la fe, ten la certeza de que vas a obtener lo que deseas. Esto es lo que distingue la fe de la creencia.

Jesús vino a la Tierra para enseñarnos el AMOR y la FE. Ya es hora de que pongamos en práctica todas sus enseñanzas. Han tenido que pasar dos mil años para que las personas hayan podido empezar a comprender su poder y a creer en él.

TENER FE ES CREER, CON UNA CONFIANZA INQUEBRANTABLE, EN LA PRESENCIA DE DIOS EN NUESTRO INTERIOR.

A todos nos enseñaron a rezar diciendo: «Dios mío, ayúdame». Al hacerlo así, nos dirigimos a la Divinidad que está en nuestro interior. Si piensas en Dios como en una entidad alejada que tiene que ocuparse de toda la Tierra, te resultará muy difícil creer que tus plegarias puedan ser escuchadas. Con siete mil millones de personas de las que ocuparse sobre el planeta, ¿tendrá realmente tiempo para ti? Es primordial que reconozcas la existencia de tu propio Dios interior, es decir, Dios Padre, que vive en tu corazón y en el de todos los que te rodean. Cuando reconozcas su existencia, cuando te sientas como una manifestación de ese Dios, cuando creas que ese gran poder se halla en tu interior, podrás conseguir todo aquello cuanto desees. Así es la fe.

Hay un relato que me encanta y que describe a la perfección lo que es la fe. Un pueblecito estaba sufriendo una gran sequía y los granjeros estaban muy preocupados por la cosecha. Tras la misa del domingo, le pidieron consejo al sacerdote.

—Tenemos que adoptar alguna medida. No ha llovido desde hace más de un mes y si seguimos así, perderemos nuestras cosechas. ¿Qué podemos hacer?

El cura les contestó:

—Lo único que tenéis que hacer es rezar con fe. No olvidéis que una plegaria sin fe no es realmente una plegaria.

Los granjeros se reunieron dos veces al día para rezar y para pedir que lloviera. Al domingo siguiente, volvieron a ir a ver al sacerdote.

—Señor cura, esto no ha funcionado. Nos hemos reunido varias veces al día y hemos rezado para que lloviese, pero no hemos conseguido nada.

Entonces, él les preguntó:

—Pero ¿realmente habéis rezado con fe? –Y todos contestaron que sí. Sin embargo, el cura les dijo–: Sé que no habéis rezado con fe porque ninguno de vosotros ha cogido el paraguas esta mañana.

Este pequeño relato ilustra a la perfección lo que significa rezar y actuar con fe.

Cuando tenemos fe, estamos convencidos de poder conseguir aquello que deseamos. Con frecuencia ejercitamos nuestra fe de forma inconsciente. Realizas un acto de fe cuando apoyas el dedo sobre el interruptor para encender la luz. Sabes sin duda que la luz se encenderá. Los actos de fe no están necesariamente ligados a algo religioso o sobrenatural. Podemos, por tanto, servirnos de ellos para múltiples situaciones de nuestra vida.

Cuando encargas un coche nuevo, escoges el modelo, el color y los accesorios y firmas un contrato con el concesionario. Te dicen: «No se preocupe, usted tendrá su coche aquí dentro de diez semanas. Le llamaré en cuanto lo recibamos». Es otro acto de fe. Durante las diez semanas siguientes, estás completamente seguro de que te entregarán tu coche tal y como lo habías pedido. Durante ese período te empiezas a fijar en todos los vehículos iguales al tuyo, diciéndote a ti mismo: «Este coche es igual que el mío». Ya te imaginas sentado en su interior y conduciéndolo. Una vez transcurrido el tiempo establecido, te llaman del concesionario y te dicen que ya puedes pasar a recogerlo. Realizaste un acto de fe, ¿no es así? De hecho, ni se te pasa por la cabeza la posibilidad de que tu coche no haya llegado. Ni llamas al concesionario para asegurarte de que no se han olvidado de ti. Cuando hay fe, no existe ninguna duda. Estás en la certeza.

Puedes conseguir que suceda todo lo que deseas de la misma manera: lo pides una sola vez, convencido de que el resultado está ya ahí. Cuando pides lo mismo más de una vez, es porque dudas de poder conseguirlo. El gran poder que existe en tu interior puede hacer que consigas todo aquello que deseas. Tan solo tendrás que proporcionarle el tiempo necesario para que pueda llegar a manifestar estos deseos.

Si realizas una afirmación generalizada sin poner demasiada energía, lo que haces es rezar. Pero si además de ello también la visualizas, entonces rezas con fe.

Imagínate cuáles son los resultados que esperas obtener, ve aquello que deseas reflejado en una imagen, y lo conseguirás.

Así lo expresó Jesús en el Evangelio según San Marcos: «Todo aquello que pidáis en oración os será concedido». Tenemos que ver nuestros deseos como algo realizado. Para el que cree, todo es posible. La fe puede mover montañas.

Tu Dios interior está vinculado a este gran poder universal que se ocupa de todo cuanto existe en la Tierra, en todos los planetas y en todo el cosmos. Mira un poco a tu alrededor.

No podrás evitar despertar tu fe al contemplar la hermosa armonía que existe en toda esa parte de la naturaleza que todavía no ha sido maleada por el hombre. Te maravillarás ante la belleza de una puesta de sol, ante la inmensidad del océano o ante la paz de un cielo repleto de estrellas. El universo está en armonía. El sol sale todos los días y la luna aparece todas las noches, los planetas evolucionan en el espacio y las mareas suben y bajan. Una gran planificación divina rige toda esta armonía. ¿Por qué no formar parte de ella?

Todo está aquí. ¡Esta es nuestra herencia divina! ¡Solo tienes que pedir! Dios te ha concedido el libre albedrío, es decir, te permite vivir tu vida tal y como la has elegido. Puedes pedir todo aquello que desees, menos lo que pertenezca al prójimo. En estos casos, siempre podrás pedir algo similar o mejor para ti; el universo es lo bastante generoso como para poder colmar las necesidades de todos.

Este gran principio se aplica a todo lo que existe. Somos millones y millones de seres los que nos beneficiamos del sol, del aire o de la electricidad y hay bastante para todos. ¿Por qué las grandes riquezas de la Tierra, las joyas, los tejidos, las mansiones o las cualidades del ser humano, tales como la paciencia, la belleza interior o el amor tan solo van a existir para unos pocos? Todo cuanto esté relacionado con el «ser» o el «tener» nos pertenece. Lo único que hemos de hacer es reclamarlo. No temas, no le estás quitando nada a nadie. La herencia divina es universal.

La única diferencia que existe entre otras personas y tú, entre las cosas hermosas que estas hacen o poseen y que tú consideras imposibles de alcanzar, es el nivel de la fe. Tan solo debes decidirte y afirmar: «Sí puedo. Todo lo que necesito para conseguir el éxito está en mi interior. Puedo conseguirlo». Esta certeza debe aplicarse únicamente a todo lo que es beneficioso o conveniente para ti. Por eso no siempre te sucede lo que quieres, aunque creas haber hecho actos de fe. Seguramente, habrá algo que no te interese y que considerarás destinado a otras personas. Pero todo aquello que te gustaría hacer te pertenece y, por lo tanto, puedes conseguirlo.

La fe no procede de la cabeza, sino de tu superconsciencia, la cual te conecta con Dios. Puedes imaginarte a Dios como un gran sol, una energía que se mueve, que vibra; la fe es el rayo de sol que te une a Dios.

Al contrario que el razonamiento, la fe lo acepta todo sin preguntar cómo ni por qué. Cuando poseemos fe, poseemos la certeza; sabemos que aquello que deseamos ya está aquí y que podemos conseguir que sucedan muchas cosas que son beneficiosas para nosotros. Todas las creaciones, todas las grandes obras han sido engendradas por la fe. Aquellos que «si no lo ven, no lo creen» no poseen ninguna fe. Si toda la humanidad pensase así, en la Tierra realmente existirían muy pocas cosas.

Cada vez que dices: «Cuando tenga esto o aquello, seré feliz y podré vivir tranquilo», lo único que haces es demostrar una gran falta de fe. Con la fe, el «ser» pasa a convertirse en algo mucho más importante que el «tener». Decides aquello que te haría feliz (ser), actúas en consecuencia y estás totalmente convencido de que lo conseguirás (tener).

Si el hecho de irte de vacaciones con tu familia es algo que realmente te haría muy feliz, el acto de fe consistirá en ir a hacer las reservas, aunque todavía no estés totalmente seguro de poder disponer de todo el dinero necesario. Una vez que hayas tomado esta decisión e incluso ya hayas dejado una pequeña señal a la hora de hacer las reservas, habrás dado el primer paso hacia tus vacaciones. Esto es un acto de fe. Cuanto mayor sea tu capacidad de visualizarte en vacaciones, mayor es tu fe.

Es muy fácil creer que, al despertar, habrá salido el sol o que si plantas judías, lo que cosecharás también serán judías. ¿Verdad que crees que son acontecimientos naturales? Pues bien, conseguir aquello que deseas en la vida también es algo natural. Posees el mismo poder que Dios, porque eres una manifestación suya. Si Dios puede hacer que el sol salga todos los días o lograr que germine una semilla, también tú podrás gozar de una vida llena de maravillas.

Dios es un gran poder universal al que me gustaría comparar con la electricidad. No la vemos y desconocemos de dónde viene y, sin embargo, sabemos que existe. Si cuando entras en una habitación, esta se encuentra a oscuras, ¿significará esto que no hay electricidad? No, simplemente significará que te has olvidado de darle al interruptor. Todo acto de fe es similar al acto de accionar el interruptor para conseguir la luz deseada. Cada vez que nos planteamos un acto de fe, aumentamos nuestra luz. Cuantos más actos de fe realicemos, más se intensificará esta luz y todo se volverá cada vez mucho más claro y más fácil.

Es sencillo, ¿verdad? Apoyando el dedo sobre el interruptor, obtienes luz. ¿Acaso la luz procede de ti? No, procede de quién sabe dónde. Lo mismo sucede con tu vida. Cada vez que utilizas tu fe, es Dios quien está empleando un canal para crear. Todos los seres humanos poseen las mismas posibilidades. Al aceptar a tu Dios interior, también aceptas que Dios se sirva de ti para manifestarse. Por el contrario, si utilizas esta gran fuerza para perjudicar a alguien, deberás atenerte a las consecuencias, al igual que si utilizas la electricidad o el fuego para destruir. Dios nos da el libre albedrío para poder hacer uso de su poder, de una forma beneficiosa o no, pues debemos asumir siempre las consecuencias de nuestros actos, es decir, recoger lo que sembramos.

Todo cuanto existe en el mundo visible antes ha tomado forma en el mundo invisible. Sea un gran hotel, un avión o incluso la ropa que llevas puesta, antes de convertirse en realidad ha tomado forma en el pensamiento de alguien. La grandeza del ser humano estriba en saber utilizar este gran poder universal para crear armónicamente lo que existe ya en el inmenso receptáculo del universo.

Somos incapaces de pensar en algo que no existe, pues el pensamiento está conectado al gran pensamiento universal, como las células están conectadas al cuerpo humano. Si cierras los ojos y te imaginas una hermosa playa, es porque esta ya existe o llegará a existir algún día en la Tierra. En el mundo visible, no podemos imaginar nada que no sea real o no esté previsto en el mundo invisible. Ahora se trata de hacerlo llegar aquí, a través de tus pensamientos y de tus actos. Todo pensamiento cobra forma en el mundo invisible; cuanto más pienses, más energía depositas y cuanto más alimentes esta energía, más posibilidades tendrás de llegar a concretarla en el universo material y visible. Así es como se crea un elemento.

A fuerza de alimentar aquello que has creado en tus pensamientos, darás con las personas adecuadas, sabrás qué pasos seguir y encontrarás el lugar idóneo para materializar esos pensamientos. Si te ha ocurrido algo que no era beneficioso para ti, es porque ya lo habías creado en el mundo invisible. Utiliza tu fe para crear cosas benéficas; hay muchas, las suficientes para todos y cada uno de nosotros. De ti depende ir a buscar tu parte.

Imagínate que en tu país existiesen unas reservas increíbles de trigo. El hecho de que la gente se desplazase o no para ir a reclamar su parte no cambiaría nada en cuanto a las cantidades disponibles. En el momento en el que creas un deseo, también estás creando todo lo que te hace falta para llegar a materializarlo. ¡Lo único que tienes que hacer es utilizar esta gran reserva!

No pierdas ni un solo minuto y comienza a usar este gran poder interior; desarrolla tu fe. Si empiezas a crear cosas agradables, tu vida adquirirá otros matices, serás más feliz y podrás compartir esta felicidad con los demás. Por el contrario, si estás lleno de dudas, de miedos y de inquietudes, no le podrás proporcionar felicidad a nadie.

NO SE PUEDE DAR AQUELLO QUE NO SE POSEE.

Empieza por pensar en ti mismo y por rodearte de cosas agradables. Automáticamente, darás los primeros pasos para sembrarlas a tu alrededor.

Cuando decides salir de viaje, ya sabes adónde quieres ir y no tienes ninguna duda al respecto. Tanto si escoges el coche como el tren o el avión, dejarás que te lleven hasta tu destino. Sabes que el coche seguirá la ruta adecuada y que aquellos que dirigen el tren o pilotan el avión conocen el itinerario a la perfección y llegarán a su destino. Con el amor, la felicidad y la paz interior sucede lo mismo. Debes dejarte guiar; dejarte llevar y abandonarte totalmente. Tienes que estar convencido de que todo lo que necesites para llegar a convertir en realidad tus deseos está en tu interior: «Pedid y se os dará».

Puedes estar seguro de que, cuando hayas desarrollado la fe en ti, tus relaciones con los otros se relajarán. Será algo maravilloso. Ya no te dejarás influenciar por aquellos que encuentran la vida horrible. Te darás cuenta de que todo tiene lugar en tu interior. Todos aquellos que tienen fe atraviesan más fácilmente las pruebas, los momentos difíciles.

Jesús nos describió la fe en estos términos: «No os preocupéis por vuestras vidas ni os angustiéis ante la idea de no encontrar nada con lo que alimentaros, con lo que abrigaros o con lo que saciar vuestra sed. ¿Acaso no es la vida más importante que los alimentos? ¿No es más importante el cuerpo que la ropa que lleváis puesta? Mirad los pájaros, no siembran ni cosechan, no poseen graneros ni bodegas y, sin embargo, el Padre Celestial los alimenta a todos. ¿No valéis vosotros, al menos, tanto como ellos? ¿Acaso creéis que al angustiaros así, vais a conseguir algo? ¿Por qué preocuparos por vuestras ropas? Mirad cómo crecen los lirios del valle. No trabajan, ni tejen sus ropas y, sin embargo, ni siquiera Salomón con toda su gloria y esplendor llegó a estar nunca tan ricamente vestido. Si Dios se cuida incluso de una simple florecilla, que probablemente alguien cortará mañana, ¿cómo no va a preocuparse por vestiros a vosotros, hombres de poca fe? Dejad de preguntaros: "¿Qué comeremos, qué beberemos o con qué vamos a cubrir nuestros cuerpos?". Únicamente los paganos se preocupan de estas cosas. Vuestro Padre Celestial conoce vuestras necesidades. Buscad el Reino de Dios y su justicia, y el resto os llegará por añadidura.

No os preocupéis por el día de mañana, pues cuando llegue el momento, las cosas se solucionarán por sí mismas. Ahora ya tenéis bastante con los problemas del presente».

Estas palabras de Jesús nos invitan a vivir el momento presente. De nada sirve preocuparse por el mañana. Y si eres el primero en aceptar que posees el poder de conseguir todo aquello que necesites conforme vayan apareciendo tus necesidades, así será.

No precisas amasar una gran fortuna para tu vejez, ni tienes por qué contratar un sinfín de planes de jubilación. Si actúas así es porque piensas que ahora posees bastante poder como para conseguir todo este dinero, pero que dejarás de poseerlo en cuanto cumplas los sesenta, sesenta y cinco o setenta años. Aunque creas que en estos momentos Dios se halla en tu interior, en el fondo estás convencido de que esto no será algo permanente. En lugar de eso, lo que debes pensar es que, conforme vayas envejeciendo, tu sabiduría y tu experiencia te permitirán conseguir con más facilidad todo aquello que deseas. ¿Por qué intentar amasar tantas riquezas? Lo único que importa es que puedas saciar tus necesidades del momento. Incluso aunque tuvieses cuatro neveras llenas a rebosar de alimentos, ¿te los comerías todos en un solo día? ¡Por supuesto que no! Si decides economizar, hazlo por amor, y no por miedo, solo por el placer de tener una reserva para aprovecharte de las oportunidades que surjan.

Lo que importa de veras es vivir bien, estar rodeados de belleza y poder responder a nuestras necesidades del momento. Dando las gracias por lo que recibes cada día y viviendo el momento presente, seguirás consiguiendo todo aquello que necesites. El mañana depende del hoy. Si te preocupas por el mañana, lo único que lograrás es vivir rodeado de cosas desagradables. Por el contrario, si llenas tu mente de pensamientos agradables, tu vida también se convertirá en algo placentero.

EJERCICIOS SUGERIDOS PARA ASIMILAR ESTE CAPÍTULO

1. Realiza un acto de fe, sea cual sea. Elige algo que siempre hayas deseado tener, algo que te haría realmente feliz, y decide que posees el poder necesario para conseguirlo.
2. Pon tu pensamiento en acción desde ahora. Actúa sin dilación. Planifica al menos tres acciones para las próximas semanas.
3. Asegúrate de que tu deseo pone el *ser* por delante del *tener* o el *hacer*. Si piensas: «Si tuviera dinero suficiente o me tocara la lotería, compraría la casa de mis sueños y, al fin, sería feliz», vas en sentido contrario a las leyes naturales según las cuales una vez que *seas* podrás *tener* y *hacer* (y no a la inversa).
4. Hazte consciente de lo que quieres ser, sabiendo que tu deseo te ayudará a alcanzar tus objetivos. Más que ser un medio para conseguir algo, cada acción debe encerrar la intención sincera de lo que quieres ser.
5. Antes de empezar el siguiente capítulo, repite con frecuencia esta afirmación:

> CREO EN LA GRAN RIQUEZA DIVINA QUE HAY EN MI INTERIOR Y DE ELLA EXTRAIGO TODO CUANTO NECESITO, EN TODO MOMENTO Y EN TODO LUGAR.

Capítulo 8

LA ENERGÍA

¿Crees que tienes mucha energía? ¿Te gustaría tener más? Un especialista que lleva investigando este tema desde hace varios años afirma que el cuerpo humano posee suficiente energía como para poder mantener una ciudad como Montreal o Nueva York iluminada durante todo un mes. Impresionante, ¿verdad?

Seguramente estarás de acuerdo conmigo cuando te diga que la motivación y la satisfacción de poder hacer aquello que nos gusta engendra automáticamente un aumento de energía en nosotros. Esta energía favorece la realización y la materialización de cualquier proyecto.

Pongamos el ejemplo de una joven que vuelve a casa tras una dura jornada de trabajo. Se siente tan cansada que no tiene ganas ni de cenar. Está a punto de meterse en la cama cuando de repente suena el teléfono. Un amigo al que aprecia realmente le dice que en media hora estará en su casa. Podemos imaginarnos a la joven apresurándose a ordenar el apartamento, a hacer la cama, a esconder los platos sucios e ir corriendo a la tienda de la esquina para comprar una botella de vino. Llaman al timbre a la hora prevista. La joven se encuentra en plena forma y todo está milagrosamente limpio y arreglado para recibir a este amigo. ¿De dónde ha salido tanta energía? La fuente de toda esta energía es, sin sombra de dudas, la motivación.

La falta de energía es una señal que te envía tu cuerpo y tu superconsciencia advirtiéndote que estás actuando, pensando y viviendo de una forma que no te resulta beneficiosa y que, en consecuencia, te falta vida y motivación. Utilizar la energía de forma inadecuada también puede provocar una falta de vitalidad.

¿Te has preguntado ya de dónde procede toda esta energía de la que tanta necesidad tenemos a lo largo de nuestra vida? No estamos conectados a una corriente eléctrica, como un robot, por ejemplo. Este es otro fenómeno milagroso. La energía divina es omnipresente, y nuestro cuerpo está constantemente conectado a ella, gracias a la energía solar y la terrestre. Además, todo lo que existe sobre la Tierra se mantiene con vida gracias a esa energía. Se la puede percibir por la emanación blanca que rodea a los seres humanos, los animales, las plantas y los minerales.

El cuerpo físico está rodeado por otro cuerpo sutil e invisible denominado cuerpo energético o cuerpo vital, que se halla formado por millares de pequeñas líneas que rodean el cuerpo físico. En siete lugares específicos de este, veintiuna de estas líneas se entrecruzan para formar un centro de energía. Allí, la energía se halla mucho más concentrada. A estos centros de energía se los denomina «chakras», término que procede del sánscrito. Están situados entre la base de la columna vertebral y la parte superior de la cabeza.

El dibujo de la página 104 muestra claramente la localización de los distintos centros de energía. Voy a explicar cada uno de ellos para que puedas comprender mejor lo que sucede cuando utilizas la energía de una forma beneficiosa y, a veces, no beneficiosa. Cuando la utilizas de una forma inteligente, es decir, para responder a tu proyecto de vida, que consiste en vivir en el amor y según tus necesidades, la energía circula perfectamente de arriba abajo y de abajo arriba. Eso es lo que explica por qué sientes tanta energía cuando estás enamorado, por ejemplo.

Cuando dejas que tu ego, es decir, tus miedos y tus creencias no beneficiosas, dirijan tu vida, bloqueas la circulación de la energía. Por eso te sientes tan falto de ella cuando vives emociones y miedos, o cuando no atiendes a tus necesidades.

El primer centro es el del *coxis*. Está situado en la base de la columna vertebral. Es el que nos conecta directamente con la energía terrestre, llamada «energía telúrica». Es el centro de la fuerza física y de la supervivencia. Esta energía es, por lo tanto, necesaria para mantener tu fe y sentirte seguro en todo momento. Cuando vives con rabia, dolor, irritación y miedo, bloqueas dicha energía y el centro es incapaz de «recargarse». Es entonces cuando aparece el miedo a perder todo aquello que asocias con la seguridad: el dinero, los bienes, el trabajo, la pareja, etc.

Un bloqueo de energía en este punto puede provocar dolores dorsales y trastornos en la zona que se extiende

CENTROS ENERGETICOS - CHAKRAS

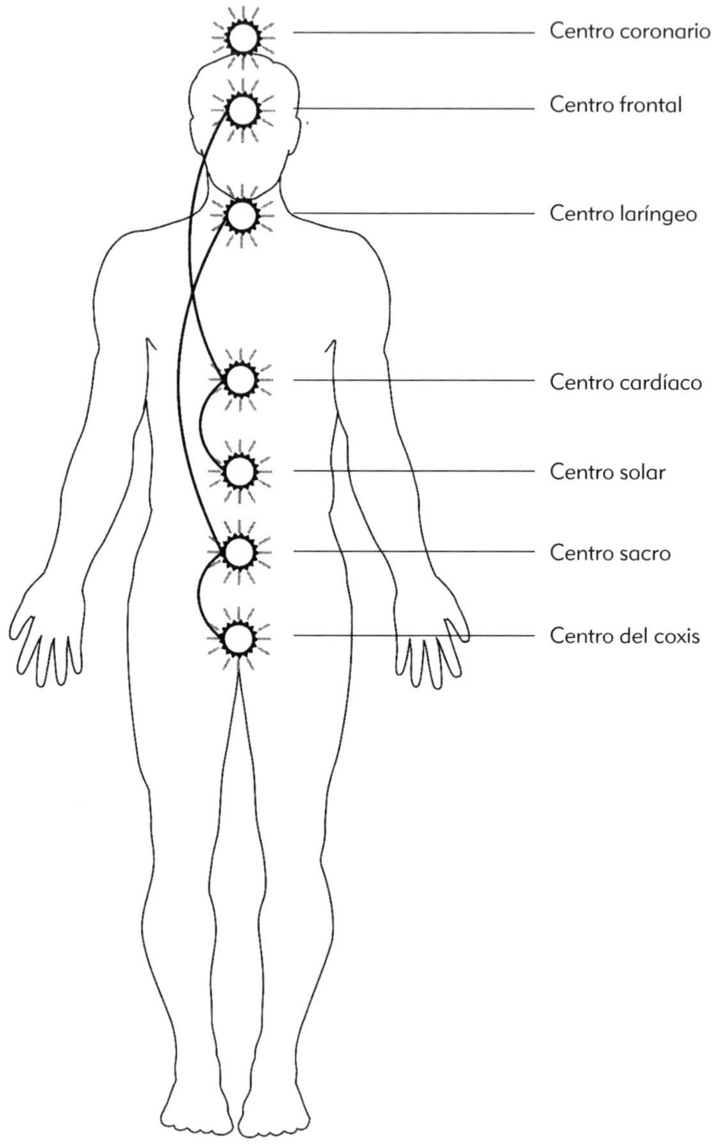

desde la base de la espalda hasta los pies. El centro del coxis está directamente relacionado con las glándulas suprarrenales, que producen la cortisona y la adrenalina, hormonas indispensables a la hora de afrontar un peligro. Resultado: el pánico se apoderará de ti en cuanto tengas que hacer frente a cualquier riesgo.

El segundo centro de energía, el *sacro*, se encuentra situado detrás de los órganos sexuales, entre el pubis y el ombligo. El cruce de las veintiuna líneas está ubicado detrás de la columna vertebral. Esta zona es el centro en el que generas el poder de dirigir tu vida tal y como deseas. Esta energía es la misma que utilizas para las actividades sexuales. La reproducción es el objetivo principal de los órganos sexuales. Su cometido es el de crear. Este centro está directamente relacionado con el de la garganta, que a su vez te ayuda a crear pasando a la acción. El centro sacro representa el «sí, puedo», directamente relacionado con el centro laríngeo, que representa el «sí, quiero». El centro sacro te proporciona, por lo tanto, la energía esencial que te permite creer en tus capacidades, tomar decisiones y adaptarte a los cambios. Te proporciona también la energía necesaria para unirte sexualmente con el ser amado.

Si esta energía es mal utilizada, por ejemplo en una actividad sexual relacionada únicamente con el placer de los sentidos, o se canaliza hacia sentimientos de culpa, odio, cólera, ira, orgullo, celos, egoísmo, posesividad..., las glándulas sexuales y la garganta sufrirán trastornos. Por el contrario, cuando hayas aprendido a liberarte de estas emociones destructivas, a cambiar tu forma de ser y a dominar tu orgullo, una gran energía se elevará hasta el centro de tu garganta y te ayudará a crear y a desarrollar todos tus dones y talentos.

El tercer centro es el *solar* (plexo solar) y está situado por encima del ombligo, entre este y el corazón. Es el centro de las emociones y de los deseos. Cuando experimentas fuertes deseos o emociones y te dejas perturbar por ellos sin llegar a expresarlos exteriormente, bloqueas este centro de energía. De esta forma, la energía se concentra en un mismo sitio, sin circular. Es lo que provoca la falta de energía que aparece cada vez que experimentas algún sentimiento de culpabilidad, de desengaño, de agresividad o de dolor. Este centro actúa directamente sobre el páncreas y el sistema digestivo.

El cuarto chakra se llama centro *cardíaco*. Está situado en la zona del corazón. Se trata de un centro muy importante. Es la fuente del amor y de la compasión. Su energía se revela necesaria para actuar con amor, con alegría, para congratularse y, sobre todo, para aceptarse, principalmente en los aspectos de uno mismo que calificamos de «negativos». Este centro es tanto más importante por el hecho de que relaciona los tres primeros con los tres siguientes, a fin de hacernos más conscientes de que somos, ante todo, seres espirituales.

Es una lástima que exista un porcentaje elevado de personas cuya energía del corazón está bloqueada. ¿Por qué? Porque pocos se aceptan tal como son. Quieren cambiarse sin cesar, pues, entre otras cosas, se encuentran llenos de defectos. Su cuerpo no es nunca lo bastante perfecto a sus ojos, y sufren a pesar suyo la presión social del entorno, incluida la de los medios de comunicación. Del mismo modo, tampoco se aceptan cuando demuestran cólera, impaciencia, intolerancia, etc. En suma, querrían ser perfectos en todo.

La energía del corazón se encuentra, por tanto, bloqueada cuando te muestras demasiado severo y exigente contigo mismo, y también cuando dependes del amor y los cumplidos de los demás para ser feliz, cuando te criticas o te tomas la vida demasiado en serio. Ese bloqueo afecta directamente a toda la zona del corazón, los pulmones, los bronquios, los hombros, los brazos, las manos y los dedos. Por otra parte, perturba igualmente a la glándula del timo, que desempeña un papel importante en la activación del sistema inmunitario.

El quinto centro se llama *laríngeo*. Se encuentra a la altura de la garganta y representa el centro de la creatividad y la expresión. Su energía nos ayuda a expresar lo que se vive y lo que se quiere en función de las necesidades de nuestra alma, proporcionándonos la energía necesaria para desarrollar la voluntad requerida para pasar a la acción. Es también la energía que nos ayuda a aplicar la noción de responsabilidad.

Para hacer ese centro más armonioso, debes manifestar tu lado creativo. Tu creación puede ser de orden artístico, literario, musical o incluso floral, o bien expresarse en el trabajo o en una afición; lo más importante es que vayas creando tu vida según tus aspiraciones. A fin de profundizar esta armonía, debes ser auténtico en tu expresión, es decir, en pensamientos, palabras y acciones. Ser auténtico equivale a pensar, hacer y sentir lo mismo en un momento dado. Motívate para esforzarte en lo cotidiano, y te verás ampliamente recompensado por ello.

Se denomina a este centro *la puerta de la liberación*. Cuando amas con el corazón y eres auténtico, tu energía circula libremente y asciende hacia tu parte más sensible y más espiritual, representada por los dos últimos centros.

Cuando actúas en sentido contrario, es decir, cuando no eres auténtico, cuando por miedo descuidas escuchar y manifestar tus necesidades y quisieras que fueran los otros quienes diesen respuesta a lo que tú necesitas, bloqueas la energía de ese centro, privándole de su reserva.

Este bloqueo interfiere directamente en la glándula tiroidea, que, por su parte, afecta a todo el sistema nervioso, el metabolismo, el control muscular y la producción de calor por el cuerpo. Los problemas en el oído interno, la garganta, la nuca y la boca –dientes y mandíbula incluídos– están también estrechamente relacionados con ello.

El sexto es el centro *frontal*. Está situado encima de la nariz, entre las cejas. Ayuda al desarrollo del tercer ojo. Es la fuente de la que proceden todos los dones y poderes paranormales, así como la intuición y la clarividencia, la clarisentencia y la clariaudiencia.

Su función principal es la de desarrollar la verdadera individualidad del hombre, es decir, la capacidad que todos poseemos de utilizar la intuición para ser más conscientes y cumplir plenamente nuestro plan de vida. La energía de este centro contribuye asimismo a percibir más allá de las apariencias a fin de llegar a amar con un amor incondicional a todos los que nos rodean. De forma paralela, este centro nos ayuda a saber y a sentir si realmente tenemos certezas ante los acontecimientos y las situaciones que vivimos.

Esta energía se ve frenada cuando utilizamos nuestra intuición con el objetivo de impresionar a los demás, o cuando la bloqueamos al dejar que nuestra mente interfiera demasiado en nuestra vida. Resulta también afectada cuando nos creemos superiores a los otros (orgullo) y tratamos de convencerlos en vez de aceptarlos tal como son.

Este bloqueo afecta a la región de la nariz, los ojos, el oído externo –capacidad de oír–, la frente y la cabeza, revelándose igualmente como origen de diversos problemas psicológicos.

El séptimo centro es el *coronario*. Está situado en la parte superior de la cabeza, en la raíz de los cabellos. Es el que nos conecta directamente con la energía solar, también llamada «energía cósmica». Es el centro de la iluminación. Su alta frecuencia es la que genera el *halo*, es decir, esa especie de aureola que rodea la cabeza de los santos y de los seres espiritualmente elevados. Suele representarse con frecuencia en las reproducciones de carácter religioso. Este centro nos suministra la energía necesaria para saber y sentir, más allá de toda duda, que nosotros somos Dios y que podemos vivir la experiencia del *Yo Soy*, la unión total con todo lo que existe, con todo ser vivo o inerte. Jesús, el gran modelo de amor, vino a la Tierra para mostrarnos y enseñarnos que es posible alcanzar esta gran unión. Saber que somos Dios implica recordar que nunca estamos solos, que formamos parte del gran todo que es la humanidad. Es el hecho de no tener ninguna duda, de atreverse a manifestar nuestra verdadera naturaleza a cada instante, siendo conscientes de que todos somos esta energía divina que se expresa a través de nosotros, independientemente de la actitud o el comportamiento que adoptemos. Es saber que todo lo que vive es Dios y que la única diferencia entre cada individuo y las demás formas presentes en la Tierra es que unos saben quiénes son, mientras que otros todavía lo ignoran.

Cada vez que rechazas a alguien o cuando estás convencido de que otra persona te rechaza, bloqueas esta energía.

El bloqueo de este centro causa las migrañas y las afecciones de la piel. Un bloqueo más importante ocasiona problemas psicológicos más serios, en los que uno ya no sabe quién es. Algunos pueden llegar incluso a creer que son otra persona distinta.

Como verás, la energía del cuerpo humano procede de varias fuentes: el agua que se bebe, el aire que se respira y los alimentos que se ingieren, pero la mayor parte de nuestra energía proviene de la actividad del cuerpo energético. Esta actividad está determinada por nuestros pensamientos y nuestras actitudes. Cuando estos son beneficiosos para nosotros o para los demás, la energía circula bien. En caso contrario, se encuentra bloqueada e inactiva.

Antes, pocas personas eran lo bastante conscientes como para darse cuenta de que el pensamiento genera energía. Por fortuna, las cosas van ahora por otros rumbos. Aquellos que todavía creen que todo procede del mundo físico experimentan una mayor necesidad de alimento. Cuanto más se eleva la persona en pensamiento, más se purifica y menos importante es su necesidad de alimento.

Todo cuanto existe es energía. Es muy importante que esta pueda ser repartida de forma equitativa, es decir, que exista un justo punto medio: dar y recibir. Si continuamente das tu energía a los demás y te niegas a recibir alguna a cambio, te costará muchísimo llegar a alcanzar la armonía interior. Cuanto más equilibrada sea la circulación de energía, más beneficiosa resultará esta para el ser humano.

Por otro lado, cuanta más energía utilices para llevar a cabo tus deseos, con más rapidez conseguirás realizarlos. Aquellos que desean recibir sin hacer ningún esfuerzo en contrapartida ignoran la existencia de la ley de la energía, así como su poder.

Tiene que existir un intercambio de energías. Una vida de pareja en la que dicho intercambio sea desigual no podrá durar demasiado. Se trata de que los dos miembros de la pareja se complementen y no de que se necesiten el uno al otro. Están juntos para ayudarse mutuamente y para evolucionar. Lo mismo sucede entre padres e hijos. Tiene que existir un intercambio de energías equitativo. Seguramente tus experiencias personales así te lo habrán demostrado.

La impresión, el sentimiento y la sensación de vivir en una casa que te han dado jamás llegarán a satisfacerte tanto como si la hubieses pagado tú o si la hubieses construido con tus propias manos. Cuanta más energía se utilice para conseguir aquello que se desea, mayor será su valor.

Ciertas personas están convencidas de que son merecedoras de todo y de que pueden conseguir cualquier cosa a cambio de nada. Precisamente, este es el motivo por el cual existe tanto desequilibrio. Tomemos el ejemplo de una joven impedida, postrada en su silla de ruedas. Siente un fuerte resentimiento contra la sociedad debido a que jamás podrá aspirar a todo aquello que quisiera. Le gustaría recibirlo todo, pero sin tener que dar nada a cambio. Está convencida de que la sociedad y el gobierno deben ocuparse de ella y se aísla en su silla de ruedas, pues cree que es lo único que puede hacer. No se da cuenta de que si adopta una actitud positiva, la situación puede llegar a ser enriquecedora. Está demasiado ocupada en alimentar su odio y su rencor hacia la sociedad y hacia Dios. Y, de esta forma, se siente cada vez más desgraciada, atrae hacia ella un sinfín de enfermedades y no hace más que agravar su discapacidad.

En cambio, otros en la misma situación, lejos de compadecerse, se ocupan de forma muy constructiva en desarrollar su talento artístico, hacer deporte, formar parte de un grupo social, etc. Lo hacen lo mejor que pueden considerando sus limitaciones. Conozco a personas que no estaban capacitadas para realizar ninguna actividad física, pero que se convirtieron en un rayo de luz para su entorno. Viven constantemente en la alegría, y son una presencia importante en la vida de quienes las rodean, en especial en la vida de sus familiares. Estos son unos buenos ejemplos de intercambio de energía.

Ejercicios sugeridos para asimilar este capítulo

1. Durante los próximos días, tómate algunos minutos al final de la jornada para comprobar cómo te sientes a nivel energético.
2. Los días en los que te percibas falto de energía, responde a la siguiente pregunta: ¿tienes la impresión de haber gastado toda tu energía en los demás? Si la respuesta es sí, piensa en quién en concreto. ¿Y lo has hecho aun sabiendo que apenas quedaría energía para ti? Si es así, no te amas a ti mismo, y das con la esperanza de que el amor te llegue a través de los demás.
3. Dedica el tiempo necesario para averiguar cómo te gustaría comportarte en realidad ante este tipo de situaciones en las que permites que otros vampiricen tu energía. Y toma una decisión al respecto.

4. Comparte después esta decisión con los demás explicándoles tus motivos.
5. Esta es la afirmación que tienes que repetir tan a menudo como te sea posible:

> AHORA SOY MÁS CONSCIENTE DE MI GRAN ENERGÍA Y ESTOY APRENDIENDO A UTILIZARLA CON SABIDURÍA, DESARROLLANDO MÁS AMOR HACIA MÍ MISMO.

Segunda parte

A LA ESCUCHA DE TU CUERPO MENTAL

Capítulo 9

EL EGO Y EL ORGULLO

En este libro, hablo con frecuencia del ego. Pero ¿qué es el ego exactamente? Te doy mi definición. Llamado en ocasiones «pequeño yo», el ego es el yo que creemos ser. Se forma a partir de la energía mental humana, es decir, de nuestros recuerdos y, sobre todo, de nuestras creencias. En realidad, el ego es la totalidad de nuestras creencias mentales, poco importa bajo qué forma se nos muestren e independientemente de que estas sean beneficiosas o no. El ego crece al mismo ritmo que se multiplican nuestras creencias. Estas tratan de dirigir nuestra vida, de controlarnos, pues es como si nuestro ego quisiera convencerse de que es nuestro Dios, nuestro maestro. Por consiguiente, cree que está ahí para protegernos, para dictarnos la mejor conducta que debemos seguir. Por el contrario, como el ego se basa en nuestras creencias para decidir, y estas se han generado, casi siempre, después de una experiencia desagradable, trata de motivarnos mediante el miedo en vez de hacerlo mediante el amor o la escucha de nuestras necesidades.

El ego no puede conocer las necesidades del ser, pues está constituido de materia mental, mientras que las necesidades de nuestro ser se derivan exclusivamente de nuestra dimensión espiritual. *El ego no puede resolver nuestros problemas,* pues forma parte de cada uno de ellos. A lo largo del tiempo, este ego ha adquirido tales dimensiones que gradualmente hemos dejado que nos invada, para luego identificarnos con él y, finalmente, otorgarle plenos poderes para decidir sobre nuestra vida.

Cuando el ego dirige nuestra vida, ya no somos nosotros. Ya no escuchamos nuestras necesidades reales ni vivimos nuestro momento presente. Nos inmovilizamos en el pasado o en el futuro, frenando de este modo nuestra evolución, lo que nos impide abrirnos a lo nuevo.

Debes saber que cada vez que vives emociones o la vida te parece difícil, amenazante, o te encuentras en presencia de un malestar interior, has dejado que tu ego te dirija. Es importante, por lo tanto, hacerse consciente de ello lo más rápidamente posible, para retomar el control de tu vida, en lugar de dejarte manipular sin cesar por él, sin que ni siquiera te des cuenta.

Cuanto más se deja invadir una persona por la voz de su ego «manipulador», más se llega a convencer de que solo ella posee la verdad. Se cree superior a los otros, y su orgullo se fortalece. Un orgullo que, en verdad, resulta ser aún más dañino que el ego en sí.

Este es un ejemplo que te ayudará a diferenciar entre el ego y el orgullo. Fulanita cree que está mal descansar antes de haber completado todas las tareas previstas. Cuando se atreve a hacerlo, se siente culpable y tiene miedo de ser sorprendida en falta. Su ego la dirige, pues, en este tipo de situación. Nunca está bien, nunca es feliz, porque se enfrenta con el miedo y la culpabilidad, consecuencias directas de haber permitido que su ego decida por ella. Sin embargo, el ego se transforma en orgullo cuando Fulanita impone su creencia, y por lo tanto su forma de actuar, a los otros, o cuando los critica por holgazanear si les quedan todavía tareas que realizar. De ese modo, está convencida de que actúa correctamente y de que *su* verdad rige para todo el mundo. Puedes ver ahí que en el momento en que el ego se convierte en orgullo, las relaciones salen muy perjudicadas.

Todavía no he conocido a nadie que haya aprendido a dominar su orgullo totalmente. El orgullo es una de las numerosas manifestaciones del miedo, pero también tiene mucho que ver con la búsqueda de perfección. El ser humano intuye que la perfección divina habita en su interior, pero la explota de forma inadecuada al querer tener siempre razón, aun a riesgo de perjudicar a los demás. El orgullo es una creación del plano mental y la consecuencia de su mayor bloqueo.

Se puede reconocer al orgulloso por su forma de querer tener siempre razón y de estar seguro de que son los demás quienes están equivocados. Para él, tener razón significa que no comete errores y que, por lo tanto, es perfecto. Desgraciadamente, busca la perfección en el mundo material, cuando esta solo existe en el mundo espiritual. Da la impresión de que es el único que gana. La fuerza y el poder que parece proporcionar el orgullo no es más que una mera ilusión ya que, en verdad, el orgulloso siempre es el que pierde. Tiene miedo constantemente, y *su mayor temor es el de no ser amado, comprendido y, sobre todo, el de ser rechazado*. Cree firmemente que si es perfecto –según su manera de entender la perfección–, será más digno de amor y más amado.

Se dice que el orgullo es una de las mayores plagas de la humanidad. Es el que provoca las grandes divisiones de la vida social, las rivalidades entre los pueblos, las guerras, las intrigas, el odio y el rencor. El orgullo da ambición de poder, endurece el corazón y nos impide amar a nuestros semejantes, aceptarlos tal como son. Resulta ser un gran obstáculo para el amor verdadero, si no el peor. Intentar cambiar a los demás es una forma de orgullo. Cuando estás convencido interiormente de tener razón y de que estás actuando de forma correcta mientras la otra persona no solo está equivocada sino que además está totalmente fuera de lugar, en realidad, el único que sale perdiendo eres tú mismo.

Si te dejas dominar por el orgullo, perderás muchas cosas: ¡lo pagarás muy caro en el amor, en tus relaciones, en tu salud y en tu felicidad! ¿Crees realmente que vale la pena?

El orgulloso es la persona que menos se conoce a sí misma. Es tan engreído y está tan satisfecho de sí mismo que cualquier intento por cambiar su opinión resultaría completamente infructuoso. No quiere saber nada de nada. No tolera ninguna contradicción. Le gusta la compañía de aquellos que lo adulan. Cualquier acción realizada con el secreto deseo de ser alabado y aplaudido se volverá irremediablemente contra su autor.

Este es el motivo por el cual hay tantas personas que empiezan algo con buenas intenciones pero que, al final, se dejan dominar por el orgullo, por lo que todas estas buenas intenciones acaban irremediablemente volviéndose en su contra.

Hay dos formas de orgullo: el mental y el espiritual.

El orgullo mental caracteriza a aquellos que creen saberlo todo. En cuanto alguien pone en duda sus conocimientos, entra en juego el orgullo y se empeñan por todos los medios en hacer comprender a los demás su punto vista. Al orgulloso se le reconoce fácilmente por su forma de ser. Habla muy alto, deprisa y en tono perentorio. Quiere tener razón a toda costa y utilizará cualquier medio para hacerse comprender hasta que, finalmente, llegue un momento en el que su interlocutor le diga: «¡Ah, ya entiendo! Tal vez tengas razón, después de todo». Cree que ha ganado, cuando a decir verdad ha perdido.

Otra de las características típicas del orgulloso es la frecuente utilización de esta frase: «Lo sabía, estaba seguro». Lo sabe todo. ¿Utilizas esta frase con frecuencia? ¿Por qué es tan importante que tu entorno sepa que tú lo sabías? ¿En qué puede cambiar eso tu vida?

El orgullo hace que te resistas a cualquier transformación interior. Intenta impedirte continuamente que puedas llegar a ver al Dios que todos llevamos dentro, que realices cualquier acto de perdón, que expreses tus sentimientos o emociones, que seas sincero contigo mismo, que sigas algún curso de crecimiento personal o que leas algún libro al respecto. Cuando experimentas rencor hacia alguien y te resulta imposible pedirle perdón porque estás resentido con él y no reconoces el amor ni en sus gestos ni en sus palabras, es porque te has dejado dominar por el orgullo. Tal vez tus pensamientos sean: «Pero, bueno, si le pidiera perdón..., ¡sería lo mismo que darle la razón y reconocer que estoy equivocado!».

Considera tu orgullo como una entidad externa que no hace más que influenciarte. El orgullo es como una voz instalada en tu mente que no deja de molestar.

Si aceptas que esta voz no es más que una indeseable y que lo único que pretende es manipularte, aprenderás a echarla de tu mente. Al igual que hice para tu superconsciencia, ahora también me gustaría sugerirte que le pongas un nombre a esta voz que te habla continuamente y hace que te resistas a la vida. Busca un nombre que te inspire ese personaje castrador, pero que no sea el de nadie real en tu vida. Cada vez que sientas su presencia y temas que pueda llegar a crearte algún conflicto interno, dile esto: «(Nombre), sé que quieres darme tu apoyo, que estás convencido de tener razón, pero en este momento quiero vivir algo diferente. No estás invitado en mi cabeza. Márchate». Verás lo efectivo que resulta este procedimiento. Cuando el orgullo empieza a dominarte, dejas de ser tú mismo y de manifestar tu Dios interior, que busca por todos los medios hacerte vivir en el amor. El orgullo solo tiene un objetivo: mantenerte en el miedo y dirigir tus decisiones. A ti te corresponde impedírselo.

Tu orgullo hará todo lo posible por sobrevivir. A partir del momento en el que intentes dominarlo, comenzará a atormentarte. Si decides llegar a controlar tu orgullo, las tres primeras semanas serán las más difíciles. Después, tu resistencia empezará a disminuir y todo te resultará mucho más fácil. De este modo, podrás finalmente recuperar tu verdadero poder.

Tu orgullo tiene miedo. Podríamos compararlo a la vecina que siempre viene a incomodarte con historias inquietantes sea la hora que sea, y que, por sus palabras, hace que te sientas culpable y alimenta tus miedos. Está convencida de que te ayuda al imponerte su forma de pensar y de actuar. Por tu parte, tienes la costumbre de dejarla entrar en cualquier momento del día, hasta el punto de que se siente como en su casa. Cuando hayas decidido ponerte firme y decirle: «Váyase, no tengo ganas de seguir escuchando sus historias y quiero tomar mis propias decisiones», puede que le entre miedo. Sentirá que está perdiendo su terreno, el lugar donde podía desahogarse. Pero volverá a la carga para comprobar la veracidad de tus propósitos.

Lo mismo sucede con el orgullo. Durante algún tiempo, hará todo lo posible por sobrevivir, por comprobar si puedes decidir por ti mismo. Cuando se dé cuenta de que todo te va bien, disminuirá poco a poco de intensidad. Sin embargo, tienes que permanecer alerta para seguir dominándolo. Ante todo, debes tranquilizar a tu orgullo, diciéndole que estás listo para asumir todas las posibles consecuencias que se deriven de tus nuevas decisiones y formas de afrontar la vida.

Es preferible que seas muy consciente de ello, pues el ser humano es terriblemente orgulloso. No podemos liberarnos de un día para otro de un orgullo que existe desde hace generaciones. Es algo que se consigue muy despacio, a través de pequeñas victorias cotidianas y realizando actos de amor.

El orgullo es la exaltación de tu yo inferior que representa tu personalidad, al contrario que el «Yo» que representa tu ser superior, tu individualidad. A medida que vayas desarrollando tu propia individualidad, tu orgullo irá perdiendo su poder sobre ti.

Cuidado con el orgullo espiritual. La diferencia con el orgullo mental es que este se sitúa en el nivel de los conocimientos, mientras que el orgullo espiritual atañe al «ser», al Yo Soy. Cuanto mayor sea la evolución personal del ser humano, más consciente se volverá y mayor será el peligro de que se deje dominar por el orgullo espiritual.

Con frecuencia, estas personas suelen sentirse superiores a los demás: «Yo soy mejor que tú», «Él no está tan evolucionado como yo», etc. Todos estos pensamientos son fruto del orgullo espiritual. He conocido a muchos que llegaron a alcanzar un avanzado grado de evolución, pero que en el momento en el que empezaban a ponerse al servicio de los demás, se dejaron dominar por el orgullo espiritual y todo se volvió contra ellos.

Permanece atento, en especial cuando te vuelvas más consciente. El hecho de que hayas alcanzado un mayor grado de evolución que otra persona no tiene por qué significar necesariamente que el «ser» de esta persona sea inferior al tuyo. Solo su grado de conciencia es inferior, ya que la pureza de su alma es tan perfecta como la de la tuya. Lo único que cambia es su expresión.

Si piensas que los demás son inferiores a ti, es como si te comparases a un elefante y considerases a los demás como ratones. ¿Acaso, como animal, posee más valor el elefante que el ratón? Esto es algo muy peligroso, pues significa lo mismo que decir que nosotros somos Dios y que los demás no lo son. La gran ley espiritual es la de ver a Dios en cada persona.

Una de las cosas que más dificultan el dominio del orgullo es que cuando una persona intenta por todos los medios llegar a dominarlo y se esfuerza en ello, esto tiende a avivar el orgullo de otra. Cuando dos orgullosos se enfrentan entre sí, el resultado es, inevitablemente, una batalla de egos entre dos perdedores. Nadie sale de ella como verdadero ganador.

Cuando te enfrentes a alguien que quiera tener razón a toda costa, lo mejor que puedes hacer para aprender a dominar tu orgullo es no obstinarte. Acepta la idea de que, en esos momentos, esa persona posee una verdad que le resulta muy importante. Su verdad es tan cierta para ella como pueda serlo la tuya para ti. Y, entonces, ¿quién tiene razón? ¡Indudablemente, los dos! Eso depende de su percepción.

Una vez que hayas aceptado que la otra persona también tiene razón, pero que tu verdad es tan cierta como pueda serlo la suya, puedes decirle: «Aunque tu punto de vista sea distinto al mío y aun a pesar de no comprenderlo, lo acepto plenamente. Reconozco que, para ti, este punto de vista es muy importante. ¿Podemos entendernos partiendo de la base de que no estamos de acuerdo en este tema?». Seguramente, la otra persona se quedará totalmente estupefacta. El orgulloso siempre desea tener razón, quiere ganar a toda costa y sentirse vencedor. Sin embargo, ante estas palabras, se encontrará frente a una situación en la que el otro acepta su verdad, pero sin considerarse perdedor. Actuando así, mantienes tus posiciones y evitas la sumisión.

Si cambias tu punto de vista con el único fin de satisfacer a la otra persona, esto se transformará en sumisión. Los dos os convertiréis en perdedores: tú porque, debido a tu sumisión, tendrás la impresión de que te han retirado toda la energía y el otro porque se considerará vencedor (aunque no lo sea), pues ha conseguido su poder de forma inadecuada. El orgulloso tiene la sensación de que recupera energía cuando gana, pero esto resulta siempre algo temporal, incluso nefasto. Se cree obligado, por lo tanto, a ganar continuamente para sentirse energizado, en detrimento de los demás. Pero lo que ignoras al dejar que tu orgullo te domine es que, a largo plazo, tu ego terminará por drenar toda tu energía. Deberías sacar tu poder del interior de ti mismo en vez de sacarlo de aquellos que están a tu alrededor. Todo aquel que gane gracias a su orgullo se convertirá automáticamente en perdedor.

En contraposición al orgullo, está la humildad. Pero, cuidado, muchas personas se muestran humildes con el único fin de ocultar sus miedos, pues en realidad son muy débiles. Sienten tal temor a equivocarse que se someten gustosas ante los demás. Pero dales un poco de poder a este tipo de personas y verás lo deprisa que cambian. La humildad desaparecerá como por arte de magia... A esto se le denomina falsa humildad.

También hay personas que siempre se rebajan, que son totalmente incapaces de aceptar sus cualidades y talentos y que se sienten muy molestas cada vez que alguien les hace algún cumplido. Actúan con humildad... pero también se trata de una falsa humildad que, entre otras cosas, no deja de ser otra forma de orgullo. Cuando ese tipo de persona dice: «En absoluto; no soy tan bueno, tú eres mucho más hábil que yo», lo que busca son cumplidos.

De hecho, lo más aconsejable es que siempre nos comparemos con alguien a quien consideremos superior a nosotros y pensemos que lo que sucede es que sabe expresar mejor su Dios interior. Así, nos daremos cuenta de que todavía nos queda mucho por aprender y aceptaremos con más facilidad que cualquier persona es tan perfecta como podamos serlo nosotros mismos.

Con frecuencia, el orgullo suele engendrar hipocresía, vanidad, deseos de poder y muchos otros estados de ánimo que no te resultan en absoluto beneficiosos. Existen dos formas de hipocresía: la del gran hombre que se hace pasar por un hombre corriente y la del hombre corriente que se hace pasar por un gran hombre. Los dos nos confunden: uno por su falsa humildad y el otro por su vanidad.

¡Si el orgulloso supiese lo que le espera después de la muerte...! ¡Si supiese lo que tendrá que vivir entre sus dos vidas...! ¡Y lo que se está creando a sí mismo de cara a su próxima existencia! Aunque el espiritismo no sea el objetivo de este libro, sin duda nos invita a reflexionar. Por ello, es muy importante que aprendas a dominar tu orgullo a partir de ahora y que empieces a tomar conciencia de qué es lo que te motiva realmente. ¿Acaso se trata de conseguir la gloria o de sentirte adulado por los demás? De ser así, todo se volverá en tu contra. ¿Tan importante es para ti querer tener siempre razón? ¡Mira lo que te cuesta!

Cuando ayudas a los demás, ¿es para que estos te digan lo fantástico y maravilloso que eres? ¿Esperas que tu ayuda sea proclamada a los cuatro vientos? ¡Obsérvate! Supongamos que has ayudado a una persona y que esta se ha mostrado ingrata y desagradecida contigo. Ni siquiera se ha dignado a darte las gracias y le va diciendo a todo el mundo lo mucho que ha cambiado su vida y lo bien que le va ahora, sin llegar a mencionar tu ayuda ni una sola vez. Decepcionante, ¿no? ¿Quizá hubieses preferido que les contase a los demás que todos estos cambios habían tenido lugar gracias a ti? Desear el reconocimiento de los demás también puede ser considerado como una forma de orgullo. Buscar el reconocimiento a toda costa es una falta de confianza en uno mismo. Es normal y humano querer ser reconocido, pero no debemos buscar ese estado de ser a cualquier precio.

Tal vez te sientas algo confundido al leer estas líneas y te des cuenta de lo orgulloso que eres. No te juzgues demasiado severamente. No pretendo inquietarte, sino ayudarte a que te vuelvas más consciente. Si reconoces que eres una persona orgullosa, debes tomar conciencia de ello y darte cuenta de que, hasta ahora, esto era lo que te impedía amar.

El orgullo causa muchos estragos, no solo en el ámbito de las relaciones, sino también en el plano físico. En el ser humano, los resultados físicos del endurecimiento del corazón se reflejan a través de los distintos tipos de esclerosis. Cada vez existe más gente afectada por esta enfermedad. Lo ideal sería que estas personas se dejasen llevar por su corazón y empezasen a amar y a ser menos duras, tanto con ellas mismas como con los demás.

Debes utilizar tu mente para elevarte y no para rebajarte a ti mismo o a los demás. La sinceridad y la sencillez te harán vivir un sentimiento de felicidad mucho mayor que el hecho de querer tener siempre razón.

Si te das cuenta de que todavía no has cortado alguna de las ataduras con tus padres (consulta el capítulo 6) y aun así todavía dudas en hacerlo, es porque sigues demostrando un signo de orgullo. Tanto pedir perdón como realizar un acto de amor no significan perder ni ganar. Las dos personas sujetas por esta atadura son tan perfectas como pueden. Las dos lo han hecho lo mejor que han sabido. Simplemente, lo que ha ocurrido es que el amor ha sido mal expresado. Para volver a empezar con buen pie, una de ellas tiene que abrir su corazón y dejar a un lado todo su orgullo. Esto es lo mejor que una persona puede llegar a hacer por otra. Pensar o hablar con la cabeza es una forma de orgullo, pues lo único que se consigue con ello es que la otra persona también nos responda con la cabeza y no con el corazón.

Pero todo desemboca en lo mismo: en el amor. Cualquier acto de amor termina siempre por arreglar los problemas y por transformarlo todo. El amor posee un gran poder de curación –física, mental, emocional y espiritual–. Nos ayuda a hacernos conscientes de que todos somos seres espirituales.

Detrás del orgullo siempre se oculta el miedo. El miedo a no ser amado, a ser rechazado, juzgado o criticado. El miedo a no estar a la altura de las circunstancias, a perder el prestigio, a perder a alguien o algo.

Cuando estés ante una persona orgullosa, trata de ver todo el miedo y todo el sufrimiento que oculta en su interior. Es probable que intente asustarte o someterte con su actitud tajante y autoritaria. Pero se trata tan solo de una fachada pues, en el fondo, estará mucho más atemorizada que tú. No intentes responderle utilizando su mismo idioma, es decir, el idioma del ego. Ahora que has percibido su sufrimiento, podrás hablarle con el corazón.

EJERCICIOS SUGERIDOS PARA ASIMILAR ESTE CAPÍTULO

1. Anota todo lo que recuerdes que haya sucedido en el curso de los últimos días con relación a situaciones embarazosas producidas con tal o cual persona, ya sea a nivel de pensamiento, de palabra o de acción.
2. Verifica cuántas veces tu orgullo se ha manifestado hasta el punto de haber rebajado al otro o de haber intentado hacer que se sintiera inferior. Puede ser orgullo intelectual –«Yo lo sé mejor que tú»– o espiritual –«Yo soy mejor que tú»–. Estas dos formas de orgullo rara vez se expresan mediante esas palabras directas; suelen más bien solaparse tras comentarios aparentemente inofensivos –«¿Cómo no eres capaz de...? ¡Pero si es muy fácil!».
3. Sé sincero contigo mismo. Nadie tiene por qué saber lo que está escrito en esa hoja. Este ejercicio no ha sido concebido para que te sientas culpable, sino para que te vuelvas más consciente y te des cuenta del lugar en el que estás y tomes una decisión al respecto.
4. Mira lo que te ha costado tu orgullo con respecto a tu salud, a tu felicidad y a tu amor hacia los demás. ¿Estás dispuesto a seguir pagando ese precio? Creo que si has logrado llegar hasta esta página es porque tienes la firme intención de retomar las riendas de tu vida y de mantenerte atento a tus verdaderas necesidades. Ocuparse del orgullo es una necesidad fundamental.
5. El ejercicio siguiente te resultará difícil, pero representa una victoria enorme sobre tu ego. Cuando

hayas terminado de confeccionar la lista, elige una de las situaciones y acude a ver a la persona involucrada. Si tienes que pedirle perdón, hazlo. Explícale que acabas de darte cuenta de que te dejaste dominar por tu orgullo, que no eras realmente tú quien estaba hablando, que no era tu corazón el que se manifestaba, sino tu soberbia. Confiésale que has decidido cambiar y pídele que sea paciente contigo, ya que las cosas no pueden hacerse de un día para otro. Este hermoso acto de amor te ayudará.

6. Esta es la afirmación que tendrás que repetir cuantas veces te sea posible:

ME ACEPTO A MÍ MISMO JUNTO CON MI ORGULLO; PROCURO IRME DESHACIENDO DE ÉL UN POCO MÁS CADA DÍA, RECONOCIENDO LA PRESENCIA DE DIOS EN MÍ Y EN TODOS LOS QUE ME RODEAN.

Capítulo 10

EL BIEN Y EL MAL

El bien y el mal han dirigido el mundo desde sus comienzos. Es una pena comprobar que esta creación procede del aspecto humano y no de la parte divina del hombre. El mal es un concepto creado por el miedo. Todo está en la mente. Si pensamos que algo está «mal», automáticamente se transformará en algo malo y, por ello, se suele decir que la persona se convierte en aquello que piensa. Sin embargo, otra persona puede interpretar ese mal como bien. Así pues, una misma cosa puede convertirse en buena o en mala de acuerdo con la percepción de cada individuo.

EN REALIDAD, TODO CUANTO PUEDA SER CONSIDERADO COMO «MAL» FORMA PARTE DEL PLANO DIVINO Y ESTÁ PERMITIDO, AQUÍ EN LA TIERRA, PARA AYUDAR A EVOLUCIONAR AL HOMBRE.

Este es el ejemplo de un hombre que por la mañana hace *footing* bajo los cálidos rayos de un sol de invierno. Corre con el torso desnudo. Para él, lo que hace está bien, pues, a pesar del frío, se siente vivificado y le gusta notar los rayos de sol sobre su cuerpo. Mientras hace ejercicio no nota frío alguno; al contrario, se siente reanimado y se llena de energía para todo el día. No obstante, si se cruzase con algún transeúnte, seguramente este se extrañaría ante su indumentaria y exclamaría: «¡Dios mío, qué horror, va a coger una pulmonía!». Su reacción indica que si fuese él quien lo hiciera, no tardaría ni un minuto en pescar la gripe. En su cabeza, ha llegado a la conclusión de que aquello estaba mal.

Los ejemplos sobre el bien y el mal son muy numerosos. Sabemos que está bien hacer ejercicio físico. Entonces, hacer mucho ejercicio debería de estar todavía mejor..., ¿no es así? No; de hecho, todo el mundo sabe que hacer ejercicio en exceso puede ser nefasto y peligroso.

El bien y el mal no son más que un concepto del ser humano. ¿Durante cuántas horas al día diriges tu vida según el bien y el mal? ¿Cuántas veces te prohíbes hacer aquello que te gustaría porque crees que está mal o porque te preocupa lo que puedan llegar a decir o a pensar los demás? Negarnos a realizar aquello que nos gusta provoca que caigamos en la monotonía. Actuando así, no hacemos más que aceptar el concepto de bien y de mal procedente del exterior.

Como el hecho de aceptar que lo más aconsejable es tomar un buen desayuno por la mañana. Según dicen, es la comida más importante del día. Pero ¿cuál es la base de esta afirmación? La mayoría de nuestros antepasados vivían en granjas y se levantaban muy temprano, a las cuatro o a las cinco de la mañana. Resulta obvio que hacia las ocho sentían la imperiosa necesidad de comer algo consistente. Debemos recordar que extraían todas sus energías de los alimentos. Ignoraban que la energía también podía adquirirse a través del pensamiento. Sus facultades mentales estaban menos desarrolladas. Hemos seguido aceptando este hecho tal y como lo aceptaron nuestros padres. Aunque algunas personas necesitan comer algo nada más levantarse, a otras les resulta prácticamente imposible. Si desayunamos mucho al levantarnos, cuando el cuerpo todavía no ha terminado de asimilar la cena de la noche anterior, lo único que hacemos es darle más trabajo. Lo obligamos a digerir, a asimilar y a eliminar aquello que ni siquiera nos ha pedido.

¿Te sientes a menudo atormentado por la culpa, el miedo, las emociones negativas? Si es así, es muy probable que en tu mente hayas (o hayan) grabado un rígido sistema de valores que califica ciertos pensamientos y actitudes como «malos» o reprobables, y tu propio ego te juzga y te condena en determinadas situaciones.

Las palabras «pecado», «Satán», «diablo», «demonio», etc., no son más que meras invenciones del ser humano, pues Dios es amor. Él es perfecto y está en todas partes. Si está en todas partes, ¿dónde está Satán? ¿Es posible que la mitad del cosmos tenga un Dios y que la otra mitad tenga un Satán? Entonces, ¿qué sucede cuando aceptas que Dios está en todas partes pero, al mismo tiempo, también crees en la existencia del demonio? Desconfía de quienes siempre te hablan del «diablo» y del «pecado». Intentan inculcarte la noción de miedo. ¿Acaso Dios pretende darte miedo? ¡Por supuesto que no! Dios es justo y ama a todo el mundo.

Todos queremos y debemos vivir en paz y en armonía, desprovistos de todo miedo. El único momento en el que el ser humano debe pagar por algo es cuando se enfrenta a las leyes naturales. Estas leyes son las que rigen el cosmos. El efecto provocado por nuestros pensamientos no es malo, ni tampoco es pecado. Se trata únicamente de la ley de causa y efecto, la gran ley que nos enseña y nos ayuda a volvernos más conscientes.

NO EXISTEN ERRORES, SINO EXPERIENCIAS PARA APRENDER A COMPRENDER QUIÉNES SOMOS.

La palabra «error» es otra invención del ser humano. Si las palabras «Satán», «pecado», «mal», «error», «engaño»..., así como muchas otras, no existieran, es decir, no apareciesen en el diccionario, ¿pensarías en ellas? ¿Les darías alguna importancia? Todo este vocabulario ha sido inventado y aceptado desde hace mucho tiempo. Algunas personas que creían conocer las grandes leyes naturales mejor que Dios empezaron a establecer sus propias leyes. Pero la sed de poder pudo más que el ser humano y este se dejó influenciar por ella. Los valores, métodos, costumbres y principios han llegado a ser tan numerosos en él que se ha vuelto impotente, incluso incapaz de dirigir su propia vida.

Ha llegado el momento de detenerte unos instantes y de observarte a través de tus propios valores. ¿Responden estos a tus ambiciones? ¿Crees realmente en ellos? ¿Te hacen feliz? La presencia de valores, de métodos, de costumbres y de principios indica que tu idea sobre el bien y el mal todavía está muy arraigada. Limita tus deseos y provoca luchas internas:

«No debo, no estaría bien. Es egoísta desear eso para mí...». Esta forma de pensar te aprisiona en la culpabilidad.

Es el síndrome de las personalidades fuertes, es decir, de aquellos que jamás se dejan dominar por sus deseos y que rechazan totalmente su aspecto infantil.

Los individuos con una fuerte personalidad poseen un importante punto en común: son excesivamente presuntuosos. Se sienten muy seguros de sí mismos, están plenamente convencidos de que son mejores que nadie y pretenden cambiar a todo el mundo. Su idea sobre el bien y el mal ejerce una enorme influencia sobre ellos y este es el motivo por el cual les resulta tan difícil aceptar a los demás tal y como son.

La verdad es algo muy relativo, pues se trata de otro concepto humano. La verdad es proporcional al desarrollo de cada persona. Todo ser humano está convencido de hallarse en posesión de la verdad. Todos hemos alcanzado un cierto nivel de evolución, por lo que la verdad de una persona no es menos buena que la de otra, sino que depende de su desarrollo. Por tanto, en lugar de querer cambiar a los demás, ¿por qué no aceptarlos tal y como son, dentro de su propia verdad? Cualquier nueva experiencia se convertirá en un nuevo aprendizaje, es decir, en una modificación, en una evolución. Y conforme vayas avanzando en tu vida, también experimentarás un sinfín de cambios.

Cuando las ideas sobre el bien y el mal se hallan excesivamente cristalizadas, te vuelves demasiado rígido hacia ti mismo y hacia los demás. Dejas escapar un montón de oportunidades, gracias a las cuales podrías llegar a vivir muchos momentos felices. Estás tan ocupado juzgando y criticando a los demás que no te preocupas de tu propia vida ni de lo que podrías llegar a conseguir para ti. ¿Qué le sucede a una persona cuando llega a esta situación? Termina por no experimentar ningún bienestar y por sentirse dominada continuamente por sus emociones.

Si opinas que algo está bien y alguna de las personas que te rodean piensa todo lo contrario, ¿acaso no te sientes disgustado, decepcionado y a veces hasta un poco frustrado? ¿No experimentas una cierta ira? ¿Acaso no tratas de cambiar a dicha persona? Todo cuanto intentas hacer a los demás también intentas hacértelo a ti mismo. ¿Cómo reaccionas cuando actúas mal? No te aceptas, te enfadas y no haces más que culparte. Vas en contra de la gran ley del amor, de esa gran ley que, ante todo, predica nuestra propia aceptación.

Has elegido tu forma de vivir y tus costumbres actuales, pensando que estaban bien. Pero ¿acaso fuiste tú el verdadero autor de estas decisiones? O bien, ¿te encontrabas bajo el poder de alguna influencia externa?

Tomemos un ejemplo: el sueño. Se dice que, por las noches, tendríamos que dormir una media de ocho horas. Pero ¿quién lo ha decidido así? ¿Cuántas horas de sueño necesitas por noche? Tu cuerpo debe dormir cuando tenga sueño y no cuando se lo indique el reloj. Muchas personas se acuestan cada noche a la misma hora, pues están convencidas de que necesitan dormir un número exacto de horas. Con la vida que llevamos actualmente, no tendría por qué ser así. Cada día es diferente y, por ello, nuestra necesidad de sueño variará según el tipo de actividades realizadas y según el desgaste de energía. Las personas de las generaciones pasadas, granjeros en su mayoría, sabían con anticipación lo que iban a hacer. Sus vidas estaban más organizadas que un reloj. Se acostaban muy temprano y necesitaban muchas horas de sueño para recuperarse del duro trabajo físico que realizaban. Muchos siguen viviendo de acuerdo con la forma de vida que les fue inculcada por sus abuelos, sin desear por ello volver a esa época. Este es el motivo por el cual aún siguen persistiendo tantos conflictos. Es importante vivir en el tiempo presente, y no en el pasado.

Antes de meterte en la cama, deberías preguntarte si realmente tienes sueño. Que estés cansado no tiene por qué significar que necesites dormir. Si se trata de mero cansancio, bastará con que escojas una actividad que te resulte relajante. Puedes escuchar música, tomar un baño de agua caliente, reposar un poco, pasear, resolver un rompecabezas o incluso ir a bailar. En fin, tú sabrás cuáles son las actividades que más te relajan.

Si estás cansado, descansa; si tienes sueño (es decir, si se te cierran los ojos), acuéstate, y si tienes hambre, come. *Esto es escuchar a tu cuerpo*. Permanece atento a tus necesidades personales y no a lo que «digan los demás».

Este mismo fenómeno también tiene lugar con respecto al momento de despertar. Cuando te despiertas a las seis de la mañana y piensas que es demasiado temprano para levantarte, es porque no permaneces atento a las necesidades de tu cuerpo. Si este te despierta es porque es hora de levantarte. En este caso, podrías entretenerte realizando algún tipo de actividad que te resulte interesante. Si después estás cansado, siempre podrás dormir un poco durante el día o incluso hacer una buena siesta. Si duermes más horas de las necesarias, te sentirás aletargado y embotado y, probablemente, te dolerá la espalda. Si te levantas tarde, siempre te faltará tiempo para todo.

Como ves, hemos adoptado un montón de costumbres sin ni siquiera molestarnos en averiguar si eran o no lo que realmente deseábamos. Te doy algunos ejemplos más: ocupar siempre un mismo sitio en la mesa, dormir siempre en el mismo lado de la cama, pasar las vacaciones en el mismo lugar, hacer limpieza general de la casa el mismo día de la semana, hacer la compra en el mismo sitio, comer cada día a la misma hora, ir a ver a la suegra en domingo, telefonear a la madre una vez al día, etc. Incluso hay personas que cuando se les pregunta cómo están, ya se quejan por costumbre.

¿Sueles decirles a tus hijos lo que tienen que hacer, cuándo tienen que hacerlo o por qué no deben hacerlo? ¿Normalmente te quejas a tu marido (o a tu mujer) cada vez que vuelve del trabajo? ¿Repites sin cesar que la vida es injusta o aburrida? Obsérvate atentamente y reconoce cuáles son tus costumbres. Si lo ignoras, pregunta a los demás.

Cuantas más costumbres tengas, más anclada en ti estará la idea del bien y del mal. Si aprendes a volverte más flexible y aceptas la idea de que no hay ni bien ni mal, llenarás tu vida de nuevas experiencias y aprenderás muchas más cosas.

Puede que para ti cometer un asesinato o comportarse de manera violenta sean conductas claramente reprobables, pero jamás deberás juzgar a nadie. Cuando alguien se ve involucrado en acontecimientos de este tipo es porque tiene algo que aprender. Tan solo la persona afectada sabe con exactitud lo que está viviendo interiormente. Recuerda que aquellos que actúan en contra de las leyes naturales, como por ejemplo la ley del amor, de la responsabilidad, etc., cosechan aquello que siembran. No nos corresponde a nosotros, por tanto, condenarlos.

Y en este punto es importante saber que somos responsables de nuestras intenciones independientemente de que nuestros actos sean agradables o no. O lo que es lo mismo, la intención con la que haces algo es la que determina el valor de tus acciones, sin que importe el resultado.

La búsqueda exagerada de la perfección nos mantiene atados a ideas limitadoras sobre lo que está bien y lo que está mal. Algunos creen que ser perfeccionista representa una cualidad, pero querer ser perfecto en todo nos juega con frecuencia malas pasadas. El perfeccionista-idealista resulta un eterno insatisfecho, pues no es realista en sus exigencias respecto a sí mismo y respecto a los demás. Tiene enormes dificultades para aceptarse. Para él, nada es nunca lo bastante bueno. Esa forma de ser puede convertirlo en un gran pesimista.

Si te reconoces en esta descripción, retrocede un poco y observa aquello que llamas tus «errores». En el momento en que cometes un error, ¿acaso tienes conciencia de ello? ¿O es después de actuar cuando te das cuenta de que si hubieses obrado de otra manera, tal vez habrías obtenido mejores resultados? En el momento de actuar, estabas convencido de que tu forma era la correcta. Entonces, ¿por qué recriminarte? Lo mismo sucede con los demás seres humanos. Ante las diferentes situaciones que se presentan a lo largo de una vida, todos actuamos lo mejor que podemos según nuestros conocimientos y nuestras capacidades físicas y psíquicas.

Esto es lo que significa ver a Dios en cada persona. La perfección no existe más que en el plano divino, y no en el mundo material. Es utópico creer que un objeto, una situación o una acción pueden ser perfectos. Todo depende del punto de vista de cada uno. A los ojos de Dios, en cambio, somos siempre tan perfectos como es posible serlo en cada instante, pues cada acción, cada experiencia nos enseña aquello que necesitamos en función de nuestro proyecto de vida.

Probablemente algunas personas lleguen a perder el control sobre sí mismas. Se hallan obsesionadas por algo o por alguien que las empuja a cometer actos abominables, como por ejemplo un asesinato. Pero en el momento de realizarlo, esta persona no es ella misma, sino que se encuentra bajo la influencia de una fuerza invisible, creada a lo largo de su vida por el odio, que fue provocado por una gran carencia de amor. Por consiguiente, esa experiencia debe ayudarla a hacerse consciente de que es urgente volver a sentir amor por sí misma y por los demás. Esto forma parte de su aprendizaje en la Tierra.

Cuanto más aprendas a dirigir tu propia vida, menos te dejarás influenciar por las personas, por los acontecimientos o por las vibraciones externas. Es lo que yo llamo falsos maestros, tema del capítulo 11. Seguramente, en más de una ocasión, tus palabras debieron de ser bastante similares a estas: «No sé qué ha podido ocurrirme, ha sido algo superior a mí». No te preocupes, pues no eres el único que ha vivido este tipo de experiencias. Poco a poco, y conforme vayas aprendiendo a dominarte, irán desapareciendo gradualmente.

Cada vez que te recriminas por no haber hecho algo con la perfección con la que te hubiese gustado hacerla, actúas igual que un niño de seis años que se avergüenza por no saber escribir tan bien como su hermana mayor que ya está en la universidad. Durante su primer año de escuela, el niño escribe lo mejor que puede y el profesor le pone la nota de acuerdo con sus conocimientos y con su grado de aprendizaje. A la hora de evaluarlo, jamás comparará su trabajo con el de su hermana universitaria. El niño puede obtener la mayor de las calificaciones, incluso aunque su escritura apenas resulte inteligible. Pero si llegase a la universidad con la misma letra que tiene ahora, la cosa cambiaría.

Podemos comparar esta situación con la de la persona que ha tomado conciencia de que ciertas cosas van en contra de las leyes naturales, y aun así sigue empeñándose en hacerlas. Es evidente que el precio que tendrá que pagar será mucho más elevado.

Si actúas con lo mejor de tu conocimiento y aceptas que eres tan perfecto como puedes serlo en este momento, las consecuencias serán necesariamente más fáciles de asumir. No obstante, si insistes conscientemente en actuar de la misma manera, cuando un día te des cuenta de que no soportas ya esas consecuencias, tomarás decisiones nuevas y adoptarás actitudes nuevas. Es así como nos hacemos cada vez más inteligentes en la vida y tomamos decisiones que nos benefician en lugar de otras que nos perjudican. Es también una gran prueba de amor a uno mismo.

Cada uno de los días de tu vida te ofrece nuevas experiencias para que puedas ir evolucionando en tu perfeccionamiento. Cuando aceptes este hecho para ti mismo, también lo aceptarás para los demás. Dejarás de condenar, de juzgar, de criticar o de sentir rencor. ¡Qué gran paz interior experimentarás! ¿Ves? Todo está concebido para que puedas mejorar tu vida.

Supongamos que trabajas toda la semana, y al levantarte el sábado por la mañana te dices a ti mismo: «Tengo que limpiar la casa». Esta tarea se convierte en una obligación. Cuando te vengan a la mente este tipo de frases, detente un instante y plantéate lo siguiente: «¿Realmente me apetece limpiar hoy la casa? Si lo hago otro día, ¿qué pasaría? ¿Cuáles serían las consecuencias?». Mi consejo es que conviertas la obligación en elección diciéndote: «Bueno, aunque no me apetezca demasiado ponerme a limpiar, hasta la semana que viene no podré volver a hacerlo y sé que me sentiré mucho mejor una vez esté todo limpio». Y, aunque ponerte a limpiar no sea lo que más te gustaría hacer en esos momentos, al menos se trata de tu propia elección. Ya no será lo mismo y es probable que la tarea te resulte mucho más leve.

No tenemos por qué hacer nada por obligación... ¡Toda nuestra vida es en realidad una elección! Puedes elegir no ir a trabajar, pero ¿estás dispuesto a asumir las consecuencias? Si piensas que podría costarte demasiado caro porque corres el riesgo de perder tu puesto de trabajo, adoptas una decisión que se convierte en elección: «Elijo ir a trabajar».

Cada vez que piensas o que te dices a ti mismo: «Tengo que...», detente unos minutos y afirma todo lo contrario: «No, no tengo que... En la vida, siempre puedo elegir. No tengo por qué rendir cuentas a nadie, excepto a mí mismo». Una vez que hayas reflexionado, si crees que el precio que tienes que pagar puede resultarte demasiado elevado y no estás dispuesto a asumir los riesgos de tu decisión, actúa en consecuencia. Lo mismo sucede en todos los aspectos de la vida, incluso con las leyes. Ejemplo: los semáforos. Si no te apetece parar cuando el semáforo está en rojo, se trata de tu propia elección. Pero ¿estás dispuesto a provocar un accidente o a pagar una exorbitante multa?

Ves, nunca *tienes que*... Siempre se trata de tu elección. Todo depende de ti. Lo único que tienes que hacer es evolucionar, es decir, amar y respetar las leyes naturales y espirituales. Eso forma parte del plan de vida de cada uno.

Ejercicios sugeridos para asimilar este capítulo

1. Haz dos listas: una con todo aquello que consideras que está bien en tu vida, y otra con lo que consideres que está mal. Observa si en lo referente a tu idea sobre el bien y el mal mides con la misma vara cuando se trata de ti que cuando se trata de los demás.
2. Al analizar las listas, observa si lo que consideras bueno es indiscutiblemente bueno y si lo que consideras malo es indiscutiblemente malo. Las experiencias y las situaciones, independientemente de que las juzgues como buenas o malas, a veces pueden resultarte beneficiosas y a veces no, dependiendo de la persona, del acontecimiento, de las circunstancias o del momento en el que se den. En la vida, no hay nada que siempre esté bien o siempre esté mal, y que lo esté para todo el mundo.
3. Haz otra lista y anota todos tus hábitos. Durante los tres próximos días, ¡cambia al menos uno de ellos! Para cambiar una costumbre dañina (criticar a ultranza, por ejemplo), sustitúyela por otra que sea beneficiosa. La inmensa mayoría de tus hábitos poco adecuados proceden del exterior, de tu educación y de las decisiones adoptadas durante tu juventud. Para que los buenos hábitos nos proporcionen

vida y energía, es fundamental que provengan de una decisión consciente.

4. Repite la afirmación siguiente tan a menudo como te sea posible:

> OBSERVO TODOS MIS HÁBITOS CON EL FIN DE LLEGAR A SABER CUÁLES RESULTAN BENEFICIOSOS PARA MI EVOLUCIÓN Y MI ARMONÍA. RECUERDO QUE NO HAY NI BIEN NI MAL Y ACEPTO QUE VIVIR ES UNA ELECCIÓN.

Capítulo 11

LOS FALSOS MAESTROS

¿Qué es un maestro?

En esta obra, el falso maestro es aquel que dirige tu vida y ante el cual te inclinas, ya sea por temor o por adoración. ¿Conoces a los maestros que dirigen tu vida? Enseguida te darás cuenta de que, aparte de ser numerosos, ¡todos son falsos! Tan solo existe un verdadero maestro en la Tierra y ese es tu propio Dios interior. Es algo que puede aplicarse a todos los seres humanos. Cada persona posee su propio maestro.

Los falsos maestros más poderosos son el orgullo (del que se trató en el capítulo 9), los miedos y la culpa (que se desarrollarán en el capítulo 13) y el dinero (del que hablaré al final de este capítulo). Pero no son los únicos. Estos son los falsos maestros más habituales:

Tus allegados

¿Actualmente, existe alguien en tu vida, alguien cercano a ti (pareja, hijo, padre, jefe, etc.) a quien temas? ¿Quién dirige tu vida? ¿Ante quién te inclinas continuamente?

Conozco a algunos padres que experimentan verdadero miedo ante las crisis de su hijo, y poco importa la edad de este. En este sentido, están siempre en modo «alerta» y hacen cualquier cosa para satisfacer sus menores deseos. En el mismo orden de ideas, cuántas parejas tienen miedo uno del otro, sobre todo de su ira, y terminan por morderse la lengua para evitar toda discusión.

Si eres de los que se encuentran a menudo al acecho para asegurarse de que sus familiares sean felices, o para evitar una confrontación, lo que haces es dejar que esos falsos maestros dirijan tu vida, olvidando incluso tus propias necesidades. En cada ocasión que sientes un intenso miedo ante otro, no eres dueño de ti mismo. Dejas que esa persona te manipule a pesar tuyo, para sentirte finalmente impotente. Además, esa persona sabe perfectamente qué botón debe pulsar para hacerte reaccionar. Esto ocasiona muchas emociones, así como un gran gasto de energía, de modo que no es beneficioso para ti permanecer constantemente en esta actitud. Esto se aplica también a todos aquellos que te hacen reaccionar por su comportamiento desagradable. Tienes tanto interés en cambiarlos que llegan a controlarte y a convertirse en tus dueños. En otras palabras, te dominan.

Las noticias

Otro falso maestro son las noticias. Sea cual sea el medio de información, algunas personas suelen escuchar las noticias para tomar sus decisiones en función de aquello que hayan oído. Si se prevén tormentas y mal tiempo, seguramente no dudarán en cambiar sus planes. Y sin embargo... ¡las previsiones meteorológicas son a menudo tan inexactas! Somos los humanos quienes decidimos la temperatura. Sorprendente, ¿no? Por ejemplo, si la mayoría de las personas de una misma región tienen el sol en su corazón, la temperatura se mostrará más clemente. Si hay tempestad en ellos, en razón de sus miedos y sus rencores, el tiempo tenderá a ser revuelto. La Tierra es una entidad viva cuyas células son los seres humanos.

Quien se deja influenciar por las noticias vivirá siempre con miedo. Se atormentará por todo cuanto escuche. Si se predicen problemas financieros, puede llegar a esconder todo su dinero debajo del colchón o bien transferirlo a otro continente. O si se entera de que han encontrado el cuerpo de un joven, mutilado por su agresor, aunque no le concierna en absoluto, se dejará impresionar tanto por la noticia que no saldrá de su casa durante días. Lo que les ocurre a los demás tan solo les concierne a ellos. Se trata de su vida y de su responsabilidad. No tenemos por qué intentar comprenderlo, ni por qué estar o no de acuerdo con ello, pues se ignora simplemente lo que esas almas tienen que aprender. Se puede sentir compasión por las dos personas –agresor y víctima–, pero sin que sea necesario atormentarse. Sufren tanto el uno como el otro. Se debe aceptar que los dos deben vivir ese acontecimiento que les permitirá evolucionar. Todo tiene una utilidad en la vida, aunque a veces sea difícil reconocerlo en el momento en que sucede.

El poder y los honores y los bienes materiales

El poder y los honores también forman parte de los falsos maestros. Hacer algo para conseguir poder o recibir honores equivale a dejarse motivar por las causas externas y no por tu Dios interior. Dejas que los deseos de poder y de gloria dirijan tu vida. Tales comportamientos pueden hacerte superar tus límites, al no estar en contacto con tus verdaderas necesidades.

Con frecuencia, los bienes materiales también suelen ser falsos maestros. ¿Cómo consideras tu relación con ellos? ¿Te aferras? Si alguien estropease tu más preciado bien, ¿cómo reaccionarías? ¿Te enfadarías mucho? Si contestas afirmativamente, significará que dejas que los bienes materiales dirijan tu vida. ¿Qué cambiaría en tu próxima existencia si te murieses con una copa de cristal de menos en tu cristalería, con un pequeño arañazo en el mueble del comedor o con una quemadura en la alfombra?

Es normal que a cualquier ser humano le guste sentirse rodeado de objetos hermosos. La belleza es algo muy importante para todos nosotros. ¡Pero no es en absoluto beneficioso dejar que nuestros bienes se conviertan en nuestros maestros! Tus bienes materiales deberían servir para alegrar tu vida y no para dirigirla. Si estás demasiado apegado a ellos, no habrá lugar para lo nuevo, pues estarás demasiado ocupado administrando todo lo que acumulas.

La astrología

La astrología es otro falso maestro. Hay quien vive pendiente del horóscopo y son muchos los que encargan su carta astral. Rigen sus vidas de acuerdo con lo que leen en los libros o según las revelaciones de su astrólogo. Son las decisiones que tomas y las acciones que emprendes las que dirigen tu vida. Has elegido tu signo astrológico para aprender a evolucionar y a amar, aun a pesar de ciertas influencias astrales. Se dice que *los astros proponen y el hombre dispone*. Los astros te dirigirán mucho menos en cuanto te conviertas en tu propio dueño y maestro. La carta no es más que un instrumento para conocer mejor tus influencias astrales y así poder manejarlas.

Quizá con un símil puedas entender mejor lo que quiero decirte: imagina que durante un año, te ves obligado a trabajar con un compañero tremendamente negativo. Antes de aceptar el puesto ignorabas su manera de ser. Sabiendo que debes permanecer a su lado un largo período de tiempo, te mantienes en guardia y te proteges. Es evidente que tendrás que realizar un esfuerzo suplementario y utilizar muchas más energías para conseguir trabajar feliz y en paz, pero al ser consciente de la influencia dañina de esta persona, estarás en condiciones de conseguirlo. Lo mismo sucede con los astros.

Los videntes y los médiums

Los videntes y los médiums también pueden ser falsos maestros. Son cada vez más numerosos, pues nuestro nivel de conciencia se eleva más cada día y nuestros dones psíquicos se desarrollan con más fuerza; de hecho se han incrementado con la llegada de la era de Acuario. Los videntes, sea cual sea el medio que utilizan –cartas, bola de cristal, canalización...–, perciben todas las vibraciones procedentes de tu cuerpo sutil. Saben captar el estado en el que te encuentras y predicen tu futuro de acuerdo con el momento presente y con tus vibraciones actuales. Pero si por una u otra razón cambiases tu forma de ser debido a lo que alguien haya podido decirte o a lo que hayas podido leer o pensar, también cambiarás tu momento presente en su totalidad. Eres lo que piensas, y, por tanto, al cambiar tu forma de pensar, lo hace asimismo tu línea de vida. Así pues, todo cuanto te predijeron ayer ya no te resultará válido para hoy. Al decidir en qué deseas poner tu atención, tu energía, al decidir cómo pensar, te conviertes en el dueño de tu vida. Sin embargo, si te dejas influenciar por estos *videntes*, seguirás en la misma línea y harás que los acontecimientos tengan lugar tal y como te los habían predicho.

Cuando alguien te hable de tu futuro, sé selectivo y quédate tan solo con aquello que te haga sentir bien. Ten presente lo que verdaderamente quieres que suceda en tu vida y estate atento a lo que sientes en presencia de esa persona. ¿Qué intuyes sobre ella? ¿La consideras un buen modelo? Recuerda que nadie puede guiar a nadie más allá del lugar al que uno mismo ha llegado.

Puedes cambiar continuamente de línea de vida. Cuando experimentes una transformación radical, tendrás la impresión de renacer, de ser una persona renovada, sólida, cuyo cambio se basa en el amor que te tienes. La gente que te rodea se sorprenderá de esa metamorfosis y te dirá: «Dios mío, no te reconocemos. Algo ha cambiado en ti, y para mejor. Ya no eres la misma persona». Esta transformación ha sido provocada por tu cambio de línea de vida. Una rápida evolución disminuye el número de regresos a la Tierra, si está basada en el amor verdadero. Puedes incluso tener la impresión de vivir varias vidas en una.

Las religiones organizadas y las sectas

Es decir, todas aquellas que predican: «Si no haces lo que se te dice, no irás al cielo; solo nosotros poseemos la verdad». Si la religión dirige tu vida y aceptas su concepto del bien y del mal o si te dejas influenciar por un culto o una secta, renuncias a ser el dueño y maestro de tu propia vida. Las religiones fueron creadas hace mucho tiempo para guiar a las personas, cuando estas no eran lo bastante conscientes como para guiarse a sí mismas.

La mayoría de las religiones han basado su poder en el miedo. Vivir en el miedo no convierte la vida en algo armonioso y apacible. Si tu religión te produce miedo, es porque carece de amor, y Dios es amor. Dios no quiere sino una vida llena de amor para ti. Sabe que es imposible ser feliz sin amor. Jamás ha pretendido asustar a nadie. Son los seres humanos quienes son especialistas en provocar el miedo a causa de todo tipo de influencias y debido a la mala utilización de su capacidad de elegir. Aquel que ama lo único que intenta es guiarnos, sosegarnos y ayudarnos de una forma desinteresada, sin expectativas.

En la actualidad, las religiones son cada vez más conscientes de este fenómeno de amor. ¡Se han dado cuenta de que el ser humano ya no desea vivir en el miedo! A veces, no es la religión en sí misma la que está mal estructurada, sino que aquellos que la representan son quienes no están lo bastante sensibilizados. Tendrás que recurrir a tu capacidad de discernimiento a la hora de elegir una religión o a aquellas personas que sean capaces de guiarte en el amor y no en el miedo. Si después de lo que alguien te dice, te sientes algo más turbado de lo normal o tu miedo se acentúa, es signo de que no te están ofreciendo lo que necesitas.

Si formas parte de cualquier asociación, de un grupo religioso o de otro tipo, y este te hace sentirte mejor, lleno de energía, y te acepta como eres, y además te ayuda a ponerte en contacto con tu fuerza interior y evita que te culpabilices, su influencia te conviene, al menos por el momento.

Los médicos, los terapeutas y los medicamentos

También pueden representar falsos maestros. El cometido de los profesionales de la salud es el de ayudar a los seres humanos y no el de dirigir sus vidas. Conozco a algunas personas que siempre consultan a su médico antes de tomar cualquier decisión, sea para irse de vacaciones, para mudarse de casa, para cambiar de trabajo o para cualquier otra cosa. El médico puede desaconsejar a su paciente que emprenda cualquier tipo de actividad si se da cuenta de que este manifiesta algún miedo al respecto. Si la persona confiase en su Dios interior, no le pediría la opinión al médico, sino que adoptaría sus propias decisiones.

Los profesionales de la salud empiezan a darse cuenta de que el aspecto mental del ser humano es mucho más fuerte que el físico. Admiten la idea de que la verdadera curación procede del interior de cada uno. Observan que la persona puede liberarse de sus propias enfermedades de una forma inexplicable científicamente. Es muy alentador ver que cada vez hay más médicos que desaconsejan la utilización de medicamentos. El «sois lo bastante fuertes como para curaros sin necesidad de medicinas» se ha convertido en una de las recetas más habituales en nuestros días.

Hay mucha gente que se siente perdida sin su médico y en cuanto tiene el más mínimo problema, recurre a él. Son personas que no quieren adoptar sus propias responsabilidades. Esperan que sea otro el que «arregle sus vidas». Si el médico les dice que no tienen nada, lo acusan de incompetente y siguen en sus trece hasta encontrar a uno que les recete alguna medicina: «Ya sabía yo que tenía algo. Mirad, me han recetado un medicamento». Vuelven de la consulta muy contentas, y en cuanto toman la medicina, se creen ya menos enfermas que al principio.

¿Formas parte de aquellos que, al menor acontecimiento que no va bien, al menor malestar, toman inmediatamente un comprimido? Los hay de todo tipo: pastillas para el dolor de cabeza, para los nervios, para dormir, para despejarnos, para la digestión, para el hígado, para ir al baño, para limpiar los intestinos, etc.

Actuar así significa no amar a tu cuerpo, ya que todos los medicamentos provocan efectos secundarios. Cada vez que le das algo que no sea un elemento nutritivo natural, tu cuerpo se rebela, pues lo sobrecargas de trabajo. En el momento en el que te tomas cualquier fármaco, aceptas la idea de que es tu falso maestro. Dejas que sean las medicinas las que dirijan tu vida. Si estás satisfecho con esta clase de vida... ¡sigue tomándote un montón de pastillas! Pero si quieres transformarla, ha llegado el momento de convertirte en tu propio maestro. No hay nadie en el mundo que pueda transformar tu vida... ¡excepto tú mismo!

La enfermedad

La enfermedad también es un falso maestro. Una persona que siempre está enferma se encuentra dominada por su enfermedad. No se da cuenta de que puede llegar a ser ella misma quien dirija su propia vida. ¡Hay algunos que incluso llegan a pensar que estar enfermos es algo normal! Nada más falso. ¡El estado natural del cuerpo humano es la salud! Debemos dejar de tratar de ser «normales» y aprender más bien a vivir de forma natural. Hagámonos conscientes de que la enfermedad es uno de los medios que nuestro Dios interior utiliza para ayudarnos a encontrar el buen camino, el del amor a uno mismo.

La moda

¿Cuántas veces has sacrificado tu comodidad con el único fin de seguir la moda? ¿Acaso tienes miedo de lo que pueda pensar la gente? Cuántas veces tengo la ocasión de ver a mujeres con zapatos de tacón alto que las hacen sufrir, y que me confían que no pueden llevar zapatos cómodos porque... ¡no están de moda!

El trabajo

También puede ser un falso maestro. Hay muchos que no saben divertirse. Toda su vida está enfocada hacia el trabajo y se hallan totalmente dominadas por él. Incluso en los momentos de ocio, no pueden dejar de pensar en su trabajo. Incapaces de hacer otra cosa, tienen una enorme dificultad para desconectar, relajarse o incluso divertirse. Algunos se creen mejores personas por trabajar siete días a la semana. Aunque la mayoría de ellos no saben verdaderamente qué es el equilibrio.

¿Te ayuda el trabajo a evolucionar y a mejorar? ¿Te permite convertirte en un ser más perfecto y más puro interiormente? ¿Utilizas el trabajo para aprender a querer más a las personas? Si es así, te resulta muy edificante. Si tienes un tipo de trabajo en el que aprendes constantemente tanto a amarte más a ti mismo como a los demás, puedes estar seguro de que te hallas en el buen camino. Un trabajo que domine a la persona o dirija su vida, es decir, un trabajo realizado simplemente a cambio de dinero o de poder, no ayuda a la evolución espiritual.

Las supersticiones

El número trece, un gato negro, pasar por debajo de una escalera, ¿te dicen algo estas cosas? ¿Provocan las supersticiones algún cambio en tus decisiones? Si es así, eso significa que son tu falso maestro.

El dinero

Resulta evidente que, en la actualidad, el dinero posee una enorme importancia en el mundo material en el que vivimos. Es un medio de intercambio y no un bien o una posesión. Querer acumularlo por miedo es una equivocación. ¿Acaso acumulamos el aire que respiramos por miedo a que nos falte? ¿Sería sensato? Pues con el dinero sucede lo mismo. El dinero es una energía, al igual que la electricidad, que el agua o que el viento. Son fuerzas poderosas que han sido puestas a nuestra disposición sobre la Tierra. El dinero es una potencia pero, al mismo tiempo, también es una energía.

Es algo que siempre ha existido, aunque en diferentes formas. Actualmente, está hecho de papel y de metal. Las personas siempre han hecho uso de los medios de intercambio para conseguir bienes materiales. Acumular dinero por miedo a carecer de él equivale a tener muy poca fe, así como una total falta de confianza en esta potencia divina que nos proporciona con gran generosidad toda la energía necesaria.

El dinero puede ser comparado con el sol, otra gran potencia y energía. Que en la playa haya tres personas bronceándose o trescientas, ¿qué diferencia puede haber? ¿Acaso se acabará el sol? ¡No, seguro que hay suficiente para todas! Es importante que tomes conciencia de que el dinero es una energía y que, como tal, cuanto más la muevas, más poder adquirirá y más se multiplicará.

Con muchas de las maravillas de la naturaleza también sucede lo mismo. Cada grano de trigo, cada semilla de tomate que utilicemos, una vez sembrados, producirán docenas de tomates o de espigas de trigo. Si en lugar de sembrarlos fuesen conservados en un cajón, jamás se multiplicarían.

Desprenderse de la inseguridad financiera requiere un largo proceso. Cuando experimentas un deseo, tu primer pensamiento casi siempre suele ser: «¿Cuánto me costará? ¿Tengo bastante dinero?». ¿No te compras ahora lo que deseas porque es más caro de lo previsto, sin ni siquiera pensar que tal vez podrías conseguirlo por otro medio? En ese caso, es el dinero el que dirige tu vida, el que se ha convertido en tu dueño. Actuar como tu propio dueño sería tomar tu propia decisión, siendo consciente de que el dinero u otro medio ya existe.

Ahora, vuelve la vista atrás: con toda seguridad, en más de una ocasión, habrás adquirido algo de forma impulsiva, algo que no necesitabas pero que te hacía mucha ilusión. Probablemente te hayas comprado más de un artículo a crédito porque no tenías el dinero suficiente para pagarlo al contado. A pesar de todos estos gastos, ¿verdad que has seguido viviendo? ¿Verdad que has podido seguir pagando el alquiler y comiendo cada día? ¿Ves cómo, de todas formas, has terminado por pagarlo todo?

Mira a tu alrededor. Cuando vas a comprar al supermercado, ¿eliges los alimentos que están en oferta? ¿Acaso son los «precios» los que determinan lo que vas a comprar para comer esta semana? Con ello no quiero decir que evites las ofertas, al contrario, ya que si tenías pensado adquirir algunos de los productos que están en promoción, harás muy bien comprando más, sobre todo si los necesitas. Estoy hablando de las personas que se privan de la marca que realmente les gusta y prefieren llevarse otra porque está más barata. Estas personas incluso llegan a comprarse productos que no les convienen en absoluto y tan solo adquieren aquellos que realmente necesitan cuando están de oferta. ¿También vas tú detrás de las ofertas, aunque sean de menor calidad? ¿Acaso no te mereces la mejor de las calidades? La imagen que te estás creando de ti mismo incita a la gente a tratarte de la misma manera.

No pretendo decir que vayas a todo correr a buscar lo más caro. Empieza por conseguir pequeñas victorias cotidianas. Si deseas comprar fruta de primera calidad, pero su precio te hace dudar, mide su valor nutritivo según tu propia valoración. Verás que, poco a poco, llegarás a conseguir todo aquello de lo que tengas necesidad. Cuanto más hagas circular la energía del dinero, más recibirás. El dinero está hecho para circular y no para ser acumulado. Si tienes miedo a que pueda sucederte alguna desgracia y prefieres guardarlo en lugar de ir de vacaciones, adivina lo que te ocurrirá: ¡una desgracia! Nuestro ego siempre quiere tener razón y no podrá evitar la tentación de decir: «Ah, hice bien guardándome el dinero... ¡Ya sabía yo que me iba a pasar algo!».

No pienses en lo que te pueda suceder y... ¡márchate de vacaciones! Olvídate de preguntas como esta: «¿Qué voy a hacer si me ocurre algo malo?». Lo único que tienes que hacer es animarte y decir: «Pues sí, voy a irme de vacaciones y si después me sucede algo, ya me ocuparé de ello cuando llegue el momento». Y esto es lo que sucederá. Que se te estropee el coche es algo imprevisible. Pero ¿verdad que lo llevas al taller, aunque no hayas previsto el dinero para su reparación?

¿Son adecuadas tus prioridades? Con frecuencia he visto a gente que, en cuanto su televisor tiene una avería irreparable, se apresura a conseguir otro sin problemas. ¡Ya encontrarán la forma de pagarlo! ¿Acaso disponer de un televisor es realmente una necesidad? Sabemos que no, pero cuando el ser humano desea algo, siempre acaba consiguiéndolo. Es la capacidad de tomar la decisión lo que establece la diferencia.

Hay muchos interesados en realizar cursos de desarrollo personal. Pero, en cuanto se les menciona el precio, exclaman: «¡Ah, son mucho más caros de lo que yo pensaba!». Muchas veces son los primeros en desembolsar miles de euros para la adquisición de artículos no esenciales o incluso para ayudar a otros en caso de necesidad y, sin embargo, cuando les llega el momento de pensar en ellos mismos, ni siquiera se consideran merecedores de gastarse unos pocos centenares de euros, gracias a los cuales podrían llegar incluso a transformar sus vidas, a liberarse de sus miedos, de sus enfermedades y de su estrés y a conocer por fin la paz interior.

Pensar que no somos lo bastante importantes y que no valemos nada no nos acarrea más que problemas. Otro ejemplo: cuando le compras un regalo a alguien, ¿no eliges aquello que te gustaría recibir? ¿Significa esto que los demás son más importantes que tú y que merecen recibir más cosas? Fíjate en la influencia que ejerce el dinero en tu vida. Mientras siga siendo tu único dueño y señor, te resultará imposible conocer la verdadera paz y felicidad interior. En cuanto hayas aprendido a dominar el dinero, los cambios resultarán de lo más aparentes.

Si crees en la gran ley de que cosechamos aquello que sembramos, a partir de ahora envía pensamientos de prosperidad a todos cuantos te rodean. Deséales que dispongan de tanto dinero como puedan desear. Harás que se mueva tanta energía a tu alrededor que esta regresará mucho más deprisa que si pensaras en conseguir el dinero solo para ti.

Es evidente que la sociedad actual no favorece los pensamientos positivos. El objetivo de este libro no es intentar cambiar a todos cuantos te rodean, sino transformar tus pensamientos. No te dejes influir por los demás y ni siquiera les comentes tu nueva decisión con respecto al dinero. Empieza por hacerlo interiormente, llévalo a la práctica en tu vida y, después, de forma gradual, aquellos que te rodean acabarán dándose cuenta. El hecho de hablar de ello a personas que no están de acuerdo contigo y que tratan de transmitirte sus miedos podría influirte de forma negativa. Tu fe o tu fuerza interior quizá todavía no sea lo bastante consistente como para poder soportar las críticas negativas. No obstante, debes aceptar que los demás manifiesten su verdad, incluso a través de sus críticas. Ellos creen tanto en su verdad como tú crees en la tuya.

Si has decidido mantener una actitud positiva con respecto al dinero y deseas llevarla a cabo, hazlo, pero sin pretender influenciar a nadie. No tienes por qué buscar la aceptación de los demás. Cuando ellos estén dispuestos a cambiar su actitud, ya les llegará el momento. Cada cual debe seguir su propia evolución.

Cuando alguien es feliz y posee una gran paz interior, no tiene por qué proclamarlo a los cuatro vientos. No hace ninguna falta. Es algo que se palpa en el ambiente y cualquiera puede notarlo.

Cuando hayas llegado a dominar este aspecto, nunca te faltará el dinero, podrás cubrir todas y cada una de tus necesidades y aún te sobrará. Ya no será el miedo el que te incite a ahorrar pues, a partir de ahora, tan solo ahorrarás lo que te sobre.

Como habrás podido observar, existen muchos falsos maestros. ¡Pero estoy segura de que todavía podrás encontrar algunos más! Cada vez que te des cuenta de que estás tomando una decisión basada en el miedo, hazte consciente de que ese miedo es tu maestro en ese momento.

Ejercicios sugeridos para asimilar este capítulo

1. Escribe una lista con todos los falsos maestros que dirigen tu vida. Presta especial atención a los tres que ejercen mayor influencia sobre ti.
2. Durante los tres próximos días, al final de la jornada, escribe en un papel quién o qué ha dominado tu vida durante ese día.
3. Luego, anota cómo habrías actuado o reaccionado si hubieras sido tu único maestro, ese que te ama y te respeta.

4. No pases al próximo capítulo antes de haber dado por finalizada esta etapa. Eso te ayudará a estar más alerta frente a todos los falsos maestros que se presenten en tu vida. Tu nivel de consciencia se elevará gradualmente, y todo irá cambiando para bien.
5. Esta es la afirmación que debes repetir durante los próximos días:

SOY EL ÚNICO DUEÑO Y MAESTRO DE MI VIDA. ME DOY CUENTA DE LO QUE PUEDO LLEGAR A CREAR CON MIS PENSAMIENTOS Y SÉ QUE ME CONVIERTO EN AQUELLO QUE PIENSO. ASÍ PUES, MI FELICIDAD, MI PROSPERIDAD, EL AMOR Y LA ARMONÍA SOLO DEPENDEN DE MIS PENSAMIENTOS.

Capítulo 12

LAS NECESIDADES DEL CUERPO MENTAL

El cuerpo mental nos ayuda a pensar, analizar, organizar y memorizar y es de enorme utilidad cuando decidimos permanecer positivos, constructivos y progresar hacia nuestra razón de ser.

Las necesidades fundamentales del cuerpo mental son siete. Si no son cubiertas, tendrás problemas no solo en el plano mental, también en el físico y en el emocional. Son las siguientes, por orden de importancia:

La primera necesidad: LA INDIVIDUALIDAD

La individualidad significa ser tú mismo y no lo que piensas que los demás esperan de ti. Debes dejar de pensar en el «qué dirán», en el «qué harán» o en el «qué pensarán». La forma de vestir de los jóvenes de hoy es un bonito ejemplo de individualidad. Parecen clamar a los cuatro vientos:

«¡Socorro, dejadme ser yo mismo!». Estos jóvenes necesitan mucho más espacio del que precisaban las anteriores generaciones. No pueden soportar la idea de que sus padres intenten moldearlos de acuerdo con sus propios estereotipos o que los obliguen a seguir los mismos pasos que hubiesen seguido ellos de haber tenido el suficiente valor.

Los jóvenes conocen y experimentan con mucha más profundidad las leyes naturales. Tienen su propio modo de afirmar su individualidad, su YO SOY.

Ser tú mismo es, por tanto, aceptar ser lo que eres a cada instante, guste o no a los otros, se califique de negativo o de otra manera. Es cierto que no siempre serás lo que quieres ser, pero cuanto más te concedas el derecho a ser lo que eres a cada instante, más te convertirás en lo que quieres ser en la vida.

El hecho de no permitirte ser tú mismo te acarreará consecuencias en el plano emocional –por ejemplo, dificultad para expresar tu creatividad– y en el plano físico –como alergias y problemas respiratorios.

La segunda necesidad: LA VERDAD

¿No te molesta que alguien se aproveche de ti con mentiras? Tu superconsciencia, tu yo interior, también reacciona de esta misma forma cuando te mientes a ti mismo. La sensación es igual de desagradable. Tendrías que escucharte cuando te diriges a los demás. Reconoce que casi siempre que dices «no importa», en realidad significa todo lo contrario. Si verdaderamente no te importase, ni siquiera pensarías en decirlo. Cuando afirmas «no importa», no niegas que te moleste; solo estás pasando por encima de tus propios sentimientos. Así pues, lo primero que tienes que hacer es ser sincero contigo mismo.

La verdad, como ya he mencionado en el capítulo 8, sobre la energía, te ayuda a llegar a tu cuerpo superior. *Ser sincero significa decir y hacer lo mismo que se piensa*. No se trata de que vayas pregonando por ahí todo lo que tienes en la cabeza, pero si alguien te pregunta tu opinión sobre algo en concreto, tienes que decirle la verdad. Tus propósitos deberían ser idénticos a tus pensamientos. Cada vez que lleves a cabo una acción, debes actuar en consecuencia.

La justicia también forma parte de la verdad. ¿Acaso un acto de injusticia no hace que te estremezcas? ¿Acaso no te hace sentir incómodo? Supongamos que ves cómo una madre actúa injustamente con su propio hijo y siempre lo relega al último lugar. ¿Verdad que te da mucha pena? Pues bien, esto es precisamente lo que haces cada vez que actúas injustamente contigo mismo. Te relegas a un segundo plano. Tu alma resulta herida por ello. En suma, creas un gran conflicto en tu interior.

Ser auténtico te ayudará, además, a volverte cada vez más transparente, lo que se muestra como uno de los criterios esenciales de nuestra nueva época. Ya no temerás mostrarte al desnudo, no tendrás miedo a dejar que los demás te conozcan y te vean tal cual eres.

El que no es auténtico o se muestra injusto hacia sí mismo tendrá dificultades en el plano emocional para ver la belleza a su alrededor y sobre todo en sí mismo. Su ego ocupará todo el espacio y decidirá por él. En el plano físico, se verá afectado de la misma forma que con la falta de la primera necesidad, la individualidad.

La tercera necesidad: EL RESPETO

Es muy importante respetar a los demás, así como respetarse a uno mismo. Es denigrante que un individuo (policía, maestro, jefe, padre, etc.) abuse de su autoridad. Cuando nos vemos obligados a respetar a alguien y nos damos cuenta de que ese alguien no hace lo mismo con nosotros, sentimos un gran desasosiego. Una posición de autoridad no tiene por qué implicar necesariamente una falta de respeto hacia los demás. Para todo ser humano, el respeto es algo primordial.

Si piensas que existe una falta de respeto hacia ti, observa qué es lo que has sembrado. ¿Respetas las opiniones, las ideas y la forma de pensar de los demás? ¿Te gustaría cambiar a algunas personas de tu alrededor? Es una falta de respeto flagrante querer cambiar a tus semejantes. ¿Haces lo mismo contigo? ¿Respetas tus límites? ¿Tienes continuamente expectativas no realistas hacia ti? ¿Quieres cambiar porque no aceptas algunos aspectos de tu persona?

Faltar al respeto se verá reflejado en el plano emocional en una carencia de afecto. Además de faltarte a ti, tendrás dificultad para darlo de manera desinteresada. En el plano físico, esa carencia se manifiesta por problemas en la región de la boca y la nuca.

La cuarta necesidad: LA GUÍA

Precisamos sentir que alguien nos necesita, que somos capaces de dirigir, de ayudar y de guiar a los demás. Todos experimentamos (incluso con frecuencia) la necesidad de ponernos al servicio de otras personas. Desgraciadamente, a menudo, esta necesidad solemos expresarla de la forma equivocada. Tomar decisiones por los demás sin haber pedido previamente su opinión no es guiarlos. Guiar es dar un consejo cuando se nos ha pedido, pero sin *expectativas*. Recuerda que un consejo no solicitado, o que parece impuesto, nunca es apreciado.

Cuando ardas en deseos de dar un consejo a tu interlocutor, primero tendrás que asegurarte de que quiera escucharlo. Si no desea tu opinión ni tu consejo, tienes que aceptarlo así. Pero si, por el contrario, desea que lo ayudes, debes hacerlo, sin esperar nada a cambio. Él hará lo que quiera. La ayuda que puedas prestarle será un regalo que le habrás hecho y, por tanto, deberá ser él mismo quien decida cómo utilizarla. Cuando das un consejo sin que te lo pidan o esperas algo a cambio de tu ayuda, no haces más que derrochar tus energías. ¿Te privas de tu energía para recibir algo a cambio? Si es así, cuando los demás no respondan a tus pretensiones, te sentirás decepcionado, enfadado o, incluso, frustrado y, cuando lo hagan, no hará más que aumentar tu orgullo.

De igual forma, tú mismo tienes necesidad de recibir consejo del prójimo, de abrirte a su opinión, lo que implica poder pedirlo. ¿Pides consejo alguna vez? Pero recuerda que siempre tienes la libertad de seguir o no los consejos de quien te quiere orientar. Por otro lado, si te crees obligado a aceptar las sugerencias de tus allegados por miedo a disgustarlos, sin duda existe una laguna en esa necesidad fundamental de tu cuerpo mental. Un medio de solventar esa situación sería decir: «Agradezco mucho tus consejos. Voy a pensar en ello y, si verdaderamente lo necesito, puedes tener la seguridad de que los seguiré».

En el plano emocional, la falta de guía afecta a nuestro sentimiento de pertenencia a una familia o a un grupo cualquiera. En el plano físico, ocasiona problemas a todo el sistema digestivo y afecta a la parte alta de la espalda.

La quinta necesidad: SOLTAR

¿Qué significa soltar? La mayoría de la gente cree que es volverse débil, someterse o no hacer nada. Al contrario, se necesita mucha fuerza interior para llegar a soltar. Es la capacidad de saber lo que queremos y de realizar consecuentemente las acciones pertinentes, aceptando de antemano que no podemos controlarlo todo. Es encomendarse a lo divino recordando que nuestro Dios interior conoce mucho mejor que la mente las necesidades de nuestra alma. Soltar es no estar atado al resultado; serás feliz, de todos modos, a pesar de una posible decepción temporal.

Si eres de las personas que tienen dificultad para soltar, pues tienes la necesidad de controlarlo todo, ciertamente experimentarás con frecuencia frustración, decepción y cólera.

Si esta necesidad no se cubre, el plano emocional se resiente. El apego te limita, y al negarte a soltar, estás impidiendo que se manifiesten otros deseos que sí podrían ayudarte en tu evolución. Tendrás asimismo dificultad para abrirte a nuevas ideas. En el plano físico, el exceso de apego se somatiza sobre todo en la parte media de la espalda, así como en los órganos que te ayudan a eliminar –riñón, vesícula, intestino grueso– y en los órganos sexuales.

La sexta necesidad: LA SEGURIDAD

Muchas personas creen que la seguridad equivale a tener una buena cuenta en el banco, un trabajo con un sinfín de ventajas sociales, una bonita casa, una gran cantidad de bienes materiales o incluso una pareja estable. Pero esto es solo una falsa seguridad; es lo que podríamos denominar *estar a gusto dentro de la propia inseguridad*.

La verdadera seguridad es la de la tranquilidad de espíritu, y esta tan solo puede conseguirse cuando estamos seguros de que no tenemos nada que temer. La verdadera seguridad consiste en saber que, fundamentalmente y pase lo que pase, en tu interior posees todo cuanto necesitas para materializar aquello que anhelas y para cambiar lo que no deseas. Para todo existe una solución, pues con la perspectiva del tiempo todos los problemas se transforman en valiosas experiencias. Debes saber que eres capaz de superar cualquier situación.

La falta de seguridad acarrea consecuencias en el plano emocional –desconfianza en uno mismo (incapacidad de manifestarse) y en los demás (miedo al juicio)– y en el plano físico –problemas en la parte baja de la espalda y en el vientre, así como en los miembros necesarios para avanzar (las piernas y los brazos; la ciática está directamente relacionada con esta carencia).

La séptima necesidad: LA RAZÓN DE SER

¿Te apresuras a levantarte cada día para llevar a cabo todo aquello que tienes que hacer? ¿Sientes un gran orgullo al hablar de tu trabajo o de tus ocupaciones cotidianas y al explicar a los demás en qué consisten? ¿Lo haces con entusiasmo? ¿Hay algo que te apasione? ¿Te sientes feliz de vivir, de estar sobre esta Tierra?

La razón de ser de todo ser humano en este planeta es llegar a reconocerse como el DIOS creador que en realidad es. Para conseguirlo debemos aceptar todas nuestras creaciones, y saber que no hay errores, sino únicamente experiencias que nos ayudan a regresar a la luz.

Carecer de razón de ser nos afecta en el plano emocional impidiéndonos tener objetivos a corto, medio y largo plazo.

En el plano físico, esta carencia desencadena los mismos síntomas que los provocados en el nivel de la sexta necesidad, es decir, el de la seguridad.

Es también importante comprender que no cubrir cualquiera de las siete necesidades provoca un bloqueo de energía, y, por tanto, una disminución progresiva de esta.

Ejercicios sugeridos para asimilar este capítulo

1. En una hoja, escribe todas las necesidades de tu cuerpo mental y observa cuáles han sido desatendidas. Este ejercicio te ayudará a comprender tu propia insatisfacción interior. Eres tú quien debe adoptar la decisión de alimentar tu cuerpo mental tal y como se merece. Estas necesidades son fundamentales para todo ser humano y tú no eres una excepción.
2. Anota ahora las medidas concretas que piensas tomar para cubrir las necesidades desatendidas. Hazlo con el firme propósito de llevarlas a cabo.
3. En los tres días siguientes, tómate tiempo para analizar si has dado continuidad a esas medidas.
4. Acuérdate de no enfadarte ni culpabilizarte si te olvidas. Date tiempo para conseguirlo. Sé indulgente sin dejar de ser consecuente.
5. Repite la afirmación siguiente tan a menudo como te sea posible:

> AHORA ESTOY DECIDIDO A RESPETAR LAS NECESIDADES DE MI CUERPO MENTAL Y DE ESTA FORMA RECUPERAR MI SALUD MENTAL Y LA PAZ INTERIOR.

Tercera parte

A LA ESCUCHA DE TU CUERPO EMOCIONAL

Capítulo 13

LOS MIEDOS. LA CULPABILIDAD

Son las dos emociones más extendidas y también las más desarrolladas en el ser humano. No conozco a nadie que no haya pasado miedo en toda su vida y que aún hoy no siga experimentando un cierto temor.

El miedo, como toda emoción, cuando es irreal procede dc tu ego. Lo que tú temes puede dejar a otra persona indiferente. Por ejemplo, si crees que el perro es un animal peligroso, sin duda sentirás miedo si un día alguno se abalanza sobre ti, ¿no es verdad? Este miedo es real para ti. En cambio, otra persona en la misma situación reaccionará de una forma diferente si adora a los perros y no percibe de ellos más que su lado sociable y jovial. Está convencida de antemano de que el perro no pretende hacerle daño.

Cada miedo nos pertenece. Es evidente que algunas personas se muestran más valientes que otras. Ahora bien, esas personas muy valientes viven igualmente sus temores, pero se lanzan a pesar de todo. Lo más importante es que tomes conciencia de tu miedo con el fin de poder definir si es real o no. Si el peligro es real, entonces el miedo resulta útil. Tu cuerpo sabe exactamente qué cantidad de adrenalina debe proporcionarte para que puedas hacer frente a esa situación, ya sea esquivándola o afrontándola.

En este mundo existen muchísimos más miedos irreales que reales. Retrocede unos meses en tu memoria. Durante estos tres últimos meses, ¿cuántas veces has experimentado un miedo real, un miedo en el que tu vida corriese verdaderamente algún peligro?

Los demás temores proceden tan solo del pensamiento. Cuando un miedo es frecuente, es que corresponde a un recuerdo convertido en una creencia desarrollada durante mucho tiempo. Generalmente, el padre o la madre, o los dos, poseen la misma creencia; por eso nos recuerdan continuamente ese miedo. Por ejemplo, el niño recibe y acepta la noción del miedo debido a la sobreprotección de sus padres (miedo a que el bebé pueda caerse, a que coja frío, a que se ponga enfermo, etc.). Creen que tener miedo corresponde a un comportamiento normal y habitual, suponiendo incluso que cuando adoptan este tipo de actitud actúan como unos buenos padres.

Como ya he mencionado, a través de sus pensamientos, el ser humano forma una imagen en el mundo invisible a la que podríamos denominar «elemental» o «forma-pensamiento». Cuanta más energía le proporcione a este elemental, más lo alimentará y, con el tiempo, podrá incluso llegar a materializarlo y a convertirlo en realidad en el mundo visible.

Seguramente, esto te ayudará a comprender que si alguien tiene miedo de que le roben, al final le robarán, y si tiene miedo de que lo violen, se arriesga igualmente a que eso le suceda. Por su forma-pensamiento, tales personas preparan el terreno para que eso les ocurra. Todo se concreta de forma inconsciente. Atraemos hacia nosotros aquello en lo que creemos y en lo que ponemos mucha energía. Cuanto más miedo tenemos, más lo materializamos. Por supuesto, el hecho de ser más conscientes de nuestros miedos nos ayudaría a liberarnos de ellos, pero esta tarea es mucho más difícil cuando se trata de un miedo inconsciente.

En psicología, se dice que el ser humano es consciente de apenas un diez por ciento de lo que sucede dentro de él. Lo que significa que la mayoría de nosotros somos inconscientes de aproximadamente un noventa por ciento de nuestros miedos, nuestras creencias, nuestros sentimientos y emociones, etc. Aprendiendo a ser más conscientes, practicando el amor y la toma de conciencia, algunos de estos miedos inconscientes asomarán a la superficie. Aprendiendo a reconocerlos, podrás llegar a dominarlos mejor.

Pongamos el ejemplo de un niño al que sus padres dejan durante un mes en un lugar que apenas conoce mientras se van de viaje. El pequeño cree que ha perdido a sus padres para siempre y se siente rechazado y abandonado. Esa situación le provoca un miedo atroz y ese miedo quedará cristalizado en su mente y en sus emociones, y el niño crecerá con pánico al rechazo. Como hemos visto, el pensamiento es poderoso y creativo, así que ese pánico acabará materializando justo lo que más teme. La decisión adoptada durante su infancia le afectará hasta el momento en que consiga llegar a descubrirla y sea capaz de dominarla. Los miedos son tan sutiles que engendran nuevos miedos, los cuales se van infiltrando gradualmente en la persona hasta convertirse en fobias.

Hay una gran variedad de miedos: a la oscuridad, al agua, a los túneles, a los puentes, a los ascensores, a sentirse encerrado, a avergonzarse en público, a engordar, a la falta de dinero, a los animales, al tráfico, a las alturas, a los microbios, a las grandes aglomeraciones, a la muerte, a las enfermedades, a los accidentes, al fuego, a los aviones, a las inyecciones, etc.

Pero existen aún otros miedos mucho más sutiles: el miedo a no estar a la altura de una situación, a que se rían de nosotros, a no ser aceptados, al rechazo y a la humillación, a las críticas, a las acusaciones, a herir a los demás... ¿Te das cuenta del enorme poder que puede llegar a ejercer el miedo sobre el ser humano?

Es evidente que si tus padres o aquellos que han desempeñado su papel estaban llenos de miedos, tendrás que hacer muchos esfuerzos para superarlos y liberarte de ellos. El objetivo de haber escogido a tus padres antes de tu nacimiento era llamar tu atención sobre tus propios miedos ya presentes en el alma. Te recuerdo que no son nuestros padres quienes nos transmiten sus miedos; los hemos elegido porque tenemos que afrontar los mismos miedos que ellos tienen.

Según las investigaciones realizadas, se ha llegado a la conclusión de que las mujeres suelen padecer muchos más miedos y fobias que los hombres. Aunque, tal vez, lo que realmente ocurre es que ellos los dejan traslucir menos. Por mi parte, creo que los temores difieren de una persona a otra independientemente de que sea mujer u hombre.

¿Cómo un miedo se convierte en fobia, es decir, en un temor tan grande que causa pérdidas de control o comportamientos exagerados? El grado de un miedo está siempre en función del grado de la creencia que lo alimenta. Esta creencia está determinada por el sufrimiento vivido y el pensamiento de lo que se produciría si el objeto de nuestro miedo se manifestara. A lo largo de los años, me he dado cuenta también de que detrás de toda fobia se oculta un gran sentimiento de rencor o de odio hacia uno de los padres, aquel al que creemos responsable de ese miedo.

Estos sentimientos se acentúan a menudo con ocasión de cambios importantes o cruciales para nosotros a lo largo de nuestra vida. El orden de esos cambios varía de un individuo a otro; podría tratarse de la llegada de un hermanito, la separación de los padres, la vuelta al colegio, la adolescencia, la edad adulta, el matrimonio, el nacimiento de los hijos, el cambio de residencia o de trabajo, el divorcio o también la muerte de un ser querido.

Según las investigaciones más recientes, al menos en Estados Unidos, la proporción de las fobias más frecuentes es la siguiente:

- 60% a los espacios abiertos (agorafobia).
- 22% a las enfermedades o accidentes.
- 8% a la muerte y a las aglomeraciones.
- 4% a los animales.
- 2% a la oscuridad.
- 2% a las alturas.
- 2% otras...

La agorafobia es la más habitual de las fobias. Pero ¿qué es exactamente? Agorafobia significa etimológicamente «miedo a la plaza pública». Es la más extendida de las fobias, y se caracteriza por un miedo irracional a los espacios abiertos y a los lugares públicos; de forma más precisa, es un miedo exagerado a estar lejos de una persona o un lugar tranquilizadores. Así, el agorafóbico teme encontrarse solo en lugares públicos de los que difícilmente podría huir y en los que sería incapaz de conseguir un socorro rápido en caso de sentirse mal.

Los individuos afectados por este problema no son enfermos, y menos aún enfermos mentales, tal como se percibe de forma general y peyorativa, aunque este temor proceda de la mente.

La agorafobia es una reacción emocional inculcada desde la infancia o la adolescencia. El miedo y las sensaciones que experimenta el que la padece pueden llegar a ser exageradamente dominantes. Los síntomas fisiológicos que se perciben pueden ser los siguientes: palpitaciones, mareos, tensión o debilidad muscular, transpiración excesiva, dificultades respiratorias, náuseas, sofocos, etc. Como no sabe lo que le sucede, el agorafóbico interpreta falsamente esos síntomas y teme perder el control, desmayarse, tener una crisis cardíaca, volverse loco o morir. En realidad, esas catástrofes imaginadas no se producen casi nunca. Por otra parte, el agorafóbico no pierde el control, sino que más bien tiene la impresión o el miedo de perderlo o, con más frecuencia, *tiene miedo de tener miedo*.

Una primera crisis consciente se produce a menudo después de uno de los grandes cambios mencionados anteriormente. La amenaza constante de no saber cuándo ni dónde se corre el riesgo de que se produzca una nueva crisis lo mantiene en estado de alerta perpetuo y lo lleva a evitar cada vez más toda situación potencialmente generadora de ansiedad. Huirá de todos los espacios que le parezcan alejados de la persona o el lugar tranquilizadores. La agorafobia va siempre acompañada de una angustia muy elevada y de estados de pánico. Esto produce, por regla general, un desarreglo del sistema hormonal y no es raro que los agorafóbicos sufran hipoglucemia.

Según nuestras observaciones, el origen de la agorafobia estaría en una angustia de separación experimentada cuando se era muy joven, momento en el que el individuo habría perdido o habría temido perder a una persona que le aportaba seguridad afectiva y con la que mantenía una estrecha relación. Es el tipo de personas que se identifican fácilmente con los demás y se sienten casi siempre responsables de su felicidad, sobre todo en el caso de sus familiares. Por eso, se encuentra constantemente al acecho en su presencia a fin de prevenir eventuales desgracias.

El agorafóbico siente un gran temor a la muerte de sus seres queridos, pues ello le recuerda la angustia que vivió siendo muy joven. Por consiguiente, cada muerte es vivida como si perdiera una parte de sí mismo. Su propia muerte le da miedo, ya que le resulta difícil pensar en estar separado de sus seres cercanos. Todo cambio –al ser vivido como una muerte simbólica– despierta angustia en el agorafóbico y acentúa su grado de agorafobia.

Es importante que la persona que sufre de agorafobia sepa que no existen remedios milagrosos para eliminar de forma instantánea todos los síntomas asociados. El consejo que mejores resultados nos ha dado con los asistentes al centro *Escucha a tu cuerpo* es que pongan en práctica lo explicado en el capítulo 3, sobre la responsabilidad, es decir, que dejen de creerse responsables de la felicidad o la desgracia de quienes están a su alrededor. Si te ves como una persona agorafóbica o angustiada, te sugiero encarecidamente que releas ese capítulo y que lo pongas en práctica.

Por lo que se refiere a los miedos en general, lo primero es aceptar que, por el momento, se tiene ese miedo, y acogerlo, acordándote de que un día estarás en condiciones de no creer ya en ese peligro irreal. Luego, nada te impide comenzar a plantearte una acción frente a él, como si no existiera. Empieza por pequeñas victorias cotidianas. Quien tiene miedo de las alturas debe aventurarse hacia un lugar un poco más elevado. Quien teme a los animales debe acercarse a ellos escogiendo primero uno pequeño.

Sea cual sea la dimensión de las victorias, aunque sean pequeñas, es importante felicitarse. Toda persona, ya sea un niño o un adulto, debería ser alentada en cada uno de sus éxitos parciales. El miedo no se razona. Tratar de vencer los miedos mediante la razón no lleva a ninguna parte y no representa una solución a largo plazo. El método más eficaz sigue siendo la aceptación seguida de la acción, y, por tanto, hay que hacer gestos en consecuencia. El empleado que teme a su jefe pero que desea reclamarle un aumento de sueldo no adelantará nada si permanece sentado en su mesa. Lo que tiene que hacer es ir y llamar a la puerta de su superior, entrar en su despacho y explicar el objetivo de la visita, procurando expresar el miedo y el orgullo de haber encontrado el valor necesario para pasar a la acción.

No creas que los otros te considerarán débil si admites tu miedo. Por el contrario, se necesita humildad, valor y fuerza interior para llegar a hacerlo. Expresar el miedo nos ayuda a aceptarlo más, y se hace entonces más fácil vencerlo. Las personas que viven constantemente en el miedo están atormentadas por la pequeña voz interior, que, sin descanso, los acosa día y noche. Tratar de eclipsar esta voz mediante la bebida o la droga, o mediante estratagemas que distraen, no es ninguna solución. Al contrario, te impide hacerle frente. Una vez disipado el efecto, la voz volverá a la carga, ¡pero esta vez al galope!

En cuanto sientas miedo ante algo, haz el balance de lo que pierdes o lo que ganas actuando así. Cuando veas que hay más que ganar que lo que se puede perder, será el momento de realizar un acto de amor hacia ti mismo dejando de resistir. Supongamos, por ejemplo, que tienes miedo de conducir un coche. Si es fácil para ti encontrar a alguien que te lleve del punto A al punto B y eso te proporciona el placer de estar acompañado, tu miedo no te perjudica mucho, así que acéptalo. Si, por el contrario, puedes perder más de lo que puedes ganar, más te vale plantear acciones en consecuencia. Si el hecho de no conducir te impide acceder a ciertos lugares o te obliga a quedarte solo en casa y llevas mal la soledad, es el momento de pasar página. ¿En cuántas ocasiones en tu vida has puesto freno a tus acciones y tus palabras porque sentías un miedo demasiado grande? Reconocer tu miedo y hacerle frente te ayudará a evolucionar más hacia la satisfacción de tus necesidades.

El miedo nos obliga a tomar decisiones equivocadas. Si una misma noche debes elegir entre dos actividades distintas y te muestras indeciso, fíjate en si tus dudas están motivadas por el miedo. Si te dejas dominar por este, no hay duda de que adoptarás la decisión errónea.

El miedo tan solo puede convertirse en guía si permaneces alerta y consciente e intentas comprender el motivo de su presencia. Ejemplo: alguien te invita a una fiesta a la que no te apetece ir en absoluto. A pesar de todo, aceptas porque tienes miedo de defraudar a tus amigos, así como a tu familia; lo que haces es tomar una decisión equivocada, una decisión motivada por el miedo. Si una noche te invitan a una reunión pero decides no acudir porque tienes miedo a la oscuridad, y regresar a casa solo te asusta, de nuevo vuelves a adoptar una decisión errónea. Dejarnos motivar por el miedo no lleva más que a decepciones e insatisfacciones y nuestro amor propio resulta afectado. Esto provoca una especie de enfermedad interior. No obstante, si te muestras atento, el miedo también puede ayudarte a realizar una buena elección.

Cuantos más miedos acumulas, más te abres a otros miedos que circulan por el cosmos y que están, por lo demás, constantemente a tu alrededor en lo invisible. Los captarás y los dejarás penetrar en ti en tan gran medida y durante tanto tiempo que no habrás aprendido a dominarlos. Es urgente hacerles frente, decidir estar más alerta a fin de descubrirlos y vencerlos. Luego, concédete el derecho de haber creído en esos miedos y decide lo que deseas en su lugar. No te queda más que pasar a la acción. Para ayudarte a hacerlo, puedes plantearte las siguientes preguntas: «¿Qué es lo peor que podría sucederme si...?» y «Si eso tan malo sucediera, ¿sería capaz de manejarlo?».

La culpabilidad es otra emoción que dirige la vida de muchas personas. El ser humano se ha convertido en un gran especialista en el arte de sentirse culpable. Todo el mundo se siente culpable en algún momento de su vida, aunque en realidad no lo sea.

Ser culpable, según nuestras leyes humanas, es saber que has hecho algo malo, tanto con respecto a ti mismo como hacia los demás. Mira en tu interior. ¿Cuándo fue la última vez que actuaste de forma consciente con el fin de perjudicar a alguien? ¿Cuánto tiempo hace que le hiciste daño a alguien, sabiéndolo interiormente? Estoy segura de que este recuerdo te parece muy lejano, e incluso puede que no tengas ninguno. En el plano humano, muy pocas personas son verdaderamente culpables. Según las leyes espirituales, de hecho, nunca somos culpables.

Tomemos como ejemplo la posibilidad de que hayas insultado (sin mala intención) a una persona. Esta, al enfadarse, hace que te sientas culpable: «Dios mío, no tendría que habérselo dicho. Habría sido preferible que le hubiese dicho esto o aquello». Llegados a este punto, lo que tienes que hacer es recapacitar y preguntarte: «¿Soy culpable, sí o no? ¿Le he hablado a esta persona con intención de hacerle daño? ¿La he herido consciente e intencionadamente?». No, pues entonces no eres culpable.

En cambio, si se te ha herido ya y cuentas con vengarte dañando a tu vez a la otra persona, te será más difícil no sentirte culpable. Debes saber que cuando queremos hacer mal a alguien es porque sufrimos demasiado. Dejamos que nuestro ego nos convenza de que la venganza será la única forma de sentirnos mejor. Es solamente un dolor intenso el que lleva a hacer un mal o a dañar a alguien, consciente y voluntariamente. Según las leyes divinas, no existen personas malas, solo personas que sufren.

Al leer estas líneas, puedes pensar: «Así pues, ¿todo el mundo tiene derecho a hacer daño a los demás? ¿En qué mundo viviríamos si todos pensaran y actuaran de este modo?». Este tipo de reflexión se producirá cada vez con menor frecuencia, a medida que el ser humano se vuelva más consciente de la ley de causa y efecto. A decir verdad, no es muy inteligente ni oportuno hacer daño o mal a quienes nos rodean, sabiendo que recogemos siempre lo que sembramos.

Tu energía debería más bien ser utilizada para crecer en inteligencia y hacerte cada vez más consciente de las situaciones en las que te acusas. ¿Cuántas veces te sucede que te acusas injustamente, te insultas a ti mismo y te enfadas, por ejemplo, por haber olvidado algo? Recuerda: todo lo que haces a cada instante se ejecuta con lo mejor de tu conocimiento y de tus capacidades del momento. No tienes que acusarte. Aprende a quererte más, a aceptar tus límites, tu parte humana. Te será entonces mucho más fácil aceptar las imperfecciones de los otros.

Si lavando la vajilla rompes un vaso, ¿te sientes culpable? ¿Tenías la intención de romperlo por el simple placer de hacerlo? No, simplemente, sucedió así. Nunca pretendiste romperlo a propósito. Entonces, ¿por qué enfadarte, recriminarte o sentirte culpable? Esta situación se revela tan verdadera para ti como para los demás. Ciertamente, tú no eres el único en la Tierra que a veces se muestra torpe, irreflexivo o distraído.

Recuerda que acusas a otras personas de lo mismo y en el mismo grado en que te acusas a ti. Este es un medio excelente de hacerte consciente de las culpabilidades que te mortifican. Cuando acusas a otra persona, te acusas a ti mismo de idéntica manera o, si no te atreves a hacerlo, es por miedo a sentirte culpable. Por consiguiente, no eres tú, sino tu ego, el que maneja tu vida.

Es siempre tu ego, además, el que te acusa, por mediación de esa voz interior a la que has puesto nombre, pues teme la aparición de las posibles consecuencias. Recuerda que te mantiene siempre en los miedos de tu pasado. Es todo lo que conoce. No sabe vivir el momento presente.

¿Por qué seguir sintiéndonos culpables? Lo hacemos porque nos obstinamos en creer que es un signo de remordimiento, de buenas intenciones, y pensamos, por tanto, que eso significa ser una buena persona, lo que es completamente falso. Cueste lo que cueste, debemos comprender que eso no funciona. Cuanto más se acusa uno, más se vuelve a empezar; es como recriminarse por perder la paciencia, por comer demasiado, por no tener voluntad, por ser incapaz de expresar los sentimientos, las emociones, etc. Sin duda habrás observado que cuanto más te prometes renunciar a un comportamiento, más lo repites y más te reprochas por ello. Es un círculo vicioso que no reporta absolutamente nada bueno.

Por otra parte, debes saber que aunque las acusaciones hacia otra persona solo estén en tu pensamiento, la persona en cuestión las recibe en el plano invisible, aun cuando no sea consciente de ello. Se trate de un pensamiento de odio, de cólera, de acusación o de amor, ese pensamiento alcanzará siempre al aludido. Tal vez te sea difícil aceptar o comprender esta teoría de que todo transcurre en el mundo invisible, pero podrás darte cuenta de ello por el malestar que vivirás en presencia de esa persona, malestar que es experimentado por ambas partes.

Otro medio de descubrir tus sentimientos de culpabilidad es prestar atención a tus palabras. ¿Tienes una reserva de innumerables excusas? Una persona que se pasa el tiempo excusándose se siente generalmente culpable. Se dice que *cuando uno se excusa, se acusa*.

Cuando insistes en revivir continuamente un sentimiento de culpabilidad, terminas por provocarte un accidente. Tu superconsciencia te envía un mensaje para advertirte de que esa actitud es peligrosa. Aunque resulte paradójico, el accidente no es otra cosa que un castigo para *desculpabilizarte*. Creemos que castigándonos purgamos nuestra falta, pagamos nuestra deuda. Eso es lo que hemos aprendido desde nuestra infancia. Cuando realizamos una acción calificada de mala, debemos pagar un precio, sea cual sea.

Todo accidente está ligado a un mensaje por parte de tu Dios interior, que no busca más que tu felicidad: «¿Por qué insistes en sentirte culpable, en acusarte injustamente? Por ese accidente, quiero llamar tu atención sobre el hecho de que ¡tú no eres culpable, sino un simple ser humano con sus miedos y sus límites!». Las consecuencias o la gravedad del accidente serán proporcionales al grado de la culpabilidad. Cuanto mayor sea el tiempo que se ha vivido esta, más dolorosas serán las consecuencias.

Ejercicios sugeridos para asimilar este capítulo

1. Elige uno de tus miedos (puedes comenzar por uno pequeño), asume que lo has creado y concédete el derecho de vivirlo por un momento.
2. Visualiza cómo sería tu vida sin ese miedo.
3. Luego plantea una acción para hacerle frente.

4. Haz una lista de los sentimientos de culpabilidad que te han asaltado en los últimos tres días. Eso te ayudará a hacerte más consciente.
5. Acepta ser en este momento aquello de lo que te has acusado, recordando que tenemos todas las cualidades de nuestros defectos, y que es normal y humano vivir los dos aspectos de una misma actitud.
6. Comprueba también si te es posible encontrar la culpabilidad detrás del último pequeño accidente que te ha sucedido. Puede tratarse, por ejemplo, de un corte que te hiciste en un dedo al cocinar. ¿En qué pensabas en ese momento? ¿De qué te sentías culpable?
7. Aquí tienes una afirmación para repetir en cada ocasión en que tengas miedo o te sientas culpable. Si sufres de alguna fobia, tendrás que repetirla muy a menudo:

YO SOY EL ÚNICO DUEÑO DE MI VIDA Y CUALQUIER OTRA CONCIENCIA QUE NO SEA LA MÍA ES AUTOMÁTICAMENTE EXPULSADA Y LIBERADA.

Capítulo 14

APRENDER A EXPRESAR LAS EMOCIONES

Estoy convencida de que esperabas este capítulo con impaciencia. Puesto que ya has llevado a la práctica muchas de las enseñanzas de este libro, ahora te resultará mucho más fácil expresar una emoción de la forma adecuada.

Pero, antes que nada, ¿qué es una *emoción*? Una emoción es una especie de trastorno, una agitación pasajera provocada por algo externo a nosotros. Es un efecto que procede de una causa exterior. La mayoría de nuestras emociones provienen de nuestras expectativas y su presencia se debe a que no sabemos amar. Al intentar conseguir la fuerza del exterior, las emociones agotan rápidamente nuestra «dosis» de energía. ¡El amor todo lo cura y el odio lo destruye todo! Así pues, aquellos cuyas emociones procedan del odio serán destruidos con más violencia.

La diferencia entre *emoción* y *sentimiento* es que este consiste en la capacidad de sentir lo que sucede sin que haya interferencias con ningún juicio de valor. En otras palabras, nos es posible sentir algo beneficioso o no beneficioso sin que ese sentimiento sea calificado de bueno o de malo. Por ejemplo, se puede experimentar un gran miedo frente a una situación cualquiera, y sentirlo sin juzgarlo. Sin embargo, si uno se acusa de tener miedo y ser débil, o acusa a la persona que le produce miedo, eso se convierte en una emoción. En resumen, hay emoción si hay acusación, y hay sentimiento si no se formula ninguna acusación o juicio de valor.

Cuando sentimos verdaderamente (sentimiento), la energía circula bien, libremente, mientras que cuando vivimos una emoción, la energía se bloquea en el plexo solar y nos sentimos desenergetizados. Por eso es muy importante y saludable saber manejar bien cualquier emoción para recuperar nuestra energía natural. Y el mejor medio de poder ir administrándola es expresarla.

¿Qué significa expresar una emoción? Esa es una buena pregunta.

En más de una ocasión, muchas personas se han acercado a mí en busca de una respuesta: «Estoy siguiendo una terapia desde hace varios años. Me dicen que exprese mis emociones, pero jamás me han dicho qué significa eso. ¡No han sabido explicármelo! ¿Debo llorar, gritar, romper la vajilla? ¿Qué tengo que hacer?».

Este es el motivo por el cual he creado un método concreto y muy eficaz para expresar las emociones, ¡un método con resultados! Una emoción no dominada se repetirá cada vez que ocurra una situación similar. Tomemos como ejemplo al marido que tiene la costumbre de humillar a su mujer delante de la familia. Si algo no le gusta, siempre espera a estar en familia para decírselo. La esposa experimenta una emoción. Se siente angustiada interiormente y se pregunta por qué su marido espera a hacerle una escena cuando están con más gente y no cuando se encuentran los dos solos. Enfadarse con él cuando lleguen a casa no servirá de nada. El marido volverá a las andadas y la escena se repetirá. ¿Cuántas emociones os han turbado más de una vez por no haber sabido expresarlas correctamente?

Te diré alguna de las formas más habituales de expresar las emociones. Probablemente te sentirás identificado con alguna de ellas. Una forma muy corriente es el deseo de comer o de beber algo. Estamos convencidos de que comer o beber algo nos sentará bien. Tomar pastillas para los nervios, drogarse, quedarse delante del televisor, ir a ver una buena película, dormir, tomar un baño caliente...

Otros prefieren sentarse a reflexionar esperando el momento oportuno para aclarar el asunto con la persona en cuestión. Algunos fumarán o tomarán una copa, otros ignorarán su propia ira y le restarán importancia, como si no hubiese pasado nada. También habrá quienes se vuelquen en su trabajo, mientras que otros llorarán, se pondrán a limpiar la casa, a hacer bricolaje o, simplemente, se limitarán a quejarse. Algunos practicarán algún deporte (casi siempre violento), mientras que otros acusarán a la persona involucrada, cara a cara, o bien por teléfono o en su pensamiento.

Muchos se reirán, fingiendo que no les afecta en absoluto. Otros dirán: «Voy a perdonarlo, no ha sido culpa suya, no sabía lo que hacía», al mismo tiempo que se niegan a aceptar su responsabilidad. Finalmente, muchos decidirán no hacer nada, tratando de convencerse a sí mismos de que, con el tiempo, todo se arreglará.

Una de las formas más habituales de reaccionar frente a la ira –pues en toda emoción hay ira expresada o reprimida– es descargarse con una tercera persona. ¡Hay muchos que incluso se han convertido en especialistas en hacer esto! Por ejemplo, el marido vuelve de su trabajo de mal humor, y vuelca sobre su esposa todas las contrariedades del día. Sin embargo, descargarse con la pareja no arregla nunca la situación. Actuando de esta forma no resuelve nada. El marido que se desahoga así vive con expectativas respecto del comportamiento de su esposa, pues después de haberle enumerado sus insatisfacciones, aspira a ser consolado y, ante todo, a que le den la razón para satisfacer su ego. Si la esposa responde a sus expectativas, él exclamará satisfecho: «¡Si supieras lo bien que me ha venido poder hablar de esto contigo! ¡No sé cómo te las arreglas, pero siempre tienes la palabra adecuada!».

Pero ¿qué ha arreglado? ¿Qué ha conseguido? Nada. Lo único que ha hecho ha sido utilizar la energía de su esposa para intentar solucionar sus problemas. Con el paso de los meses y de los años, ella se irá sintiendo cada vez más vacía, hasta que llegue el momento en el que esto acabe por destruir su relación. Con el transcurso del tiempo experimentará más desazón en su presencia y tendrá menos ganas de comunicarse con su marido, dado que, entre ellos, ya no existirá ningún intercambio de energía. Esta misma situación también puede producirse entre amigos.

Desahogarse con alguien recarga de energía al que lo hace, pero esta dosis de energía solo es temporal. La persona necesitará volver a desahogarse al día siguiente y al otro con cualquiera que esté dispuesto a escucharla. Todo aquel que soporte o tolere a ese tipo de víctimas, sin que exista intercambio de ideas o soluciones que considerar, no gana, por decirlo así, gran cosa, incluso no gana absolutamente nada, pues se deja arrebatar su propia energía, y los dos acaban sintiéndose perdedores. Tan pronto como se vuelva a producir el mismo tipo de situación, la persona que se desahoga revivirá las mismas emociones, haciéndose creer a sí misma que tiene razón, y alimentando de este modo su ego.

No estoy diciendo que nunca haya que escuchar a una persona hablar de sus problemas. Pero si lo haces por compasión, la mejor ayuda que puedes aportarle es devolverle su responsabilidad, en vez de creer que te toca a ti resolver su problema. Una sugerencia: primero, escucha educadamente y con paciencia a la persona que está hablando. Una vez que haya terminado de desahogarse, dile exactamente estas palabras: «Ahora explícame lo que vas a hacer para solucionar este problema». Seguramente, te contestará: «¿Qué quieres que haga? No tengo elección. Es culpa de los demás. ¡Yo no puedo hacer nada!». Entonces, con mucha delicadeza y diplomacia, deberás decirle que no te interesa seguir escuchando sus problemas porque tienes la impresión de que disfruta con ellos. Si no quiere hacer nada por cambiarlos, es porque todavía no tiene bastante. No ha llegado a su límite. Muchas personas parecen complacerse en sus problemas, ya sea porque se sirven de ellos para conseguir atención, ya sea porque no se quieren lo suficiente para aceptar que tienen en sí mismas todo lo que necesitan para mejorar su calidad de vida. No comprenden que si continúan poniendo energía en un problema, alimentándolo, este se amplifica sin cesar.

Con semejante respuesta por tu parte te arriesgas a suscitar el mal humor de la persona en cuestión. Sin duda alguna se enojará contigo y te tachará de injusto e intransigente. Sin embargo, también puede ocurrir que tus palabras la afecten hasta el punto de darse cuenta de que ha llegado el momento de hacer algo con su vida. Si te ha utilizado exclusivamente para que la escuches, te dará de lado y buscará a otro que esté dispuesto a hacerlo. No te habrás perdido gran cosa. Simplemente, habrás conservado tu energía. Esta es la diferencia entre compartir y utilizar a alguien para desahogarse.

Compartir alguna experiencia desagradable es explicar aquello que hemos vivido o que todavía estamos viviendo, no con el fin de regocijarnos en nuestro dolor, sino para poder cambiarlo o intentar encontrarle una solución. Cuando se comparte algo, no se espera nada a cambio. Por eso es tan importante que las parejas aprendan a compartir las alegrías e infortunios de su vida, como lo harían un par de amigos. Compartir implica aceptar tu propia responsabilidad en todo cuanto te ocurra. El hecho de contar en voz alta lo que vivimos con frecuencia nos ayuda a encontrar la solución por nosotros mismos. Lo único que necesitamos es un oído atento.

Como habrás podido observar, existen multitud de maneras de afrontar una emoción. Lo peor es no hacer nada por arreglar las cosas o fingir que la emoción no te afecta en absoluto. Actuar así equivale a «tragártela». Con frecuencia, solemos oír: «No me rebajaré hasta el punto de confesarle que me ha herido». No expresar las emociones es a menudo la causa oculta de un exceso de peso y provoca un gran número de trastornos físicos, sobre todo en el sistema digestivo. Se dice que las emociones reprimidas, es decir, no expresadas, pueden hasta provocar un cáncer. Son emociones enquistadas que acaban estallando de la peor forma. Expresarlas llorando, gritando, andando o practicando algún deporte es mucho más recomendable que negarlas y reprimirlas.

Así es como te sugiero que expreses tus emociones. Una vez que hayas realizado este ejercicio, esto es, que lo hayas llevado a cabo de todo corazón, ya no volverás a vivir más esas emociones, aunque vuelva a repetirse en tu vida una situación similar. Te darás cuenta de que la situación es real, pero tus emociones anteriores a este respecto han desaparecido. Maravilloso, ¿verdad? Poseer esa herramienta para mejorar tu vida es simplemente fantástico. Pero recuerda que no puede serte útil más que cuando te sirves de ella de manera inteligente y con el corazón. En resumen, una herramienta olvidada en un cajón no sirve para nada.

Esa herramienta incluye, entre otras cosas, siete etapas. Las cinco primeras debes realizarlas solo, en una atmósfera tranquila. Te recomiendo tomar nota de todo lo que vives al principio. Cuando te hayas acostumbrado a utilizar esta herramienta, ya no necesitarás anotarlo, porque te vendrá espontáneamente.

En primer lugar, es muy importante *identificar las emociones*, es decir, ver qué nos ocurre. Para hacerlo, hay que comprobar cuáles son los juicios que formulamos sobre la persona con la que vivimos una dificultad o conflicto. Debemos preguntarnos de qué acusamos a esa persona. Y luego, observar cómo nos sentimos después de esos juicios. ¿Experimentas miedo? ¿Ira? ¿Pena? ¿Es más bien un desengaño? ¿Una frustración? ¿Te provoca ansiedad? ¿Sientes rencor?

¿Es agresividad? Sea cual sea la emoción, bastará con identificarla. Debes saber que cuando vives una emoción (acusación), siempre hay pena y cólera asociadas. Es recomendable, por lo tanto, localizar sin demora lo que se siente y se experimenta en toda situación de conflicto.

El segundo paso es un poco más difícil. Se trata de *aceptar la responsabilidad* de esta emoción. Aceptar que has sido tú quien la ha creado, debido a tu percepción del incidente y a las expectativas que no han sido colmadas.

Tomemos el ejemplo siguiente: una de tus mejores amigas se presenta luciendo un vestido nuevo. Al verla, no puedes evitar fijarte en que el color no le favorece en absoluto. Según tu opinión, la hace bastante más mayor y no le sienta nada bien. Piensas: «Por su propio bien, tendría que decirle que ese color le sienta fatal. Debería evitar comprarse ropa en esos tonos. Alguien tiene que decírselo». Así pues, finalmente, y con el fin de hacerle un favor, decides ser tú el alma caritativa.

En este contexto, tu amiga puede reaccionar de diferentes maneras. La primera, agradecerte lo que has hecho por ella: «Gracias por haberte atrevido a decírmelo, has sido muy amable. Es la primera vez que me compro un vestido de este color. Has sido muy valiente al darme tu opinión y te la agradezco sinceramente». En este caso, se alegra realmente de haber escuchado tu opinión. También puede reaccionar sin demostrar emoción alguna, es decir, permaneciendo totalmente impasible ante tus palabras. Pensará: «Bueno, si no te gusta cómo me queda este color, es tu problema». Y no te hará ningún caso. Y, finalmente, en tercer lugar, puede llegar a enfadarse muchísimo: «Yo no le he pedido su opinión. Pero

¿qué se habrá creído? ¿Quién le ha dado derecho a decirme estas cosas? Esto no quedará así, en cuanto se me presente la ocasión... ya me desquitaré... ¡Yo también voy a decirle todo lo que no me gusta de ella!». Esta cólera puede o bien ser reprimida, o bien ser expresada de viva voz. ¿Cuántas veces has sentido algo parecido cuando alguien te ha dado su opinión sin que tú se la hubieras pedido?

Centrándonos en este último ejemplo, tanto si la ira ha sido manifestada como si no, lo que hay que hacer es encontrar la causa. ¿Qué ha sido lo que ha provocado esta emoción? ¿Los comentarios o la forma en que han sido interpretados?

Todas las emociones del ser humano tienen el mismo origen: el ego que quiere tener razón a toda costa. Pero la realidad se revela a menudo muy distinta. Debes comprender con claridad que nunca es culpa de los otros. Nunca. Sin excepción. Según la gran ley de la responsabilidad, tú eres el único responsable de tus emociones.

Volvamos al ejemplo del marido que siempre humilla a su mujer delante de toda la familia. Si la esposa tomase conciencia de sus emociones y se responsabilizase de ellas, su actitud sería totalmente diferente. Comprendería que sus expectativas proceden del hecho de que a ella le gustaría que su marido se expresara en privado, pero la realidad, al menos por el momento, es que es incapaz de hacerlo. Lo más importante es delimitar el miedo que experimenta en esa situación. Puede ser el miedo a sentirse rebajada, humillada, rechazada por su marido y por los demás, y, por consiguiente, a no ser amada. Esto la llevará invariablemente hacia la tercera etapa, que es la de la reconciliación con su marido.

La etapa de la *reconciliación* se realiza poniéndose en la piel del otro. El medio por excelencia para conseguirlo es recordar que todo lo que vivimos con otra persona, esta lo vive de la misma forma que nosotros, pero estrictamente en el nivel del *ser*. En el ejemplo anterior, esa mujer debe sentir que su marido vive los mismos miedos que ella, aunque estos se refieran a otras situaciones, y, por tanto, tiene miedo a ser humillado, menospreciado, rechazado y no amado por ella. En su introspección, debe preguntarse en qué circunstancias puede su marido sentirse así con ella. Llegado el caso, la mujer comprenderá que debido a su propio miedo su marido se muestra incapaz de expresarle en privado lo que vive con ella.

En cuanto esté en condiciones de sentir que su marido sufre en el mismo grado que ella, le será más fácil desarrollar compasión hacia él y enseguida dejará de estar resentida. Esto es abrir el corazón, aceptando la responsabilidad. Después de haberse puesto en la piel de su marido, esta mujer verá que sus emociones se disipan gradualmente y, por otra parte, no vivirá ya la misma cólera frente a él en ese tipo de situación.

Y ahora, pasemos a la cuarta etapa, que es la más difícil, pero también la más importante. Es la etapa del *perdón verdadero*, que no llega hasta que te perdonas a ti mismo. Perdonarse significa aceptar que hemos sido aquello de lo que hemos acusado al otro, aceptar que sufrimos porque no nos amamos a nosotros mismos y buscamos incesantemente ser queridos por los demás. En realidad, es admitir que hemos acusado al otro y hemos estado resentido con él a causa del sufrimiento que nosotros mismo nos hemos infligido. Es también aceptar que hemos actuado con él de forma tal que hemos despertado sus miedos. Es hacerse consciente de que no teníamos ninguna intención de hacerle daño, igual que él no tenía la intención de hacérnoslo a nosotros. Es posible que esta etapa sea larga antes de que lo consigamos, pero poco importa; tómate el tiempo necesario para actuar antes de pasar a la etapa siguiente. Este ejercicio completa la apertura del corazón.

La quinta etapa, que es *establecer el vínculo con uno de tus padres*, puede revelarse muy útil para ayudarte a que te perdones. Para hacerlo, podemos retomar el ejemplo de la mujer que se sentía rebajada por su marido en público, que deberá retroceder a su infancia o a su adolescencia y preguntarse en qué ocasión vivió los mismos sufrimientos, acusaciones, juicios o emociones con su padre. ¿Por qué con su padre? Porque todo lo que no se ha arreglado en nuestra vida emotiva con el padre o la madre se perpetúa con las personas de nuestro mismo sexo.

Ahora que se ha abierto el corazón de esta mujer, podrá sentir que su padre vivía con ella y con su cónyuge los mismos miedos que ella ha vivido con su marido y su padre. Tendrá una mayor compasión por la niña que hay en ella y que vive esos miedos desde su más tierna infancia. Con cada etapa, el perdón se vive cada vez con mayor profundidad. La tercera etapa, la de la reconciliación, consistiría en tener compasión por el otro con la perspectiva de incitarnos y ayudarnos a actuar de forma idéntica con nosotros mismos. El perdón verdadero no es totalmente completo hasta que nos *autoperdonamos*. Este es, por consiguiente, el único medio de no volver a vivir ese mismo tipo de emociones con el retorno de situaciones semejantes.

La sexta etapa consiste en verificar *cómo te sientes ante la idea de encontrarte con la persona* en cuestión, para compartir con ella el proceso completo de toma de conciencia. Si tienes ganas de hacerlo, es un signo de que verdaderamente has asumido tu responsabilidad y de que te sitúas en el corazón. Si te resistes con diferentes excusas para evitar ir a su encuentro, esto significa que alguna etapa no se ha completado en tu corazón. Sea cual sea la situación que te impide ir a expresarte, concédete el tiempo necesario para conseguirlo, ve a tu ritmo. Cuanto mayor haya sido el sufrimiento, más dificultades tiene el ego para soltar, sobre todo si la situación viene de muy atrás.

Cuando te sientas preparado, la séptima etapa consiste en *ir a sincerarte con la persona involucrada*. Algunos creen que esta etapa no es necesaria. Se dicen: «¿Por qué seguir esos viejos rencores e ir a contarle al otro lo que vivo, puesto que ya no siento nada contra él? ¿Por qué, simplemente, no olvidarlo todo?».

Esta etapa es tan importante como las otras. Te ayudará a verificar si verdaderamente has actuado desde tu corazón a lo largo de las últimas etapas. Es muy fácil contarse historias, justificarse. Debemos permanecer alerta para que la fuerza de nuestro ego no nos juegue malas pasadas.

Por volver al ejemplo del marido que humilla a la esposa en público, esta es la forma en la que ella podría expresarse ante él: «Quiero simplemente compartir contigo algo que he vivido. ¿Sabes?, cuando les cuentas a los demás lo que he hecho y que te ha molestado, sin antes haber hablado de ello conmigo, eso hace que me sienta... (enumerar las emociones). Recientemente he aprendido que lo vivo así porque espero que me hables primero de ello a mí. He tomado conciencia de cuánto miedo tengo cuando actúas así... (enumerar los miedos). Quiero que llegue un día en que pueda sentirme bien, aunque tú no respondas a mis expectativas; pero, por el momento, soy incapaz, está más allá de mis fuerzas. Dame, no obstante, algo de tiempo y lo conseguiré. He aprendido también que cuando vivo una situación difícil con alguien, esa persona vive en realidad lo mismo conmigo, incluso experimenta los mismos miedos y las mismas emociones. Cuando se produce esa situación, me enfado de tal manera que te acuso de ser... (enumerar). ¿Puedes decirme en qué circunstancias te pasa eso mismo conmigo? ¿Te hace vivir eso las mismas emociones? ¿Tienes los mismos miedos que yo?».

La mujer no ha hecho sino expresarle lo que ha vivido, pero mostrándose interesada al mismo tiempo en lo que vive su cónyuge. No hay acusación, solo un compartir sentimientos. Hasta que no ha aceptado su responsabilidad no ha sido capaz de expresar sus emociones, ¿comprendes? En el caso contrario, su marido se resentiría de la acusación o se sentiría culpabilizado.

Esa forma de expresar las emociones es el mejor medio para llegar a ser dueño de ellas. Pese a ello, este modo de compartir requiere práctica, pues tu ego quiere controlar absolutamente todo y pretende que sigas creyendo que lo que sufres es por culpa del otro, que la única manera de que estés bien es que el otro cambie. Seguramente habrás vivido la experiencia de querer cambiar al otro y, en definitiva, te habrás dado cuenta de que eso no da resultado. Lo único que consigues es que nada cambie y la situación se prolongue.

Liberarte de las emociones porque has asumido tu responsabilidad está muy bien. Pero si no llegas a decírselo a la persona afectada, perderás una ocasión maravillosa de sembrar amor a tu alrededor. Al hacerlo, se crea un vínculo verdaderamente beneficioso para una pareja, o bien entre amigos o entre padres e hijos. Ir a buscar a la persona en cuestión y contarle lo que se ha vivido es un acto de amor verdadero, de confianza en uno mismo y en los demás.

Te corresponde a ti dejar de reprimir tus emociones de aquí en adelante, asumir su responsabilidad e ir a explicárselo a la persona implicada. Experimentarás no solo un cambio interior, sino también una importante transformación en el plano físico. Es posible que tengas la agradable sorpresa de ver cómo tu cuerpo se libera de algunos malestares. Al mismo tiempo, se ha observado a menudo que después de haber expresado las emociones, el contorno de la cintura se reduce. Es la región del plexo solar la que se libera.

A medida que vayas aprendiendo a expresar tus emociones, te garantizo que ya no tendrás nada que temer. Pero ten cuidado, deberás asegurarte de que actúas con el corazón y no con la cabeza. Engañándote a ti mismo, no conseguirás nada. En cuanto expreses tus emociones a la persona interesada, sabrás si has actuado realmente con el corazón.

Si sigues esperando que el otro cambie su comportamiento después de haber hablado con él, es señal de que estás todavía en tu cabeza, pues mantienes expectativas y no aceptas la entera responsabilidad de tus emociones.

Renunciar al ego y dejar que sea el corazón el que nos dirija supone siempre un cambio enorme. Pongamos otro ejemplo de andar por casa: supongamos que te molesta que las puertas de los armarios se queden abiertas. Cada vez que algún miembro de tu familia olvida cerrarlas, experimentas un gran enfado. Cuando, finalmente, te das cuenta de que se trata de un detalle sin importancia y de que el hecho de que las puertas estén o no abiertas no supondrá ninguna diferencia en tu vida, ni en tu forma de pensar o de ser, te dices a ti mismo: «Como parece ser que soy la única persona de toda la casa a la que no le gusta ver las puertas de los armarios abiertas, soy yo quien debe cerrarlas». A partir de ese instante, visto que dejas de querer controlarlo todo y de tener expectativas en cuanto a que los otros te hagan feliz de la manera en que tú quieres, dejas de vivir esas emociones. Las puertas abiertas te molestan menos, dejas de acusar a los demás y, simplemente, las cierras cuando pasas.

Como todo acto de aceptación aporta un cambio inesperado, te asombrarás al ver que los miembros de la familia las irán cerrando por sí mismos de manera gradual, sin ni siquiera darse cuenta de que lo hacen. Ya no sienten la presión de que trates de cambiarlos. Este es otro ejemplo de aceptación con el corazón; ya no vives la situación de la misma forma. ¡Qué alivio!

Al repetir este tipo de ejercicios, cortas poco a poco las ataduras con tus padres, pues cada vez que te reconcilias con una persona, lo haces, de rebote, por así decirlo, con el progenitor con quien has vivido las mismas emociones. Y, si ese padre o esa madre vive todavía, es una idea excelente contarle lo que has experimentado con tal o cual persona y que, gracias a ella, te has hecho consciente de que estabas resentido con él. Lo importante es transmitirle hasta qué punto estás feliz de que la paz haya vuelto a tu corazón.

Ahora que posees una herramienta maravillosa, herramienta que he probado desde hace más de treinta años con miles de personas, te sugiero que comiences a hacer tu limpieza interior. Recuerda que lo haces en primer lugar por ti, por tu propia liberación. Es cierto que eso ayuda igualmente al otro a liberarse, pero ese no debe ser el objetivo fundamental que te motive.

Si quieres expresar lo que has vivido con una persona que ya no está en este mundo o con la que has perdido el contacto, retírate a un lugar apacible y colócate en posición de descanso. Relaja todas las partes de tu cuerpo. Una vez bien relajado, imagínate en una habitación, sentado frente a esa persona. Háblale como si estuvierais realmente juntos. Aunque su cuerpo no se perciba físicamente, su alma recibe el mensaje, esté viva o no.

A partir de ahora, cuando vivas una situación difícil con alguien, recuerda que no existe un culpable. Simplemente sois dos seres humanos sufriendo las mismas circunstancias, y por eso vuestro Dios interior os ha reunido. Esa situación ha sido provocada para ayudaros a que os hagáis conscientes y podáis realizar un acto de amor hacia vosotros mismos. Este tipo de ejercicios no se practican para expresar al otro que se le perdona o para pedirle perdón.

Hacerlo implicaría que hay alguien culpable. Si una persona va a verte para decirte que te perdona tu acción pasada, es evidente que pensarás que te está acusando de haber actuado mal en aquel momento. Ella no asume toda su responsabilidad y no ha considerado lo que suscitó ese tipo de comportamiento por tu parte. De hecho, tú no te sentirás bien y ella no habrá arreglado nada. Si alguna vez vuelves a actuar de la misma forma con ella, o lo hace otra persona, revivirá emociones similares.

Uno no puede reconciliarse con los otros si antes no se ha perdonado a sí mismo.

EJERCICIOS SUGERIDOS PARA ASIMILAR ESTE CAPÍTULO

1. Busca a alguien con quien hayas vivido recientemente algún momento emocionalmente intenso. Como ejercicio, te sugiero que elijas, para empezar, una situación que no te haga sufrir mucho y que no tenga demasiada importancia.
2. Procurando tomar nota de todo, lleva a cabo las cinco primeras etapas tal y como las he explicado. Esto te ayudará a ser objetivo y a aclarar la situación.
3. Después, ve a ver a esa persona para explicarle cómo has vivido la situación, tal como se sugiere en este capítulo.
4. Toma nota luego de cómo te sientes después de haber realizado el ejercicio.
5. Repite la afirmación siguiente tan a menudo como puedas:

ACEPTO TODAS MIS EMOCIONES Y SÉ QUE POSEO EL SUFICIENTE PODER PARA DOMINARLAS, ACEPTANDO MI RESPONSABILIDAD Y EXPRESÁNDOLAS ANTE LA PERSONA INVOLUCRADA.

Capítulo 15

LAS NECESIDADES DEL CUERPO EMOCIONAL

Al igual que sucede con las necesidades del cuerpo mental, si no te ocupas de responder a las necesidades de tu cuerpo emocional, esto provocará efectos perjudiciales, y no solo en el plano emocional, sino también en los planos mental y físico, pues no se pueden disociar. Toda acción o todo cambio en uno de estos cuerpos afecta automáticamente a los otros dos.

Más adelante encontrarás por orden de importancia los siete *alimentos* fundamentales para nutrir debidamente tu cuerpo emocional. Cuanto mejor lo alimentes, más podrás dominar tus emociones, al tiempo que desarrollas tu capacidad de sentir. Por desgracia, muchos eligen ignorar lo que sienten, lo que les sucede por dentro, por miedo a vivir las emociones. Su cuerpo emocional se encuentra, por tanto, bloqueado. Descubrir que es posible sentir sin tener por qué instalarse en emociones negativas es el primer paso hacia el bienestar emocional.

La primera necesidad: LA CREATIVIDAD

La creatividad es la expresión de tu individualidad. No crear es destruirse o imitar a los demás. Si la bloqueas, tu vida emocional se resentirá. Todos podemos crear, incluso los niños pequeños y las personas con discapacidad. No hay edad para dar rienda suelta a la creatividad, y tampoco existe límite en el tiempo. Así pues, puedes crear durante toda tu vida. Todos los individuos sin excepción poseen esta capacidad, ya sea en el plano personal o en el profesional. Si crees que tu trabajo se ha vuelto demasiado monótono y no te ofrece ninguna posibilidad de crear, será necesario que lo compenses con otra actividad, un *hobby*, por ejemplo.

No es necesario inventar algo extraordinario, la creatividad puede ser expresada a través de un arreglo floral, de la confección de un vestido, de la preparación de un nuevo plato, de una reparación, del bricolaje, la fotografía, la escritura, etc.; simplemente, bastará con que aportes tu toque personal. Puedes ser creativo en cualquier aspecto. En tu trabajo, entre otras cosas, sería inteligente presentar a tus jefes nuevas ideas que puedan contribuir al mejor funcionamiento interno de la empresa. Sin embargo, el acto de creación debes realizarlo sobre todo para ti, para tu propia satisfacción, y no para obtener reconocimiento de los otros. Aunque la administración de la empresa en la que trabajes no considere por el momento tu concepto innovador, por lo menos habrás tenido la satisfacción de haber utilizado tu potencial. Y ¿quién sabe? Tal vez un día, ¡la empresa y tú saquéis provecho de tu idea genial!

Todos poseemos dones particulares que esperan ser explotados. Sin duda recordarás las aptitudes que ya mostrabas en tu infancia. ¿Tenías, por ejemplo, alguna habilidad para el dibujo? Si es así, podrías explorar esta faceta, diseñando vestidos o telas. Si tienes interés por la escritura, podrías escribir un libro o un relato por simple satisfacción personal. Cuántas veces he escuchado a alguien afirmar que siempre soñó con escribir un libro. La mayoría de las veces ese deseo no se materializa y queda atrapado en el mundo de las quimeras. Pero también son muchos los que consiguen realizarse componiendo música, montando una coreografía...

Al utilizar tus capacidades, desarrollando algo por ti mismo, das vida a tu creatividad y evitas así ser una copia de cualquier otro. Algunas personas la utilizan más en el trabajo y otras en su vida personal. Da lo mismo; lo que sí es importante es que puedas afirmar que das prueba regularmente de tu creatividad.

Crear quiere decir también «crear tu vida», tomar decisiones teniendo en cuenta tus necesidades vitales, en lugar de priorizar las de quienes te rodean.

La creatividad te permite expresar tu individualidad, demostrar quién eres tú verdaderamente, lo que constituye una de las necesidades fundamentales del plano mental. No canalizarla puede dar lugar a somatizaciones en el plano físico (problemas respiratorios, alergias...).

La segunda necesidad: LA BELLEZA

Sorprendente, ¿no es cierto? La belleza es un factor mucho más importante de lo que piensa la mayor parte de la gente. No comprenden hasta qué punto es energizante y, sobre todo, lo imprescindible que resulta para nuestro bienestar. Es, por tanto, imperativo rodearse de belleza. Las personas desgraciadas o con alguna enfermedad grave son aquellas incapaces de vislumbrar la belleza ni en sí mismas ni a su alrededor. No saben disfrutar de las cosas bellas. Una persona rodeada de fealdad, que vive en una casa de hormigón, sin sentir la naturaleza a su alrededor y que descuida su forma de vestir y no encuentra ninguna belleza en su aspecto físico, tendrá tendencia a la depresión, y puede llegar incluso a desarrollar ideas suicidas.

Ahora bien, esas personas no están enfermas ni son depresivas por el hecho de no estar rodeadas de belleza. Lo que sucede es más bien lo contrario; están enfermas, en gran parte, porque descuidan dar respuesta a su importante necesidad de belleza. Por su actitud, se aíslan radicalmente de esa necesidad esencial. Es como si después de cerrar las puertas y ventanas de su casa, y cubrirlas con espesas cortinas, se quejaran de que no entra sol en su vivienda. En realidad, el sol está siempre ahí, pero no quieren dejarlo entrar.

El ser humano debe ver la belleza a través de sus ojos internos y externos. Resulta extremadamente difícil apreciar la belleza interior si no se puede ver en el exterior. Cuando paseas por la naturaleza, algunas cosas te llegan directamente al corazón con solo mirarlas. Puede tratarse de un árbol o de una puesta de sol. ¿Cómo te sientes ante la belleza de tal espectáculo? ¿Puedes sentir el efecto beneficioso que eso te aporta? Es muy probable que, en ese momento concreto, experimentes un sentimiento de felicidad muy profundo, que contribuye a proporcionarte alimento vital para tu cuerpo emocional.

Cada uno de los instantes y circunstancias de tu vida te ofrece la oportunidad de rodearte de belleza. ¡Aprovéchalos! Cualquier acción, por pequeña que sea, es un paso valioso. Te aconsejo que empieces por ti, por todo lo que tiene que ver directamente contigo (ropa, alimentación, etc.). Elije lo mejor y más hermoso. Dale más importancia a la calidad que a la cantidad. Todo cuanto roza tu piel es muy importante. La calidad del tejido provoca un fenómeno a nivel emocional. Cuanto más natural sea la tela, más placer le proporcionarás a tu cuerpo, puesto que le permitirás poder respirar a través de ella. Te darás cuenta a medida que vayas aprendiendo a elegir tu ropa.

Si miras una casa, el interior de un apartamento, a una persona o la naturaleza, lo que tienes que observar en primer lugar es su belleza. Cuanto mayores vamos siendo, más nos maravillamos ante esa hermosa creación que es la naturaleza o frente a una obra de arte. Esto se refleja en nuestra personalidad, en nuestro cuerpo. De hecho, aquellos capaces de apreciar sensiblemente la belleza la adquieren a su vez, y logran conservar en su madurez un aspecto de serena juventud.

Ahora bien, te desaconsejo tratar de buscar tres pies al gato. Acepta, pues, los cumplidos, en lugar de obsesionarte con eliminar lo que no te gusta de ti. Acepta igualmente que la belleza sea cada vez mayor y esté presente en ti y a tu alrededor, y esto día tras día. Cuando te encuentras con una persona y comienzas a sentirte molesto con ella, vive la experiencia de observarla, de verla con los ojos del corazón y percibir algo hermoso en ella. De esta forma, te harás consciente del poder de la belleza.

Con el advenimiento de la era de Acuario, uno puede, por otra parte, darse cuenta de que la belleza es cada vez más buscada, por ejemplo, en la arquitectura de las casas, de los centros comerciales o las empresas, en la moda o en los parques de las grandes ciudades, etc. ¿Cómo te sientes cuando entras en un restaurante y te encuentras ante una hermosa decoración y cuando te sirven la comida con una presentación bella y original? ¿No tienes la impresión de que te alimentas más por la belleza que por el contenido del plato? Solo a ti te corresponde tomar la decisión de vivir cada vez más en la belleza. Por otra parte, esta no se encuentra necesariamente asociada a lo más caro. Existen, de hecho, personas que crean verdaderas obras de arte simplemente aportando un toque creativo a todo cuanto tocan.

Quien no pueda apreciar la belleza en su vida tendrá dificultades en el plano mental –incapacidad de ser auténtico consigo mismo y con los demás– y en el plano físico –problemas respiratorios y alergias, como les ocurre a quienes bloquean su creatividad–. Como puedes ver, las dos primeras necesidades del cuerpo emocional están íntimamente relacionadas.

La tercera necesidad: EL AFECTO

¿Qué es exactamente el afecto? Es sentir y saber que necesitamos *dar y recibir afecto*. Por eso tantas personas mueven Roma con Santiago para atraer la atención de la gente. Se ofrecen regalos, se dice *sí* cuando se querría decir *no*..., todo en busca de atención. Se tiene la necesidad de sentirse importante para dejar una huella en la vida de la gente o en nuestro entorno.

Si estás convencido de que no eres importante en la vida de nadie, pues te crees insignificante, optarás por retirarte a tu rincón, por frenar tus impulsos de afecto, y a tu alrededor ocurrirá lo mismo. Ante la falta de afecto es muy posible que empieces a buscar la atención de los otros por todos los medios. Pero no olvides que no puedes forzar a nadie para que te ame, el afecto es un sentimiento que surge de manera natural. Si no lo estás cosechando, ¿quién crees que se ha olvidado de sembrarlo? Si miras a tu alrededor, podrás observar que, la mayoría de las veces, el ser humano suele ser mucho más afectuoso con los animales que con sus semejantes. Una amiga me confesó que tras la muerte de su perro, su marido, su hija y ella empezaron a prodigarse muchas más muestras de cariño. Jamás se habían dado cuenta de que, desde hacía varios años, en cuanto llegaban a casa, todo el afecto iba dirigido al perro. Dar amor a los animales está muy bien, ¡pero no por ello debemos olvidarnos de las personas! Es muy frecuente ver cómo la esposa o el marido, sentados frente al televisor, se dedican a acariciar a su perrito (o a su gatito), mientras ignoran totalmente a su cónyuge. ¡Que debe resignarse a mimarse él solo!

Las caricias no son la única forma de expresar el afecto. Una palabra de ánimo, un ramo de flores de vez en cuando, una palabra de amor o un cumplido son asimismo muestras de cariño. Lo que haces por los demás, también puedes hacerlo por ti, pues tú también mereces afecto. ¡No lo olvides!

En la Tierra, la energía es la base de todo. Así pues, para conseguir cualquier cosa, debes utilizar tu energía. Cuanto más hagas circular la energía del afecto, más afecto recibirás.

Las carencias afectivas acarrearán consecuencias en el plano emocional –incapacidad para respetarte a ti mismo y respetar a los demás– y en el plano físico –problemas en la nuca y en la región de la boca.

La cuarta necesidad: LA PERTENENCIA

El ser humano –al igual que los animales– debe sentir que pertenece a una familia, a un grupo o al lugar en el que se encuentra. Ya desde su infancia, con frecuencia vemos cómo tiende a crearse su propio círculo de amigos. El niño solitario, sin vínculos de amistad, suele ser muy desgraciado. Muchos adultos sufren de soledad por culpa de esta falta de integración.

De forma similar, vemos esa gran necesidad en los adolescentes que, en un cierto momento de su vida, reaccionan contra su familia y no sienten que formen ya parte de ella. Algunos se asocian, entonces, en pandillas o «bandas» y están dispuestos a soportar auténticas atrocidades o, incluso, a convertirse en criminales, y esto únicamente para satisfacer esa necesidad de pertenencia. Ignoran que la pertenencia debe proceder del interior de sí mismos, antes de que pueda manifestarse realmente en el exterior.

Eres tú quien decide si deseas pertenecer a algún grupo o a algún lugar. ¿Tienes tendencia a frecuentar el mismo restaurante, el mismo círculo de amigos o el mismo lugar de vacaciones? Tal vez es porque, actualmente, tienes muchas dificultades de adaptación y te resulta casi imposible llegar a sentirte a gusto en un nuevo entorno. No aceptas que la Tierra es para todo el mundo y que puedes pertenecer a cualquier lugar que desees. No existe ni un solo sitio que no haya sido creado para ti. Eres tú quien debe decidir si perteneces o no a él.

Estés donde estés, sea en la riqueza o en la pobreza, debes convencerte de que, en esos momentos, tienes todo el derecho de estar allí. Al aceptar este hecho, eliminarás cualquier malestar o sensación extraña de encontrarte en un sitio del que no formas parte. Sentirás más hasta qué punto perteneces a la familia que elegiste antes de nacer, a tu lugar de trabajo o a tu nueva casa.

Las personas y los objetos que se presentan en tu vida no están más que de paso para ayudarte en tu evolución. Aunque sean *tuyos*, en realidad no los posees. Debes vivir ese sentimiento de pertenencia y de no apego de forma simultánea; cuanto más desarrolles tu sentimiento de pertenencia, menos posesivo serás.

No hacerlo trae obviamente consecuencias perjudiciales. En el plano mental, afectará a tu capacidad de guiar a los otros sin expectativas y de dejarte guiar de la misma forma. Es posible que en el plano físico te sientas impulsado a llenar el vacío interior generado por la no pertenencia con comida y bebidas alcohólicas, con drogas o también con tabaco y medicamentos. Esta carencia causa por tanto múltiples problemas a todo el sistema digestivo, además de afectar a la parte alta de la espalda.

La quinta necesidad: LA ESPERANZA Y EL DESEO

Imagínate que estás bajo tierra, en una especie de túnel sin salida y totalmente convencido de que no hay ninguna posibilidad de salir. ¡Es probable que pienses que sería mucho mejor morir! Pero si te imaginas que a lo lejos hay una lucecita, todo cambia de pronto. Ese pequeño punto de luz devuelve la vida y la energía a la esperanza. El tiempo necesario para alcanzar el final del túnel dejará de ser un obstáculo.

En la vida, debes saber desde lo más profundo de ti mismo que te diriges hacia la luz. Indefectiblemente, algo fantástico te espera al final del camino que has elegido emprender. Debes albergar la esperanza de que todo irá mejor, tanto en el plano físico como en el emocional o el mental. Lo que estás viviendo en la actualidad no son más que experiencias. Existen para que puedas aprender algo más sobre ti mismo. Y, a medida que vayas aprendiendo, te aproximarás más a la luz y al calor y habrá más amor en ti.

Esta esperanza te ayuda, por otra parte, a confirmar tu deseo, para poder luego crearlo. Algunos filósofos afirman que uno debe liberarse de todo anhelo. Por mi parte, me he dado cuenta de que para nutrir nuestro cuerpo emocional necesitamos desear. Es cierto que un gran maestro que haya logrado la armonía perfecta de sus tres cuerpos no necesita hacerlo. En ese grado de evolución en cuanto se presenta una necesidad se manifiesta de inmediato la forma de cubrirla sin que haya tiempo para que aparezca el deseo. Pero nosotros no hemos llegado todavía a esa etapa.

En nuestro caso, hay que ser conscientes de no desear sino aquello que responda a una necesidad de *ser*. Debes, por lo tanto, ante todo, plantearte la pregunta siguiente: «¿Qué me va a ayudar a ser el hecho de obtener lo que deseo?». Si te es difícil hallar una respuesta, puedes preguntarte cómo te sentirías si ese deseo se manifestara. Supongamos que quieres *estar tranquilo*; puedes desear comprar una casa en el campo o irte de vacaciones solo, sin los niños, o tener más dinero... Sea cual sea el deseo, recuerda que no es más que un medio para llegar a *ser lo que tú quieres ser*. Si permaneces apegado a ese medio y tu deseo no se realiza, te sentirás decepcionado. Para evitar caer en ese estado, deberás recordar que puedes encontrar otro medio –otro deseo– para satisfacer tu necesidad de estar tranquilo.

En el plano mental, la principal consecuencia de no cubrir esta necesidad será la dificultad para soltar, es decir, la dificultad para sentirte bien aunque no puedas controlar los resultados. En el plano físico, afectará a la parte central de la espalda, a los órganos que te ayudan a eliminar, así como a los órganos sexuales.

La sexta necesidad: LA CONFIANZA

¿Qué significa tener confianza en uno mismo? Existen múltiples respuestas. Muchas personas confunden la confianza con la fe, el coraje, la perseverancia o incluso la testarudez.

La confianza en uno mismo no tiene nada que ver con la audacia ni con el hecho de combatir tus miedos; eso es valor. La confianza en uno mismo es la capacidad de expresarnos y manifestarnos tal y como somos sin miedo a ser juzgados.

Imagina que una amiga te confiesa sus más íntimos pensamientos y te abre totalmente su corazón. ¿Acaso no te entran ganas de confiarte también a ella? Esta misma situación también puede tener lugar entre jefes y empleados. Un empleado capaz de expresar, de manifestar sus sentimientos y de decir exactamente lo que piensa y en el momento en el que lo piensa conseguirá ganarse con más facilidad la confianza de su jefe.

La mayoría de las personas suelen ser cautas a la hora de escoger a alguien como confidente. Los problemas laborales, personales, afectivos, sexuales... casi siempre suelen ser confiados a un determinado tipo de personas. La verdadera confianza en ti mismo te permitirá expresarte libremente ante quien sea. ¡Compartir es sano! Con esto no pretendo animarte a que le cuentes tu vida a todo el que encuentres a tu paso. Sin embargo, si de forma repentina sientes una necesidad de confiarte a alguien espontáneamente, a pesar de no conocerlo mucho, debes hacerlo. Tu miedo a abrirte y a ser juzgado se irá disipando gradualmente y dejarás de preocuparte por lo que tu interlocutor pueda llegar a pensar de ti.

La confianza en uno mismo es una elección que tú haces. No es algo innato ni hereditario. Tú eres quien elige tener esta confianza en ti mismo, en tus capacidades y en tu valor. La falta de confianza en uno mismo engendra automáticamente la falta de confianza en los demás; en el plano mental provoca sensación de inseguridad, y en el plano físico, dolencias en la parte baja de la espalda y en el vientre, así como en los miembros que sirven para avanzar (piernas y brazos). La ciática está directamente relacionada con la falta de confianza en uno mismo.

La séptima necesidad: LOS OBJETIVOS

Tener uno o más objetivos en la vida es algo primordial. Si te dijese: «Te doy un minuto para que me expliques cuáles son tus metas a corto plazo (seis meses), a medio plazo (cinco años) y a largo plazo (más de cinco años)», ¿qué me contestarías? ¿Serías capaz de nombrarme un mínimo de tres objetivos para cada uno de estos tres plazos de tiempo? Te resultaría bastante difícil, ¿verdad?

Si tienes unos objetivos bien definidos, se acentuarán tus ganas de vivir. Si no tienes el hábito de fijarte metas, puedes comenzar por las que te sean más fáciles de alcanzar. Con la práctica, ¡te atreverás a plantearte progresivamente objetivos mayores! Recuerda, no obstante, que la mayor felicidad de tener objetivos se encuentra en las etapas necesarias para hacerlos realidad. En ese momento, te sientes vivo, energizado.

Además, los objetivos pueden cambiar. Por ejemplo, has decidido que quieres aprender a hablar inglés en seis meses, pero al cabo de un mes, lo que necesitas es hablar francés. El cambio no será grave, siempre y cuando continúes teniendo un objetivo bien definido y sigas trabajando con ahínco para conseguirlo.

Es importante que aprendas a establecer una clara diferencia entre «deseo» y «objetivo». Cuando dices que el año que viene te gustaría tener tu propia casa, se trata de un deseo. Pero, en el momento en que emprendas cualquier tipo de acción para conseguirlo, se convertirá en un objetivo. Tu deseo se transformará en un objetivo en el preciso momento en que empieces a recortar anuncios, a visitar casas, a ahorrar dinero y a planificar mentalmente la decoración de tu futuro hogar, e incluso a sentir la felicidad de vivir en ese lugar. Al dirigir toda tu energía hacia la realización de tu deseo, este se convierte en un objetivo.

Si te dijese que ahorres cinco euros a la semana para un proyecto de esta envergadura, seguramente lo encontrarías muy ridículo y me preguntarías: «¿Quién puede comprarse una casa disponiendo de cinco euros a la semana? ¡Tardaría más de cincuenta años en conseguirla!». Pero, en realidad, esto carece de importancia. Lo que importa es que visualices aquello que deseas, que creas en ello y que cada semana hagas algo para acercarte más a tu objetivo. Las acciones que realices te llevarán a planificar otras más importantes, hasta la materialización de tu deseo.

Muchas personas viven solas. Les gustaría encontrar a alguien que fuese compatible con ellas, pero no emprenden ninguna acción para conseguirlo. Todo se queda en un simple sueño. En cuanto vuelven del trabajo, no hacen más que apoltronarse delante del televisor, y así resulta prácticamente imposible que encuentren a alguien con quien compartir su vida. Es necesaria una acción concreta, como, por ejemplo, tomar la iniciativa de hablar con alguien nuevo todos los días...

UN SUEÑO SE CONVIERTE EN REALIDAD CUANDO LO TRANSFORMAS EN UN OBJETIVO.

Te darás cuenta de que plantearte un objetivo te resultará estimulante y te devolverá las ganas de vivir, aparte de alimentar tu cuerpo emocional. Por las mañanas, te levantarás lleno de energía, porque te sentirás motivado por algo. De todos modos, no debes mostrarte demasiado rígido contigo mismo. Fijarte un objetivo concreto, en un tiempo determinado, y revelárselo a todos cuantos te rodean está muy bien. Pero seguir persiguiendo un objetivo que ya no deseas por miedo a lo que puedan decir los demás no te beneficiará en absoluto.

Siempre que quieras convertir tu deseo en un objetivo, consulta a tu Dios interior para determinar si será beneficioso. Verifica en particular cómo te sientes al visualizar ese deseo como si ya se hubiera hecho realidad. ¿Te hace dar saltos de alegría? Y también es importante que te hagas la siguiente pregunta: el hecho de obtenerlo, te ayudará a *ser*... ¿qué?

En el plano mental, la falta de objetivos degenera en un vacío existencial; y en el plano físico, la incapacidad para proyectarse desencadena los mismos síntomas que los provocados en el nivel de la sexta necesidad, es decir, el de la confianza –malestar en la parte baja de la espalda y en el vientre, así como en los miembros empleados para avanzar (piernas y brazos)–. También son habituales los problemas en el nervio ciático.

Te recuerdo que el hecho de no satisfacer cualquiera de las necesidades citadas anteriormente provoca un bloqueo y, por consiguiente, un descenso de energía.

Ejercicios sugeridos para asimilar este capítulo

1. Antes de pasar al capítulo siguiente, te recomiendo que cojas una hoja de papel y hagas una lista con todas las necesidades de tu cuerpo emocional.
2. Una vez que las hayas examinado, decide cuáles has desatendido. ¿De qué alimento emocional te estás privando actualmente? Así te resultará mucho más fácil comprender por qué sientes tantas emociones negativas en tu vida. Cuanto mejor alimentes a tu cuerpo emocional, más fácil te resultará dominarlas.
3. Piensa una acción que puedas realizar en el curso de la semana para responder a lo que te está faltando en el plano emocional.
4. Repite la afirmación siguiente tan a menudo como te sea posible:

> AHORA DECIDO RESPETAR LAS NECESIDADES DE MI CUERPO EMOCIONAL Y RECUPERO LA SALUD Y LA ARMONÍA.

Cuarta parte

A LA ESCUCHA DE TU CUERPO FÍSICO

Capítulo 16

ALIMENTAS TU CUERPO FÍSICO DE LA MISMA FORMA EN QUE DIRIGES TU VIDA

Tu cuerpo es la máquina más extraordinaria que existe sobre el planeta. Ningún ser humano ha conseguido concebir o construir una réplica de esta maravilla. Se dice que un ordenador con las mismas funciones que nuestro cerebro sería tan voluminoso como la propia Tierra. Por el momento, solo utilizamos entre un cinco y un diez por ciento de nuestras facultades mentales. Por consiguiente, empleamos en ese mismo porcentaje nuestras facultades emocionales y físicas, habida cuenta de que no es posible disociar estos tres cuerpos que forman un todo en nuestra dimensión material. Ellos corroboran, de hecho, que la materia del cerebro está infrautilizada. Este, como el órgano que une nuestro cuerpo físico con los otros dos cuerpos, nos permite, entre otras cosas, verificar que nuestro potencial se revela, de hecho, muy poco utilizado.

Desde el momento del nacimiento, el cuerpo sabe cómo funcionar. No hay necesidad de enseñarle a dormir, a tener sed, a llorar, a estornudar, a sudar, a tener frío o calor, a digerir, a bostezar, a vomitar, a tragar, a reírse, a moverse, a sangrar, a cicatrizar, etc. Es algo que sabe hacer instintivamente, del mismo modo que también conoce sus verdaderas necesidades: sueño, alimentación, etc.

La madre confía en el bebé que acaba de nacer. Espera que sea este quien le reclame el biberón, conoce sus lloros y está pendiente de su sueño. Pero en cuanto le salen los primeros dientes, empieza a decidir por él la frecuencia de sus comidas: no menos de tres al día.

Así pues, tras algunos meses de vida, al niño ya no se le permite seguir confiando en su cuerpo físico. Pero él conoce sus verdaderas necesidades. Aunque su actividad mental no parezca todavía plenamente despierta, acumula todo cuanto se le enseña. Todo quedará bien registrado en su memoria. Aprende a alimentar su cuerpo siguiendo las decisiones de sus padres. Al no confiar en él, se le impide que pueda descubrir aquello que necesita realmente, así como el momento en el que lo necesita. Una vez adulto, ese niño no sabrá reconocer las verdaderas necesidades de su cuerpo.

Por ello, es importante tomar conciencia de que nuestra forma de alimentarnos se corresponde totalmente con nuestro modo de vivir, con la educación y las creencias inculcadas en nuestra juventud.

¿De qué forma te alimentas? ¿Lo haces de manera rutinaria, es decir, desayunas, almuerzas y cenas siguiendo un determinado horario? ¿Te alimentas sin plantearte ningún tipo de pregunta, pues estás convencido de que así es como tiene que ser? Si es así, es muy probable que actúes igual en otros ámbitos de la vida. En muchas situaciones, no eres tú quien dirige los acontecimientos. Haces las cosas porque sí, porque crees que es como debes hacerlas. Ignoras el porqué, simplemente supones que tiene que ser así.

A este respecto, me encanta contar la historia de una recién casada que siempre cortaba los dos extremos del jamón antes de ponerlo a cocer en la olla. Intrigado por ese gesto, un día su marido le preguntó por qué lo hacía y ella le contestó:

—No sé, mi madre hace lo mismo.

Picado por la curiosidad, cuando se le presentó la oportunidad, el joven le preguntó a su suegra por qué los cortaba. Su respuesta fue la siguiente:

—No sé, mi madre lo hace así.

El joven aprovechó una reunión familiar para hacerle la misma pregunta a la abuela de su esposa. Esta le dijo:

—Mira, cuando yo era joven, mi familia era muy pobre. Tan solo disponíamos de una olla y como era demasiado pequeña para que cupiese todo el jamón, no teníamos más remedio que cortarle los dos extremos.

Esta historia refleja muy bien todo cuanto puede llegar a hacerse en la vida sin saber exactamente por qué. Tendemos a repetir los mismos gestos simplemente por rutina.

¿Les das una gran importancia a las normas y a las tradiciones? Si es así, revisa tu alimentación. Seguramente comerás siempre a las mismas horas. Comes por obligación, porque crees que tienes que comer o porque *toca* comer. Si eres de los que cenan antes de salir por la noche aunque no tengan hambre por miedo a tenerla más tarde, probablemente en todas las parcelas de tu vida actúes por miedo a... Actúas por miedo a lo que puedan pensar o decir los demás. No eres tú mismo. Con frecuencia actúas desde el «deber».

Puedes igualmente comer por miedo a desperdiciar la comida, sin preguntarte si tu cuerpo tiene realmente necesidad de ella. Si es así, en tu vida te conducirás igual, decidiendo de antemano, sin preguntarte por lo que realmente se debería hacer, o actuarás tal como te han enseñado, sin sopesar si dicha acción responde a lo que realmente necesitas.

Tu cuerpo sabe muy bien cuándo tiene hambre. Es capaz de permanecer semanas sin alimentarse, sin que te pongas enfermo. Si tienes hambre y todavía te faltan dos o tres horas para poder comer, háblale así a tu cuerpo: «Espera, Arom, ya no falta mucho, te daré de comer un poco más tarde». Tampoco debes preocuparte por comer demasiado. Cuando le das a tu cuerpo aquello que necesita y en el momento en que lo necesita, él sabe perfectamente cuándo tiene que parar.

Si descubres que eres una persona con muchas costumbres en lo que se refiere a tus hábitos alimentarios, te darás cuenta de que los «¿qué van a pensar?», «¿qué van a decir?» o «¿qué van a hacer?» también poseen una enorme importancia para ti. Temes la reacción de los demás, y en lugar de pensar, de actuar o de vestirte a tu manera, te adaptas al rebaño y dejas de ser tú mismo. Evitas salirte de lo «habitual» y te reprimes hasta en los más pequeños detalles, y eso te genera una gran insatisfacción... ¡Deja de preocuparte por las apariencias y aprende a conocer tus verdaderas necesidades!

Alimentarte por costumbre, es decir, como algo rutinario, también revela que la noción del «bien» y del «mal» posee una enorme influencia sobre ti. Seguramente, debes de ser una persona excesivamente categórica. Decides que esto está bien o que esto está mal cuando, en realidad, en la vida no existe ni el bien ni el mal. Lo que está «bien» para una persona, puede estar «mal» para otra. Por ello, te aconsejo que utilices las palabras «beneficioso» o «no beneficioso», en lugar de «bien» o «mal». Mira lo que resulta beneficioso o no beneficioso para ti. Las vivencias de los demás tan solo les pertenecen a ellos. Ya aprenderán por sí mismos. Incluso aunque su forma de ser o de actuar pueda parecerte «mal», a ellos puede permitirles cosechar algo realmente fantástico.

Puedes alimentarte por costumbre y también actuar por costumbre. Ello pertenece al ámbito mental. Pero si decides observar tu forma de alimentarte, también puedes situarte en el ámbito emocional.

Cuando eras pequeño, comías y bebías guiado por las emociones, pues, a menudo, la comida era un sinónimo de recompensa. Mira cómo actúas hoy en día... Cuando un niño se cae o se hace daño, se le da un caramelo o una galleta para consolarlo. Cuando necesita atención, se le da algo de comer para que se entretenga. Si está de mal humor, si está enfadado o si se ha peleado con alguno de sus amiguitos, también lo manipulamos con comida, diciéndole cosas como esta: «Si eres bueno y te portas bien, te llevaré a comer a ese restaurante que tanto te gusta, o bien te compraré un gran helado de chocolate para recompensarte».

O, por el contrario, también se le suele castigar privándole del postre o de la merienda. Muchas madres acostumbran a actuar así, pues eso es lo que han aprendido a su vez de las suyas. Este hecho adquiere una gran importancia en la vida de los niños y, por consiguiente, también en su vida de adultos. Lo que más te impresionó entre los cero y los siete años continúa afectándote en tu vida adulta. Analizando esa franja de tu infancia puedes descubrir todo aquello que está en el origen de tus vivencias actuales.

¿Qué haces ahora? ¿Comes o bebes guiado por las emociones, para matar el tiempo, para consolarte o bien como una forma de recompensa? Si este es tu caso, dejas que tu aspecto emocional controle tu vida, en lugar de ser tú su único dueño, como se menciona en el capítulo dedicado a las emociones.

Si comes o bebes por glotonería, es porque tu físico posee una enorme influencia sobre ti. ¿Qué significa «comer por glotonería»? Es desear comer algo por pura satisfacción sensorial. Por ejemplo, no tienes hambre, pero al pasar por delante de una pastelería, te fijas en el escaparate y se te hace la boca agua. No puedes resistir la tentación, entras en la tienda y te compras un pastel que devoras con fruición, mientras que hace tan solo unos minutos, en lo último en lo que se te hubiese ocurrido pensar era en comer. El simple hecho de haberte fijado en un escaparate lleno de alimentos apetecibles ha despertado en ti el deseo de comer. Cuando tus sentidos despiertan en ti el deseo de comer o de beber algo que, si no lo hubieras visto, probado, tocado, olido u oído mencionar, ni siquiera se te hubiese ocurrido pensar en ello, es señal de que tus sentidos dominan tanto este como otros muchos momentos de tu vida. Otro ejemplo: entras en un cine tras una copiosa comida que te ha saciado realmente. Sin embargo, el olor de las palomitas de maíz empieza a excitar tus sentidos y no puedes evitar comprarte una bolsa. Esto es comer por capricho, es decir, por glotonería.

Por el contrario, si son las once de la mañana, estás en tu trabajo y te entran ganas de comerte una pasta pero no te la compras hasta la hora del almuerzo, no se trata de glotonería. No son tus sentidos los que han despertado tus deseos de comer. Has deseado la pasta antes de verla, de olerla o de haber oído hablar de ella. Has pensado en ella antes de que tus sentidos suscitasen repentinamente esta elección. No obstante, debes comprobar si tienes hambre realmente, y de no ser así, eso significaría que tu deseo de comerte una pasta puede haber sido provocado por una emoción.

Influenciado por tus sentidos, puedes hacer un sinfín de cosas similares, como por ejemplo ir de compras, dormir, mirar la televisión, hacer el amor, etc. Obsérvate un poco: ¿qué es aquello que haces por capricho? ¿Tienes alguna dificultad a la hora de dominar tus sentidos? Si ese es tu caso, no logras controlar el ámbito de lo físico y no estás en armonía en dicho ámbito.

Si te das cuenta de que la mayoría de las veces sueles actuar por capricho, es porque estás recibiendo un mensaje de tu Dios interior, que te está avisando de que uno o varios de tus sentidos no están satisfechos psicológicamente. Puede tratarse de la vista, del oído, del olfato, del gusto o incluso del tacto.

LA VISTA: te afecta la manera en que te ves a ti mismo, así como lo que otros ven en ti. Arom te dice: «Aprende a verte con los ojos del amor. Aquello que te molesta en lo que ves no te concierne. No es asunto tuyo», o bien: «Intenta hacer algo al respecto en lugar de dejar que eso te moleste».

EL OÍDO: te dejas distraer por lo que escuchas, tanto en casa como fuera. El hecho de dirigir la atención ahí te ayudará a hacerte consciente de que los otros no pueden siempre hablar de la forma en que tú quisieras o decir cosas que te complazcan. No puedes controlarlo todo. Puede ser también que no quieras escuchar la voz de tu Dios interior que te habla a través de tu intuición.

EL OLFATO: ¿hay algo que te «huele mal» respecto a alguien? ¿Tal vez tu vecina, tu jefe, un familiar...? Recuerda que cuando juzgas a otros, en realidad te estás juzgando a ti mismo; quizá el origen del *mal olor* esté más cerca de lo que piensas.

EL TACTO: ¿tu vida afectiva te satisface? Si no cuentas con el suficiente afecto, ¿quién se ha olvidado de sembrarlo? Si quieres cosecharlo, ¡siémbralo! Las muestras de afecto son sencillas y numerosas: una mirada, una postal, una flor, unas palabras de amor, un gesto cariñoso... ¡Puedes prodigarte afecto a ti mismo! ¡No lo olvides! Empieza a sembrarlo a tu alrededor y verás cómo también lo cosechas.

EL GUSTO: si comes por glotonería, y sobre todo si aunque estés saciado te cuesta dejar de hacerlo porque lo que comes sabe bien, es porque tu vida sexual es insatisfactoria. A ti te corresponde realizar los cambios necesarios.

Cada vez que uno de tus sentidos no se siente satisfecho y ello te afecta personalmente, tienes que actuar. Si la insatisfacción te la genera otra persona a la que te gustaría cambiar con el fin de sentirte más feliz, son tus miedos los que te dirigen y no tu corazón. Deja que el otro lleve su vida como le parezca, y así tú tendrás más tiempo y energía para dirigir la tuya, según tus propias necesidades. ¡Hay siempre consecuencias desagradables, incluso dañinas, en el hecho de que tu felicidad dependa de otro!

Sea cual sea la dimensión que tiene mayor influencia en tu vida, debes llegar a dominarla. Si es la dimensión mental, tendrás que hacerte más preguntas. Haces demasiadas cosas por mera costumbre. Siendo así, sería bueno que antes de hablar o de actuar, te detuvieses unos instantes y te formulases las siguientes preguntas: «¿Es esto lo que quiero hacer? ¿Es esto lo que me haría feliz? ¿De verdad lo necesito?». Es importante que dediques unos instantes a este formulario interior.

Si la de mayor influencia en tu caso es la dimensión emocional, aprende a expresar tus emociones como te he mostrado en el capítulo anterior.

Y si se trata de la dimensión física, detente unos instantes y pregúntate: «¿Cuál de mis sentidos no está satisfecho?». Repásalos uno a uno hasta identificar de dónde procede tu insatisfacción. Puede que tenga que ver con la vista, con el oído, con el olfato, pero también puede tratarse de tu vida afectiva o de tu vida sexual. Tómate el tiempo necesario para mirar dentro de ti y obtendrás la respuesta.

Siguiendo este método, descubrirás muchas cosas sobre ti mismo. Verás cómo vas pasando de una dimensión a otra, pero siempre hay alguna que requiere tu atención para recuperar la armonía.

Con el tiempo, te darás cuenta de que tus impulsos alimenticios empiezan a ser provocados únicamente por el hambre. A raíz de ello, sabrás que se han producido algunos cambios internos. Y conforme vayas cambiando tu forma de pensar, tus gustos también se transformarán.

Tu cuerpo es tan extraordinario que sabe exactamente lo que necesita y en qué momento tiene que manifestar esta necesidad. El cuerpo está formado por seis elementos esenciales, los seis elementos nutritivos: agua, proteínas, vitaminas, glucosa (azúcares e hidratos de carbono), lípidos (grasas esenciales) y minerales. Cada vez que sufre una carencia de uno o varios de estos elementos, envía un mensaje a tu cerebro para hacérselo saber, y este hace que te apetezca comer algo que cubra esta carencia.

Como ves, no tienes por qué preocuparte en cuanto a la elección de tus alimentos ni tampoco del momento adecuado para consumirlos. Si confías plenamente en tu cuerpo, sabrás realmente cuándo tienes hambre y cuáles son los alimentos que necesitas. Resultará inútil alimentarlo (en el caso de que tengas hambre) si en este preciso momento no carece de nada. Sea cual sea la carencia (hierro, proteínas, calcio, grasas o azúcares), tu cuerpo se encargará de despertar en ti la necesidad de comer aquello que necesitas. Tu cerebro, ese gran ordenador, ha almacenado en su memoria todos los alimentos que ha probado desde tu nacimiento y sabe perfectamente lo que contiene cada uno de ellos. En el preciso momento en que tu cuerpo tenga necesidad de algo, enviará el mensaje a tu cerebro. Lo único que tienes que hacer es escuchar. ¿Acaso le dices a tu organismo cuándo tiene que transpirar? ¿En qué momento debe tener calor o frío? ¿Cuándo es el momento de estornudar? No. Y, sin duda, tienes confianza en él en otros ámbitos, ¿no es así? Entonces, ¿por qué no hacer lo mismo en lo que atañe a la alimentación?

No tienes por qué tomar ninguna decisión en nombre de tu cuerpo. A él le corresponde la responsabilidad de advertir al cerebro de sus necesidades. Una persona que está haciendo régimen le dicta a su cuerpo qué comer y cuándo hacerlo. Actuar así es ir en contra de las leyes de la naturaleza. Al seguir un régimen, lo único que hacéis es transmitirle a vuestro cerebro un mensaje parecido a este: «A partir de ahora, seré yo quien elija lo que te hace falta, el momento en el que lo necesitas y con qué frecuencia». Pero resultaría mucho más fácil confiar en el propio cuerpo, nuestro gran amigo.

Hay personas que solo comen una vez al día. Algunas no necesitan desayunar y otras acostumbran a no cenar. También las hay que hacen cinco comidas ligeras diarias o bien que prefieren ir picando según el hambre que tengan. Tú eres quien debe decidir lo que más te convenga. Cada persona es única y aquello que es beneficioso para una puede no serlo para otra.

Tu organismo puede asimilar todo el calcio o rechazar una parte. También puede experimentar una cierta dificultad a la hora de eliminar el colesterol. Estos dos ejemplos te demostrarán que no eres consciente de todas las funciones corporales. Todavía no has adquirido un nivel de conciencia como para poder darte cuenta de todo cuanto sucede en tu interior. Por ejemplo, no tienes por qué dirigir a tu cuerpo en lo que se refiere a la digestión. No tienes por qué decirle que haga bajar la comida del estómago a los intestinos, ni ordenarle que ponga en funcionamiento el hígado y después el páncreas, etc. Tu superconsciencia es la que se ocupa de todo esto. Ella se cuida de todo tu proceso de digestión, de asimilación y de eliminación.

Tu única responsabilidad es la de ayudar a tu cuerpo mediante todo aquello que puedas hacer conscientemente. Tú eres el único responsable. Conforme vaya aumentando tu estado de conciencia, te irá resultando cada vez más fácil poder reconocer los mensajes y actuar en consecuencia. Cumple con tu parte, y tu cuerpo cumplirá con la suya. Así, la energía se repartirá de forma equilibrada y la armonía te ayudará a mantenerte sano.

En su alimentación habitual, muchas personas utilizan ciertos ingredientes que no están entre los elementos nutritivos que necesitan . A este tipo de alimentos se los llama los «venenos del cuerpo». Eliminan energía del organismo humano en lugar de proporcionársela. Entre estos venenos, podemos destacar el alcohol, el azúcar refinado (y cualquier otro alimento que no sea integral, como por ejemplo la harina, el arroz o el pan), la cafeína, la sal, el tabaco, las grasas no esenciales y todos los productos químicos como los medicamentos y los aditivos utilizados como colorantes o para la conservación de los alimentos, etc.

Puesto que este libro no ha sido concebido para informar sobre la importancia del valor nutritivo de los alimentos, a aquellos que les interese este tema y deseen profundizar más en él les sugiero que consulten las obras apropiadas.

¿Cómo te alimentas? ¿Los alimentos que le proporcionas a tu cuerpo forman parte de los seis elementos nutritivos? Una buena alimentación física sin duda repercute positivamente en tu dimensión emocional y mental, ya que los tres cuerpos no pueden disociarse. ¡Saber esto es decididamente un paso en la dirección correcta!

Algunas personas vegetarianas creen haber ordenado sus vidas y están convencidas de haber alcanzado una gran paz y armonía; sin embargo, la alimentación no es más que uno de los muchos aspectos del ser humano.

En nuestra época, estamos cada vez más informados de los beneficios de una alimentación sana o de las consecuencias dañinas de la malnutrición. Una comida que consista, por ejemplo, en una hamburguesa con queso y pepinillos, acompañada de patatas fritas, constituye de forma especial una sobrecarga de trabajo para tu cuerpo. Tu digestión se hará con mayor dificultad, pues no le has proporcionado más que elementos inapropiados que poseen, de hecho, un escaso valor nutritivo.

Obligar a tu cuerpo a que asimile cotidianamente bebidas alcohólicas, licores dulces, alimentos con gran cantidad de azúcar y productos químicos indica que no te amas lo suficiente. Tal vez sientas una satisfacción momentánea, pero inconscientemente te estás castigando. No te sorprendas si tu cuerpo se rebela en lugar de responder a tus demandas y te reprocha: «¿Qué haces tú por mí? ¿Por qué tengo que estar siempre en forma para ti?». Pese a ello, si tomas conciencia de todo lo que puedes hacer por tu salud, serás capaz de ayudarte a ti mismo y también a tu cuerpo.

En el fondo, es muy simple. Te basta con unos mínimos conocimientos y con hacerte más consciente, permaneciendo alerta, a fin de encontrar tu verdadera naturaleza. Si eres muy goloso, es porque hace falta más dulzura en tu vida y te muestras reacio a la hora de permitirte ciertos placeres; si te gustan las comidas con mucha sal, es porque eres una persona con tendencia a criticarse; si utilizas muchas especias en los platos, es porque tu vida carece de sabor y te hace falta algo más de excitación, y si tomas demasiado café, es porque a tu vida le falta estímulo.[1]

Ejercicios sugeridos para asimilar este capítulo

1. Durante la próxima semana, antes de comer o de beber, deberás preguntarte si realmente tienes hambre o sed.
2. Al final de cada comida o del día, anota todo lo que has comido y bebido, especificando si has actuado motivado por el hambre, por las emociones, por la costumbre o por capricho. No conviertas esto en un régimen, pues no se trata de eso, sino de un simple ejercicio de observación que te permitirá ver quién domina tu vida y qué parte o aspecto de ella necesita de una atención especial, ya sea en su dimensión mental, emocional o física.
3. Repite la siguiente afirmación tan a menudo como te sea posible:

> CADA VEZ ESTOY MÁS ATENTO A LO QUE MOTIVA MI ALIMENTACIÓN Y ESPERO A QUE SEA MI CUERPO EL QUE ME INDIQUE SUS NECESIDADES EN EL MOMENTO EN QUE TENGA HAMBRE.

1. Para más detalles referentes a este capítulo, consulta el libro dedicado íntegramente a este tema, titulado *Escucha a tu cuerpo y come*.

Capítulo 17

LOS PROBLEMAS DE PESO

Cuando hablamos de problemas de peso, no solo nos referimos al exceso de peso, sino también a su falta. Estar anormalmente delgado significa que rechazas la vida material. Tu insuficiencia de peso revela que por algún motivo te castigas y te privas del placer físico. Es más que probable que, tal vez de manera inconsciente, consideres tu dimensión corporal –tu propio cuerpo– como algo antagónico a tu dimensión espiritual, y por ello busques refugio en el mundo intelectual o astral, que consideras más elevados.

Tratar de separarte así del mundo material indica que renuncias también a sentir y tener deseos; por consiguiente, no alimentas lo bastante tu cuerpo emocional.

Existe también la posibilidad de que tal vez des más de lo que recibes. No hay equilibrio. Debes comprender que, como todo el mundo, mereces recibir más en tu vida.

Conforme vayas transformando tu forma de ser, tu cuerpo irá recuperando su peso ideal. Es importante que sigas su ritmo y que aprendas a escucharlo.

El problema contrario, es decir, el exceso de peso o engordar con demasiada facilidad, puede tener varios significados. Pero, ante todo, habría que ponerse de acuerdo sobre lo que quiere decir «demasiado peso». Cuánta gente se considera «gorda» cuando realmente no es así. Suelen ser personas demasiado idealistas con respecto a su apariencia y que, por tanto, están lejos de ser realistas. Pertenezcas a ese tipo de personas o sufras un exceso de peso real, es seguro que tu vida y tu cuerpo se ven afectados por ello. Ese exceso de peso puede, entre otras cosas, impedirte actuar o limitarte en ciertas actividades que te gustaría emprender y acarrea problemas físicos, como debilidad, problemas cardíacos, dolores en las piernas y la espalda, etc. Por eso algunos no dudan en ponerse rápidamente a dieta.

Quien decide seguir una dieta, tenga un problema real de peso o no, rechaza tomar en sus manos la responsabilidad de su vida. Quiere curar el efecto sin buscar la causa. Puede tener éxito con un régimen, o incluso con varios, pero llegará el momento en que su cuerpo se rebelará y recuperará lo perdido. Las estadísticas muestran que el noventa y ocho por ciento de los que hacen un régimen recuperan su peso durante el año siguiente. Y a veces un poco más. El éxito momentáneo es tan solo una ilusión. Siempre hay que comenzar de nuevo. Personalmente, te recomiendo evitar la expresión «perder peso», pues, de forma inconsciente, cuando pierdes algo, habitualmente lo quieres recuperar.

Si ese es tu caso, sin duda has tomado conciencia de este fenómeno. Cada vez que adelgazas y, a continuación, engordas de nuevo, por desgracia, no solo recuperas el peso que tenías antes de emprender la dieta sino que ganas unos kilos más. Es la forma en la que tu cuerpo trata de rebelarse por lo que le haces sufrir. Tu cuerpo es tu mejor amigo. ¿Por qué infligirle, entonces, ese trato? Así, en lugar de darle las gracias cuando intenta hablarte a través de todo tipo de mensajes, te rebelas contra él y pretendes cambiarlo. Mediante la formulación constante de críticas, llegas incluso a detestar su imagen. En definitiva, hacerle sufrir cualquier régimen es ir en contra de su verdadera naturaleza.

En este sentido, es mucho más inteligente identificar la causa de tu exceso de peso para estar en condiciones de percibir con más claridad el mensaje que intenta transmitirte. Al hacerlo, tu cuerpo recuperará gradualmente su peso natural. Y olvídate de estadísticas y tablas; sabrás que has vuelto a tu peso natural en el momento en que te sientas a gusto o puedas retomar las actividades habituales que te complacen. Hay que tener en cuenta que la duración del proceso varía de una persona a otra. En un mismo período de tiempo, algunos pueden adelgazar entre cinco y quince kilos, mientras que perder dos será algo completamente satisfactorio para otros.

Probablemente tu cuerpo ha tardado años en acumular esos kilos de más. Entonces, ¿por qué tratar de eliminarlos en solo uno o dos meses? Dale el tiempo necesario para ajustarse a tus cambios interiores. De esa transformación dependerá el resultado. En cuanto hayas modificado tu forma de pensar y ciertas creencias que ya no te son útiles, el resto se colocará de forma natural en su lugar.

Los mensajes varían de una persona a otra, es decir, la causa no siempre es la misma. El exceso de peso puede ser debido a tu tendencia a comer por rutina, o bien cada vez que te sientes dominado por alguna emoción, así como por capricho, como ya he señalado en el capítulo anterior. Es normal que una alimentación que sobrepase las necesidades reales de tu cuerpo se transforme en grasa, en particular cuando te sientes culpable.

Si conoces a alguien que coma en exceso sin ganar nada de peso, es porque su metabolismo es muy rápido. En este caso, lo que sucede es que la persona va quemando todas las calorías a medida que las engulle. El cuerpo trabaja sin descanso y el sistema digestivo está activado de forma constante. Estas personas se estropean y envejecen prematuramente. Cada cual recibe su mensaje. Si actuamos en contra de nuestras necesidades, el cuerpo, nuestro gran amigo, siempre encontrará la forma de avisarnos.

Lo primero que tendrás que intentar es comer solo cuando realmente tengas hambre, preguntándote sobre aquello de lo que tu cuerpo tiene necesidad. Ese sería, claramente, un buen punto de partida, aunque todavía no conozcas la causa profunda de tu problema de peso.

El exceso de peso también puede ser reflejo de pensamientos de acumulación. El individuo con múltiples pensamientos de acumulación tiene miedo de carecer de algo. Siempre quiere más. Puede que no le falte de nada pero vive con un gran temor a que le pueda faltar algún día. Son aquellos que cada año pagan un montón de seguros para proteger su futuro, que poseen una, dos o tres casas o que acumulan una gran cantidad de bienes materiales. Si eso les resulta beneficioso, no recibirán ningún mensaje. Sin embargo, si los bienes, los seguros y el dinero se acumulan por miedo, esto puede perjudicar a su evolución. Su Dios interior les envía ese mensaje mediante la presencia de un problema de peso.

También es posible que la causa de tu sobrepeso sea tu dificultad para soltar, tu resistencia a compartir lo que estás sintiendo o lo que te sucede. ¿Cuál es la razón que te lleva a guardarte todo y a hablar solo de temas superficiales? ¿Tienes miedo de herir a alguien? ¿De no ser aceptado ni amado? ¿De sentir vergüenza? ¿De ser juzgado? ¿Eres el tipo de persona que escucha confidencias y problemas de todo el mundo mientras que tú mismo no te atreves a compartirlos? Demasiada acumulación significa que recibes demasiado en relación con lo que das. Una vez más, la balanza se desequilibra.

El exceso de peso, como cualquier otro problema, indica la no autoaceptación, la falta de amor por uno mismo. Si ese es tu caso, es posible que te hayas convertido en alguien que hace todo lo que puede para ser querido por los demás. Has adoptado la costumbre de ocuparte de los problemas de todo el mundo, de tus familiares en particular, pero descuidando, por desgracia, tus propias necesidades. Crees que hacerte indispensable para aquellos a los que quieres, o aquellos que te reclaman, es un signo de amor. Sin embargo, el verdadero amor no puede ni debe venir del exterior. En realidad, solo puede provenir de ti mismo, y los otros no son sino el reflejo del grado de amor que tú te das.

Mediante esta búsqueda del amor de los demás, haces cada vez más y más, a menudo sin que te lo hayan pedido. Con frecuencia te sientes explotado, cuando en verdad eres tú quien deja que demás se aprovechen de ti, llevando en consecuencia a tu cuerpo a ganar peso. El amor que los otros te tienen no procede de lo que *haces* por ellos, sino más bien de lo que *eres*. Siendo una persona generosa por naturaleza, debes hacerte consciente de que aunque atendieras a tus necesidades o te dejaras llevar, no por ello los demás te querrían menos.

Al estar alerta ante ese elemento, tu motivación cambiará poco a poco y, en el momento en que decidas ayudar a otra persona, sentirás disminuir gradualmente el peso sobre tus hombros y tu espalda. De hecho, cuanto más responsable se cree alguien de la felicidad de sus familiares, más necesidad tiene de una espalda particularmente sólida para soportar todo ese peso. Si eres ese tipo de persona, con frecuencia debes de tener la impresión de llevar una carga demasiado pesada. Al tomar conciencia de este fenómeno, el peso de tu cuerpo disminuirá. Ya no te sentirás obligado a ayudar a cualquiera por miedo a no ser querido. Lo harás en cambio porque te apetece, o por generosidad, sin tener que dudar necesariamente del amor de tus semejantes.

El exceso de peso puede también ser provocado por frustraciones y culpas. Es posible que durante tu infancia se te hayan inculcado muchos tabúes sexuales, que tus padres se mostraran demasiado severos, que consideraran el sexo como algo sucio, malo, pecaminoso. Las personas a las que les gusta todo lo que es sensual –hacer el amor, comer con disfrute o delectación, sentir hermosas telas sobre la piel, etc.– y que creen al mismo tiempo que eso está mal se obligan a menudo a engordar para evitar ser tentadas por sus sentidos.

Por desgracia, no es eso lo que sucede. Esas personas tratan de reprimirse, pero, al no poder conseguirlo, pierden progresivamente el control y es así como cometen abusos, aunque siempre se prometan no volver a caer. Pero como has leído en el capítulo 13, sobre la culpabilidad, cuanto más se quiere acabar con algo, sea un comportamiento o una actitud que se consideran inadecuados, más se repite.

El exceso de peso puede representar una atadura que debemos cortar con una persona obesa que haya desempeñado un rol paternal. Esa atadura fue creada por rencor u odio hacia esa persona, debido a un dolor vivido de joven o de adolescente. Conocí a una mujer que comenzó a engordar desmesuradamente en el momento en que se convirtió en madre. Su propia madre había sido tan obesa que era incapaz de hacer nada en la casa. Así que, desde la adolescencia, esta mujer se había visto obligada a hacer la limpieza, la comida, etc., además de verse privada de reunirse con sus amigos, como hacían los demás. No la dejaban salir más que cuando había terminado todas sus tareas y ella, a su vez, se sentía tan avergonzada del aspecto de su madre que no se atrevía nunca a invitar a nadie a su casa. Tenía tanto miedo de parecerse a ella que eso fue exactamente lo que atrajo de manera inconsciente. En ese caso, el exceso de peso indica la urgencia que esta mujer tenía de aceptarse y, sobre todo, de aceptar el hecho de que su madre vivió lo mismo que ella.

Otro motivo se puede encontrar en que quizá alguien con evidente sobrepeso ejerciera una fuerte influencia sobre ti durante tu juventud. Si admiras las cualidades de esta persona, puedes desarrollarlas sin que por ello te tengas que mimetizar con su talla física.

Si vives el problema de la obesidad desde el momento de tu nacimiento, la causa podría proceder de una vida anterior y ser parte de una experiencia destinada a ayudarte a completar el aprendizaje que no se completó en aquella. Es como la persona que nace con un defecto físico. Este defecto le es necesario para su evolución. Tendrás que aprender a amarte y a aceptarte tal y como eres. Deberás vivir así toda la vida hasta que comprendas que este defecto físico, mental o emocional encierra un mensaje para ti. A partir de ese momento, todo podrá cambiar. La persona que padece algún defecto físico puede experimentar un milagro y llegar a recuperarse totalmente, y este mismo fenómeno también puede tener lugar con los problemas de peso así como con cualquier problema físico. Nadie tiene por qué vivir toda su vida marcado por su destino o por el karma de una vida anterior. Tú eres quien debe decidir cuándo cambiarlo.

Es posible que vivas toda tu vida con ese exceso de peso, pero una vez que te hayas aceptado totalmente como eres, no lo considerarás ya un problema. Te percibirás como una persona gruesa y hermosa y sentirás mucho amor por lo que eres, además de sentir lo mismo por parte de los demás. ¿Crees que cuando tu alma abandone tu cuerpo importará si este es gordo o delgado? Es solamente el grado de amor que hayas desarrollado hacia tu persona lo que marcará la diferencia sobre lo que suceda en el mundo del alma, así como a lo largo de las próximas vidas.

Algunas personas muy creyentes o que se sienten atraídas por el mundo astral o espiritual, al poseer un vago recuerdo de las dimensiones anteriores a su vida en la Tierra, preferirían estar en otro lugar que no fuese este. Estas personas siempre se preguntan: «¿Qué estoy haciendo aquí, en la Tierra? Me parece que estar muerto sería más agradable que estar vivo». No están contemplando el suicidio necesariamente, pero sienten de una forma muy intensa la llamada del lugar que han conocido, muchísimo más fantástico que el que habitan ahora. Estas personas pueden experimentar igualmente un problema de peso.

Es como si su exceso de peso fuese lo que les permite permanecer bien sujetas al mundo físico. El mensaje de su Dios interior es el siguiente: «Acepta de una vez por todas que estás en la Tierra y que tienes algo que hacer aquí. Necesitas aprender a amarte a ti mismo y a los demás». Si este es tu problema, contempla la naturaleza, así como toda la belleza que hay en la Tierra; nuestro planeta posee muchas riquezas, al igual que tú las posees en tu interior. Empieza por amarte a ti mismo y a todo cuanto existe a tu alrededor.

Sea cual sea el significado o la causa de tu problema de peso, has de saber que tu Dios interior conoce mil y una formas de hablarte a través de tu cuerpo para que tomes conciencia de tus acciones, de tus pensamientos y de tus palabras. Los mensajes te llegarán por múltiples vías. Tú eres quien debe captarlos.

En lugar de intentar curar el efecto mediante un régimen, sería mucho más interesante que decidieses investigar aquello que te trastorna realmente. Ganarás mucho más si atacas directamente la causa. Intentar remediar el efecto no arregla en absoluto la situación. Por ejemplo, una persona tiene un problema muy grave. Con el fin de olvidarlo, decide irse a tomar una copa y acaba emborrachándose. Al día siguiente, cuando se despierta, el problema todavía sigue allí e incluso le parece mucho mayor que la noche anterior.

Seguir un régimen lleva a estos mismos resultados. Y aunque logres curar el efecto temporalmente, la causa siempre continuará persistiendo y seguirá provocándote una constante insatisfacción interior. ¿Por qué no dirigirnos directamente a la causa, es decir, al verdadero origen del mensaje?

No te preocupes por lo que pueda tardar tu cuerpo en perder peso. Sigue tu ritmo. Para conocer la verdadera felicidad, lo único que importa es que aprendas a convertirte en tu propio dueño.

Ejercicios sugeridos para asimilar este capítulo

1. La primera tarea consiste en olvidarte de la palabra «régimen» o de la expresión «hacer trampas». Nadie puede hacer trampas con su propia vida. Si crees que estás haciendo trampas es porque, aunque solo sea interiormente, todavía estás siguiendo un régimen y muy a menudo te sientes culpable. Esta forma de actuar no te resulta en absoluto beneficiosa.
2. Cuando dejas de escuchar las necesidades de tu cuerpo o acabas de cometer algún exceso, no tienes más que hablarle de la forma siguiente: «Perdóname, por haber abusado de ti, por haberte dado demasiada comida y por haberme negado a escucharte. Este gesto inconsciente forma parte, por desgracia, del hecho de ser humano. No obstante, no es lo que prefiero y no quiere decir que me vaya a comportar así día tras día. Ya verás cómo lo consigo, estoy aprendiendo a quererme. Gracias por todo lo que haces por mí». De esta forma evitarás sentirte culpable.

3. Acepta tu cuerpo y permítete ser lo que eres en cada momento, con tus límites.

NO TIENES QUE RENDIR CUENTAS A NADIE MÁS QUE A TI.

---

4. Tú eres la única persona que puede dirigir tu vida y, por tanto, asumir las consecuencias de tus decisiones. Cuando dichas consecuencias sean demasiado difíciles o penosas para ti, estarás progresivamente en condiciones de tomar otras decisiones.
5. Entre las diferentes causas posibles, verifica cuáles corresponden a tu caso.
6. Repite la siguiente afirmación tan a menudo como te sea posible:

ME ACEPTO TAL Y COMO SOY EN ESTOS MOMENTOS. MI GRAN PODER INTERIOR ME AYUDA A ALCANZAR Y A MANTENER MI PESO IDEAL. GRACIAS, DIOS MÍO, POR SEGUIR AYUDÁNDOME.

Capítulo 18

LA SEXUALIDAD

Hablar sobre sexualidad es algo que siempre resulta delicado. Por muy sorprendente que pueda parecernos, todavía hoy son minoría las personas que aceptan la sexualidad de manera natural. De generación en generación, se han ido conservando miedos, tabúes y, sobre todo, culpas en torno a la palabra «sexo».

En realidad, hasta hace muy poco incluso la palabra «sexo» era tabú. No eran muchos los que se atrevían a confesar los «pecados» relacionados con la sexualidad y los que lo hacían se exponían a los juicios más severos. ¿Recuerdas el capítulo 13, sobre la culpabilidad, en el que he explicado claramente que cuanto más se quiere abandonar un comportamiento o una actitud, más se perpetúa? Solo la aceptación total, hecha con el corazón, puede aportar realmente un cambio definitivo.

En nuestros días, son muy escasas las personas que mantienen la práctica de la confesión. A pesar de todo, la culpabilidad en torno al sexo sigue perpetuándose de una generación a otra. Por mi parte, siempre me sorprendo cuando oigo a los jóvenes que participan en los talleres reconocer la culpa que les genera su sexualidad, a pesar de que creamos que las nuevas generaciones «están de vuelta» en cuanto a esta cuestión. Vivimos en la era de la información, y los jóvenes tienen libre acceso a ella a través de Internet; además, la sociedad es en general más liberal y el tema se trata con naturalidad en los programas escolares. Sin embargo, hay que rendirse a la evidencia de que *conocimiento* y *aceptación* resultan ser dos conceptos muy diferentes. El filtro de la culpa impide que el conocimiento se convierta en aceptación.

¿Por qué es tan importante el sexo en la vida del ser humano? No nos cansaremos de repetir que todo cuanto existe en el plano visible, existe también en el invisible y que todo lo que es arriba –plano astral o mundo del alma– es abajo –plano terrestre–, y viceversa.

El acto sexual es la expresión física de la mayor fusión posible, es decir, de la fusión del alma y del espíritu. El gran objetivo del ser humano es la fusión del cuerpo inferior con el cuerpo superior y es precisamente por ello por lo que el acto sexual posee tanta importancia. El alma desea alcanzar esta fusión y se eleva hacia la más completa felicidad, representada por la fusión con el espíritu.

Por ello muchos albergan elevadas expectativas sexuales, y a menudo sus relaciones resultan decepcionantes. Ya desde muy jóvenes, los adultos, incluyendo también a nuestros padres, nos hablaron de desengaños y de frustraciones sexuales. Con el fin de evitar que sus hijos tengan que pasar por estas mismas frustraciones, intentan retrasar su desarrollo sexual. Y estos, una vez llegados a una edad adulta, reaccionarán de la misma forma con sus propios hijos. Al negárselo a sí mismos y también a sus hijos, se vuelven cada vez más obsesivos con el sexo y se sienten cada vez más culpables. Su comportamiento tiende a los dos extremos: o demasiada o muy poca actividad sexual.

El acto sexual no es una forma de intentar acercarse a alguien o de comprometerse con alguien. Una relación basada en la sexualidad carece de una base sólida. Cuanto más tiempo profundice una pareja en su amistad antes de iniciar una relación sexual, más sólida será la base de esa relación.

Los problemas sexuales son tan numerosos como indican la gran cantidad de enfermedades relacionadas con los órganos genitales del hombre y de la mujer. Por ejemplo, toda enfermedad venérea señala vergüenza frente a la sexualidad. Los problemas menstruales también reflejan algún tipo de rechazo a ese nivel.

Como ya mencioné al principio de este libro, el ser humano posee una gran energía sexual, que representa también la energía creadora. Dicha energía no puede ser utilizada continuamente para el acto sexual y, por ello, asciende al nivel de la garganta con el fin de activar los impulsos creativos. La creatividad es muy importante. Las generaciones anteriores eran relativamente poco creativas. Vivían en la monotonía y en la rutina establecida por sus padres, la religión o la sociedad, y utilizaban muy poco su energía sexual, tanto a la hora de crear como a la hora de hacer el amor. Afortunadamente, la vida actual ofrece cada vez más oportunidades en cuanto a opciones de vida. Los jóvenes comienzan muy pronto a explotar su creatividad, ya sea en sus distracciones, su trabajo, la electrónica, la ropa, el peinado, etc.

En nuestros días, nos queda todavía liberarnos de algunos tabúes y culpas que están profundamente anclados en nuestros genes. Recordemos que, durante mucho tiempo, la mujer no tuvo derecho al placer sexual. De hecho, sus órganos sexuales no debían ser utilizados más que para procrear. Aquellas que se atrevían a gozar y a las que les gustaba hacer el amor se sentían continuamente culpables. Lo mismo les sucedía a los hombres, inconscientemente, pues a su pesar contribuían a provocar esa culpabilidad en la mujer.

Todavía hoy hay diferencias en la educación de niños y niñas. La niña no puede, por ejemplo, pasearse desnuda, mientras que el niño es más libre de hacerlo. Además, se es más tolerante con un niño que se masturba que con una niña, y las hijas suelen ser más vigiladas en la adolescencia.

Existen infinidad de tabúes sexuales a nivel inconsciente. Debemos deshacernos de ellos, pues lo único que hacen es impedirnos alcanzar esa paz interior que tanto deseamos. El adulto ha acumulado muchas creencias referentes al sexo que le inculcaron cuando era niño y adolescente. Si un niño sorprende a sus padres en el momento en el que están teniendo una relación sexual y estos intentan ocultarse o bien pretenden castigarlo, esto es suficiente para que el niño piense que se trata de algo «malo», y a partir de ese momento, sus ideas sobre lo que está «bien» y lo que está «mal» resultarán falseadas.

El complejo de Edipo (o Electra, en el caso de las niñas) es considerado normal entre los dos y los seis años. A esta edad, se desarrolla la energía sexual del pequeño: el niño se enamora de su madre y la niña de su padre, y eso, en todos los sentidos, incluyendo el amor físico. El niño tiene celos de su padre. Una parte de sí mismo lo admira, mientras que, al mismo tiempo, también le gustaría ocupar su puesto y esta ambigüedad le hace sentirse atrapado entre estas dos posturas. No debemos fomentar este complejo dejando que el niño duerma continuamente con su madre, ya que así no hacemos más que responder a sus deseos. Hay que explicarle con gran delicadeza que papá y mamá tienen su propia habitación, al igual que él también tiene la suya.

El niño se muestra muy sensual frente al padre del sexo opuesto. Lo abraza y lo acaricia con frecuencia e incluso puede llegar a interferir si se da cuenta de que la atención de este se desvía hacia «su» otro progenitor. No hay que fomentar esta actitud. Con cuidado y sin tratarla bruscamente, hay que hacerle comprender que papá y mamá están enamorados y que el niño nunca podrá reemplazar al cónyuge. Yo suelo animar bastante a los padres a que hablen con sus hijos como si fuesen adultos y a que les expliquen que nunca podrán ocupar el lugar de su padre, si es niño, o de su madre, si es niña. De todos modos, no hay que darle demasiada importancia, pues esa atracción que experimentan resulta totalmente natural, porque su sexualidad está desarrollándose y el fenómeno es pasajero. Hay que ser abierto y transparente con nuestros hijos, en vez de mostrarse desconfiados hacia esas manifestaciones naturales. Asimismo, los niños comprenden mucho más deprisa de lo que se piensa y siempre respetarán más a un padre veraz, sincero y transparente.

Cuando el niño llega a los seis años, el complejo de Edipo tiende a desaparecer poco a poco. Si su educación está dirigida de forma natural, la admiración hacia su padre o hacia su madre sustituirá a los celos. Se identificará con el progenitor de su mismo sexo y, en lugar de rechazarlo, se esforzará por amarlo e imitarlo.

Muchos de los problemas sexuales se deben a que el complejo de Edipo/Electra no ha desaparecido ni siquiera en la edad adulta. Aunque no quiera reconocerlo, la joven busca de forma inconsciente a su padre, y el joven a su madre. Obsérvate sinceramente y piensa si te sientes identificado con esta situación, no creas que es algo malo o que se trata de una actitud desviada. Esa atracción es completamente natural a edades tempranas. Si se prolonga, lo que tienes que hacer es tomar la decisión de cortar este vínculo y aceptar que un padre no puede ser también un amante. El amor paternal o maternal y el amor de pareja son dos cosas muy distintas.

Este es uno de los principales motivos por los que ha habido tantos casos de abuso infantil dentro del círculo familiar, y por lo que siguen sucediendo todavía en nuestros días. Debo reconocer que siempre me asombra comprobar en mis talleres que aproximadamente una persona de cada cinco admite haber vivido alguna de esas experiencias en su infancia o adolescencia, sin hablar de aquellos que no se atreven a revelarlo. Es un trauma corriente. Por fortuna, las personas se muestran ahora cada vez más abiertas y temen menos las represalias. Esto forma parte de la gran energía de apertura sobre la Tierra que nos incita a solventar los viejos traumas que nos afectan desde hace milenios.

Aunque el fenómeno del incesto haya dado lugar a un estudio exhaustivo en psicología y psiquiatría, nadie hasta ahora ha podido determinar con precisión sus causas profundas.

Con los miles de personas que he conocido en el curso de los treinta últimos años, sobre todo mujeres, que han vivido esta experiencia, he tenido ocasión de realizar una síntesis. En resumen, puede haber varios factores.

También se debe considerar la falta de madurez sexual por parte del padre. Pongo como ejemplo al padre con su hija, pues es la forma más corriente. El padre inmaduro sexualmente puede proceder de una familia en la que el sexo fuera tabú o directamente considerado pecaminoso, o, todo lo contrario, haber crecido entre perversiones sexuales.

El padre que siente o es consciente de que su hija pequeña está enamorada de él, y que con frecuencia interpreta ese amor de manera sensual, no logra controlarse. La niña o la adolescente provoca involuntariamente una reacción en él. No trato de excusar el abuso, sino más bien de apuntar el sufrimiento y la impotencia que el padre puede experimentar en ese ámbito. He tenido ocasión de hablar con varios padres abusadores y, de este modo, he podido sentir hasta qué punto eran incapaces de controlarse.

La mayoría cae en el alcohol o las drogas para acallar su sufrimiento y su culpabilidad. Para sentirse menos culpables, pueden llegar a convencerse a sí mismos de que el asunto no es grave, que lo dejarán y la niña olvidará, o también que es culpa de ella, que está demasiado apegada a él, incluso culpa del cónyuge, que no quiere hacer el amor. Sea cual sea la excusa, no por ello son menos desgraciados, pues saben en lo más profundo de sí que no asumen su responsabilidad. Paradójicamente, el abusador puede ser un hombre que le da mucha importancia a la vida familiar. Esa es una de las razones por las que satisface sus pulsiones sexuales dentro del hogar y no en otra parte.

Lo que parece más traumático para la pequeña, convertida en mujer adulta, es la contradicción que sigue. De niña, sentía que la situación que vivía con su padre era contraria al orden normal de las cosas. Se suponía que su padre era su apoyo, quien la ayudaría a sentirse amada con toda confianza, la persona con la que se sentiría segura y protegida. Ha perdido su referente, pues el padre no se comporta como se supone que debe hacerlo, sino como un jovencito enamorado de una chiquilla, incapaz de controlarse.

Por otro lado, a una parte de la joven le gustaba la atención especial que le concedía su padre. Para ella, era la única forma de afecto que recibía de él. Ella satisfacía además su complejo de Electra al tomar el lugar de su madre. Sin embargo, se sentía culpable por las consecuencias de esta forma de amor y por ocupar dicho lugar. Por otra parte, la esposa de un abusador prefiere a menudo no ver nada, por miedo a descubrir una verdad inquietante. ¿Por qué? Porque en la mayoría de los casos, ella misma ha sufrido abusos y no puede aceptar o confesarse que se ha casado con un hombre que carga con el mismo problema que su padre. Con mucha frecuencia, la niña termina por odiar a su madre por haberse comportado como si nada sucediese y no haberle prestado su ayuda.

Son palabras que han sido expresadas por miles de mujeres cuando han tenido ocasión de confesar su experiencia con toda franqueza y honradez. Para conseguirlo, es necesario liberarse de toda la influencia del ego y, por consiguiente, de nuestras creencias, que quieren convencernos de que eso está *mal*. Se ha demostrado que la gran mayoría de los casos de abuso infantil dentro de la familia se producen sin violencia. Es cierto que para las muchachas que han sido forzadas con violencia es más difícil resolver ese problema, que afectará a su vida sexual tanto y durante tanto tiempo como el asunto siga sin ser resuelto.

Pero ¿cómo llegar a esa solución? *Por el perdón verdadero*. Si has vivido una experiencia así con tu padre, tu madre, un hermano o una hermana mayor, un abuelo o un tío, será muy importante que puedas perdonar y aceptar que esa persona sufre. Así como perdonarte a ti mismo y aceptar que tenías derecho a amar esa única forma de afecto y de amor que recibías de esa persona, aunque no estuvieras de acuerdo en cuanto a la forma de hacerlo.

Si en esa experiencia no hubo más que dolor y humillación, viviste en el miedo constante, es cierto que la reconciliación con la persona implicada será más difícil, pues tu ego te incitará a resistirte, encontrando todo tipo de excusas para impedirla. Tratará de convencerte de que como el otro es el culpable, el responsable, no te toca a ti dar el primer paso.

Si persistes en darle la razón a tu ego, la experiencia corre el riesgo de prolongarse inútilmente. Pero si logras superar tu ego, hablarle directamente a ese molesto personaje al que has puesto nombre de los beneficios que te procuraría limpiar y cerrar la situación, vivirás entonces un gran alivio, dando asimismo un paso de gigante en la evolución de tu alma. La elección está siempre en tus manos. Ya sea escuchando a tu ego y viviendo el mismo dolor que sientes probablemente desde hace mucho tiempo –incluso varias vidas–, sin contar los problemas con que te enfrentas en tu vida sexual, o ya sea optando por el perdón. Sin embargo, esto no debe hacerse por el otro, sino más bien como una gran prueba de amor por uno mismo.

Al mismo tiempo, ese acto de amor ayudará al padre a efectuar el mismo proceso con su propio padre. Se ha demostrado psicológicamente que en la casi totalidad de los casos, todo abusador ha sido, a su vez, víctima de abusos. Todo acto de perdón verdadero produce efectos extraordinarios para todas las personas implicadas, influyendo positivamente en varias generaciones.

Recordemos que nadie tiene derecho a juzgar a nadie. Por supuesto, se puede no estar de acuerdo, pero sin condenar a nadie necesariamente. Es mucho más sabio aceptar que, en el plano espiritual, *no hay ni violentos ni malvados: solo hay gente que sufre*.

El acto sexual tendría que ser siempre un acto de amor. Amar a una persona es desear fusionarse para sentirla más, para comunicarse plenamente y estar en comunión con ella. El acto sexual no debería ser objeto de mercadeo. Cuántas personas –sobre todo mujeres– se someten a cualquier forma de sexualidad creyendo obtener una recompensa posterior o para poder comprar la paz tras una discusión.

Por su parte, los hombres se identifican demasiado a menudo con sus proezas sexuales. Creen que las mujeres se sentirán decepcionadas si no son atrevidos, competitivos, o si no manifiestan permanentemente su deseo de hacer el amor. Piensan que las mujeres esperan que se comporten así. Es cierto que esta situación se revela muy habitual, pues cuando un miembro de la pareja dice: «No, no tengo ganas de hacer el amor esta noche», el otro entiende que no es deseable, que no es amado. El amor y la sexualidad se presentan como dos cosas completamente distintas.

Así pues, siempre que inicies una nueva relación con alguien, es muy importante que la empieces con buen pie. No debes considerar el sexo como una forma de atadura. Esto no es lo que conservará a una persona a tu lado. Si ya hace muchos años que mantienes una misma relación, sería muy interesante que mantuvieses una conversación sobre tus intereses sexuales. Habla de lo que sientes actualmente con respecto al sexo y de lo que experimentaste siendo joven. Es muy importante que aprendas a comunicarte y a hablar sobre este tema. ¿Te has sentado alguna vez con tu pareja para confesarle todos los detalles de tu primera experiencia sexual o de tus primeros placeres sexuales? ¿Te acuerdas del lugar, de la fecha y de la persona? No tener ningún recuerdo de este tipo puede ser indicio de un bloqueo a este nivel.

También es importante que aceptes el hecho de que hacer el amor es uno de los mayores placeres que existen en la Tierra; es el símbolo material de la fusión espiritual con Dios. Desear hacer el amor con alguien no es tan solo un instinto animal, aunque puede convertirse en ello si el acto es realizado como un simple placer sensual, es decir, sin que se compartan los sentimientos con la otra persona. En esos momentos, tu cuerpo inferior es el único que entra en acción. En cambio, si realizas el acto sexual por amor, tu cuerpo superior te proporcionará una gran alegría interior, incluso después de haberlo realizado.

A la hora de hacer el amor, también es muy importante que sepas elegir a tu pareja. La mujer recibe mucho del hombre durante el acto sexual, al igual que el hombre también recibe mucho de la mujer. No solo físicamente, sino también emocional y mentalmente. Recuerda: no se pueden disociar nuestros tres cuerpos –que se utilicen o no preservativos, no cambia en nada la energía que se despliega en el curso de la relación sexual–. Por ello resultará primordial que conozcas bien a la persona con la que vas a hacer el amor. Si esta persona se siente dominada por el odio, por el rencor o incluso por el miedo, puedes llegar a sufrir esta influencia. El hombre y la mujer intercambian sus vibraciones a través de la unión de los cuerpos sutiles, de los cuerpos invisibles.

Como la gente busca continuamente en el sexo una compensación a algo que se le escapa, se puede, por lo tanto, constatar fácilmente cuánta insatisfacción sexual existe sobre la Tierra. Como ya dije anteriormente, la fusión sexual es un anticipo de la fusión espiritual del alma y el espíritu. En cambio, me he encontrado con frecuencia con personas –sobre todo mujeres– que, al iniciar un camino personal y espiritual, deciden dejar de lado todo lo que se refiere al sexo, creyendo que la sexualidad no es algo espiritual.

Si esta decisión se basa en la noción de «bien/mal», no puede de ningún modo ser beneficiosa. Sin embargo, si se toma de forma consciente y responde a una necesidad del alma, no conllevará ninguna consecuencia dañina. ¿Cómo reconocer el auténtico motivo de dicha decisión? Observando la actitud de esa persona respecto al comportamiento de los demás. Si juzga negativamente a alguien que se permite hacer el amor sin dejar de declararse espiritual, es seguro que su sexualidad está reprimida y que un día, en esta vida o en otra, terminará por perder el control. Toda muestra de control en el ámbito que sea conlleva invariablemente una futura pérdida de control.

En lo que se refiere a la homosexualidad, es simplemente una elección del compañero sexual. Esa elección responde tanto a la necesidad del individuo de aceptarse como a su necesidad de trabajar en su herida de rechazo. Sabe que lo ha conseguido cuando su entorno acepta incondicionalmente su elección. Es la noción de «bien/mal» la que presenta más problemas en los homosexuales. He tenido la dicha de conocer a numerosas parejas homosexuales que viven juntos desde hace muchos años y que constituyen un hermoso ejemplo de amor.

Es necesario recordar que cuando muramos y nos encontremos en el mundo del alma, no será el sexo de nuestra pareja lo que establecerá la diferencia en nuestras existencias futuras, sino el grado de amor que hayamos desarrollado a lo largo de toda nuestra vida. La sexualidad no es más que un medio físico para comunicarnos con nuestra pareja, para fusionarnos con ella y para recordarnos hasta qué punto esta fusión nos aporta felicidad y plenitud. Por consiguiente, te recuerdo que toda esa felicidad no es sino una parcela de la felicidad verdadera, que se vivirá en el momento de la fusión del alma con el espíritu, en el momento de llegar al estado crístico.

Si te reconoces entre los que juzgan la vida sexual de los demás, has de saber que cada uno de nosotros tenemos algo que aprender de nuestras opciones. Si juzgas severamente a alguien, mira lo que eso despierta en ti. ¿De qué lo acusas o lo juzgas? Descubres entonces lo que todavía no has aceptado en ti, en tu forma de ser. ¿Qué tratas de preservar o de ocultar? A este respecto, sería preferible para ti afrontarlo ahora; eso te ayudará a evitar llegar a ser exactamente lo que censuras.

Por ejemplo, conozco a un hombre que rechazaba y criticaba a su hermano mayor por ser homosexual, y que más tarde supo que su única hija era lesbiana. Durante mucho tiempo, trató de ocultar el hecho a su familia, a pesar de que todo el mundo estaba ya al corriente. Aquel hombre experimentó grandes dificultades emocionales y físicas debido a esa negación.

Ejercicios sugeridos para asimilar este capítulo

1. Tómate tiempo para hacer un examen de conciencia y observar tu vida sexual presente y pasada. Remóntate en el tiempo tan lejos como te sea posible.
2. La próxima vez que mantengas una relación sexual, toma nota de la forma en que la has vivido. ¿Era por amor? ¿Por obligación? ¿Para hacer las paces con tu pareja? ¿Por miedo a algo?
3. Si estás insatisfecho de lo que vives en el ámbito de la sexualidad, determina cuáles son tus necesidades y haz que tus actos sean coherentes con esas necesidades.
4. Si has sido víctima de abusos sexuales, vuelve a leer el capítulo 6, sobre el perdón, te ayudará a sanar.
5. Repite la afirmación siguiente tan a menudo como puedas:

> SOY UNA MANIFESTACIÓN DE DIOS EN LA TIERRA, Y POR ELLO MI SEXUALIDAD TAMBIÉN ES UNA MANIFESTACIÓN DE DIOS. UTILIZO MI SEXUALIDAD PARA ELEVAR MI ALMA.

Capítulo 19

ENFERMEDADES Y ACCIDENTES

Ignoro lo que puede representar una enfermedad o un accidente para ti, pero la realidad no es siempre lo que se piensa. La mayoría de la gente considera las enfermedades como una desgracia, como una injusticia, sobre todo si dicha enfermedad es hereditaria o ha sido contraída por contagio. Pensar así es ir en contra de la gran ley de la responsabilidad.

Cualquier enfermedad o accidente que haya tenido lugar en tu vida lo has provocado tú. «Pero ¿quién puede llegar a desear una enfermedad?», me preguntarás. A esto te responderé que la mayoría de las veces se hace de manera inconsciente. Recuerda que ya mencioné en un capítulo anterior que el ser humano no es consciente más que del diez por ciento de lo que sucede en su interior. La enfermedad no es más que una señal de tu cuerpo. Tu superconsciencia, tu parte divina, tu Dios interior te está enviando un mensaje, pues en tus acciones, pensamientos y palabras hay algo que está actuando en contra de la gran ley del amor. Cuando digo que tu cuerpo es tu mejor amigo en la Tierra, a eso me refiero. Tu cuerpo es el reflejo físico de lo que sucede en tu interior, sea en el plano psicológico (emocional y mental), sea en el plano espiritual. Cuando tu ego te impide darte cuenta de que no estás en el verdadero amor, y de que eso perdura y te perjudica desde hace mucho tiempo, tu superconsciencia termina por enviarte un mensaje a través de tu cuerpo.

De nada sirve mostrarse resentido contra la naturaleza ni dejarse amedrentar por una enfermedad; es preferible que intentes captar su mensaje y le agradezcas a Arom que te lo haya enviado. Si no logras comprender el mensaje, bastará con que te plantees algunas cuestiones: «Arom, ayúdame a descubrir el significado de este mensaje, pues no consigo entenderlo». Al intentar comprenderlo, realizas un acto de amor hacia ti mismo.

«¿Es posible que haya vuelto a pillar la gripe? ¡Ya estoy harto de tanta gripe!», «¡Qué horror, ya me está volviendo a doler la cabeza!», «¡No hay forma de que se me pase el dolor de espalda!»... Con este tipo de exclamaciones, aceptas o rechazas tu responsabilidad. Al aceptar el hecho de que es un mensaje de amor lo que recibes, se te plantearán preguntas y tu superconsciencia contestará. Si no, la frecuencia de tus enfermedades o de tus accidentes aumentará para que puedas por fin comprender los mensajes que se te envían.

Una vez hayas captado el mensaje, es más fácil plantear acciones que te lleven a un resultado tangible, hacia una solución permanente. Veamos un ejemplo que lo explica a la perfección: es de noche, tu vecino se acerca a tu casa para decirte que te has dejado las luces del coche encendidas. Si no le abres la puerta, él insistirá una y otra vez, no para molestarte, sino porque te aprecia y desea ayudarte. Pero si te sigues negando a escucharlo, finalmente desistirá en su empeño y, al día siguiente, serás tú quien se encontrará la batería del coche descargada.

Tu superconsciencia actúa de esta misma forma. Si te niegas a escuchar su primer mensaje o si no lo comprendes, te seguirá enviando mensajes hasta que llegue el día en el que provoque en ti algo tan poderoso como para lograr impactarte y obligarte a reaccionar. Por ejemplo, un terrible cáncer o un fulminante ataque al corazón. Y si después de todas estas advertencias, todavía te resistes a hacerle caso y te niegas a reaccionar, terminarás tan muerto como la batería de tu coche.

Así pues, ¿no sería preferible que te mostrases mucho más atento a estos mensajes antes de que se conviertan en algo realmente grave e irreversible? ¿O antes de que el precio que tengas que pagar sea demasiado alto?

Si le das las gracias a tu vecino por haberse molestado en avisarte y le prometes que te ocuparás de ello, debes realizar una acción inmediata: ponerte el abrigo, salir a la calle y apagar los faros del coche. Pero si le dices que vas a ocuparte de ello y no lo haces, tu vecino pensará que quizá no le has entendido y volverá a visitarte para avisarte de nuevo. Tu Dios interior hace exactamente lo mismo. A través de sus continuos mensajes, te indica cómo retomar el buen camino. ¿No es extraordinario poder contar con un amigo que nos guía cuando nos equivocamos y que está siempre disponible cuando lo necesitamos?

Cualquier enfermedad o indisposición es un mensaje en sí misma. Pero el dolor no es tan solo físico. La metafísica, que significa ver más allá de lo físico, está aquí para demostrarlo. Te lo explicaré con ejemplos. Al principio, quizá seas algo escéptico. Pero ¿acaso tienes algo que perder abriéndote y comprobándolo por ti mismo?

Cuanto más fuerte sea el mensaje, más grave será la enfermedad. Si la dolencia persiste, es porque ha llegado el momento de tomar conciencia de ella, y si es grave, seguramente es porque ya hace tiempo que se ha adueñado de ti. Tu alma grita: «¡Socorro! ¡Tu falta de amor hacia ti mismo te hace sufrir demasiado! ¡Ha llegado el momento de abrirte y de volver al camino del amor!».

Estas son las causas más probables de algunas enfermedades e indisposiciones. Lo que sigue te indica lo que sucede en tu interior en los planos emocional y mental. Sin embargo, *el verdadero mensaje de tu Dios interior es que te aceptes* cuando descubras tus miedos y tus creencias, sabiendo que todo ser humano experimenta sensiblemente los mismos miedos que tú. Una vez completada esta aceptación en el amor verdadero, te será más fácil, incluso evidente, transformar tu actitud para dirigirte hacia lo que quieres.

Padecer *artritis* significa que estamos convencidos de que los demás abusan de nosotros, aunque no nos atrevamos a exponerlo abiertamente. Esta enfermedad ataca a aquellas personas que no saben decir que no y tienen dificultad para hacer claramente sus peticiones. La gente actúa a veces con esas personas según lo que se desprende de ellas. Puedes interpretar este mensaje referente a la artritis tal y como sigue: «Deja de pensar que todo el mundo quiere aprovecharse de ti...

Eres tú quien deja que actúen así... Afírmate, di "no" cuando se presente la oportunidad. Aprende a pedir lo que deseas en vez de querer que los otros lo adivinen. Cuando decidas ayudar a alguien, hazlo de buen grado, pero sin esperar nada a cambio. Y deja de criticar y de intentar cambiar a los demás».

Sufrir dolor en las *rodillas* equivale a mostrarse demasiado inflexible y obstinado y, con frecuencia, también suele indicar que el orgullo domina los pensamientos. Suele afectar a personas excesivamente autoritarias, que jamás ceden en sus opiniones, que se aferran a sus ideas con gran obstinación y que suelen tener miedo a lo que puedan pensar los demás. Si te duele la rodilla, ese dolor te está avisando de que tienes que mostrarte más flexible y dejar de temer que los demás no escuchen tus consejos o no se adhieran a tus creencias. Eso no significa, no obstante, que debas someterte, pero has de saber ceder ante las decisiones de quienes te rodean. ¿Hay alguna persona en tu vida que quisieras que tuviese la misma opinión que tú? Tu cuerpo te está avisando de que tu actitud no te hace bien y que vas en contra del amor al creerte responsable de la felicidad de los otros.

El dolor en la *boca* traduce también un mensaje. Una enfermedad bucal indica que sientes dificultad para *tragar* una idea nueva y *digerirla*, a fin de poder utilizarla. Tu espíritu se mantiene demasiado cerrado y te niegas a reconocer cualquier mensaje en las opiniones de los demás o una idea nueva que acabas de tener. Tu cuerpo te dice: «Tómate tiempo para reflexionar con calma y no reacciones tan bruscamente. Esta nueva idea podría serte de mucha utilidad».

Si tu *dentadura* te causa problemas importantes, es el momento de tomar una decisión que te lleve hacia algo nuevo. Cuando te resistes a hacerlo, es que los resultados te dan miedo. Debe de haber una situación en tu vida actual en la que tengas que tomar una decisión. Tu cuerpo te dice: «No temas nada. Sea cual sea tu elección, procede de ti. Debes saber que eres capaz de seguirla y asumir sus consecuencias. Dudar de ti no te sirve de nada. Todo es solo una experiencia para aprender. Ve, dale un mordisco a la vida».

Si el dolor se sitúa en las *encías*, te indica que tu decisión está tomada pero tienes miedo de pasar a la acción. Se te dice: «No tengas miedo. Has tomado una decisión; ahora, actúa en consecuencia. Tienes en ti todo lo necesario para hacer realidad lo que has decidido».

Si tienes la impresión de carecer de apoyo en tu vida y eso te perturba, tu cuerpo te lo comunicará a través de un *dolor de espalda*. La columna vertebral es lo que sostiene el cuerpo. Sin duda, eres la típica persona empeñada en cargar con todas las responsabilidades de los demás sobre tu espalda y no puedes evitar sentirte responsable de la felicidad o de la desgracia de aquellos que te rodean. Pero esta responsabilidad te resulta tan pesada que deberías contar con un apoyo adicional, y esto es precisamente con lo que no cuentas. Sufres por no obtener la ayuda que quisieras. Cuando una persona se queja de que le falta apoyo, lo que ocurre con frecuencia es que es «inapoyable» porque se muestra demasiado controladora. Desea que los demás la apoyen, pero cuando lo hacen, no es nunca a su gusto. Por consiguiente, sus familiares y amigos se desaniman y tampoco tienen ya ganas de ofrecerle su asistencia ni su ayuda.

Tu superconsciencia te envía el siguiente mensaje: «Deja de pensar que eres responsable de la felicidad o de la desgracia de los demás. Si quieres ayudar a alguien, hazlo; pero hazlo con amor y con total convicción y no porque te sientas obligado. Asume las consecuencias de querer manejar todo a tu gusto, haciéndolo tú mismo, por ejemplo. Eres el único responsable de tu decisión». Si lo que te duele es la parte superior de la espalda, el trastorno estará relacionado con tu aspecto afectivo, mientras que la parte inferior está relacionada con el aspecto material y económico.

Con frecuencia, la *fiebre* suele ser reflejo de una gran ira interior, dispuesta a estallar en cualquier momento. La única forma de conseguirlo es a través de una subida de temperatura. Todos tus deseos ocultos estallan al mismo tiempo. Cuando tu cólera se relaciona con otra persona, es a menudo porque has saltado a las conclusiones, en vez de comprobar cuál era su verdadera intención. Tu cuerpo te dice: «Comparte lo que vives, di lo que tengas que decir y sé claro en tus palabras, todo ello a medida que las situaciones se presenten. Deja de guardarlo para ti. La cólera te hace daño. Eres tú mismo quien se castiga».

Cuando los problemas tienen lugar en los *brazos*, es porque no eres consciente de tu utilidad ni de tu valía. Con frecuencia, te imaginas que los demás no te aprecian y tiendes a infravalorarte. Tu cuerpo tiene algo que decirte: «Mira lo útil que eres. Los demás te necesitan y te aprecian realmente». Esta manifestación también puede revelar que, en la actualidad, está teniendo lugar una situación beneficiosa en tu vida que no te atreves a aprovechar. Quizá también puede ser la forma en que utilizas tus brazos o tus manos lo que no te satisface y preferirías hacer otra cosa. Con frecuencia, esto es algo que suele suceder en el ámbito laboral. ¿Tu trabajo actual responde realmente a tus aspiraciones? Vigila el momento en el que aparece el dolor. Lo que tu cuerpo intenta decirte es: «Adelante, actúa de acuerdo con tus deseos profundos. Hazte consciente de que no eres tú quien decide en este momento, sino tus miedos».

Dado que necesitas las *piernas* para andar y para ir adonde quieres ir, los problemas y los dolores en las extremidades inferiores indican que tienes miedo de avanzar, es decir, miedo al futuro. Tu Dios interior está aquí para decirte que no tienes nada que temer y que eres capaz de hacer todo lo que te propongas. Puedes conseguirlo en el momento en que lo necesites. Si estás pensando en cambiar de trabajo pero temes por tu seguridad económica, tu dolor de piernas te avisa de que ya ha llegado el momento de tomar una decisión y que no tienes por qué tener miedo.

Muchos atribuyen el dolor de *garganta* a haber cogido frío o a una corriente de aire. La garganta cumple varias funciones. Por ejemplo, tragar y hablar. Si te molesta cuando tragas, pregúntate si tienes dificultad para *tragarte* las palabras o el comportamiento de alguien o para aceptar un cierto acontecimiento en ese momento. ¿Cuál es el trozo que no pasa? Puede ser una simple emoción que se ha convertido en drama, se ha *hecho bola*, y es dificilísimo tragarla. Puedes también tener dificultad para aceptar una situación que tú mismo has creado. Esto te hace vivir el enfado y la agresividad hacia ti mismo o hacia cualquier otro. Cuando un trozo no pasa, puede que sea porque mantienes una actitud de víctima en un ámbito particular, una actitud de «sin embargo, no es culpa mía».

En el caso de una *laringitis*, recibes el mensaje de que es el momento de sincerarte con alguien, pero tu miedo te lo impide. Probablemente estés reprimiendo la cólera que te provocaron unas palabras hirientes ante las que no supiste responder a causa del asombro o del dolor. Es posible también que no seas consciente de que has sido herido. Con frecuencia muchos prefieren engañarse a sí mismos convenciéndose de que no están molestos, de que eso no les afecta, pero su fuero interno –su alma– ha recibido el impacto y este, al no expresarse, se transforma en dolor de garganta.

Debes acercarte a esa persona y explicarle lo que viviste en el momento en que sus palabras te hirieron. Para hacerlo de manera armónica, remítete al capítulo 14, sobre las emociones.

Los problemas de garganta pueden provenir también del miedo a expresar tu opinión frente a alguien que representa de algún modo la autoridad. Para evitar su reacción, preferiste callar. Pero no debes dejarte impresionar por nadie. Di serenamente lo que piensas y verás cómo tu interlocutor valorará tanto el interés manifestado como la honradez de tus propósitos.

Alguien que *tose* con frecuencia es un ser que se siente angustiado por la vida. Siempre está nervioso y se deja agobiar con facilidad por cualquier cosa. Sin embargo, una tos temporal u ocasional suele ser indicio de enfado o de crítica. La tos aparece en el momento mismo en el que el individuo se siente molesto y se critica a sí mismo o a otra persona. Su cuerpo intenta decirle: «Deja de criticarte. En lugar de censurarte y sentirte mal, procura descifrar este mensaje y trata de comprender lo que te está ocurriendo en estos momentos».

Los *intestinos* son el lugar del cuerpo en el que se asimilan los alimentos para ser transformados en nutrientes. Las ideas siguen este mismo camino. Cuando una persona sufre de *estreñimiento*, es porque se apega demasiado a sus viejas ideas y no deja espacio para las nuevas. También puede reflejar una cierta mezquindad, es decir, a alguien que intenta a toda costa conservar sus bienes materiales. Su Dios interior le está avisando de que ha llegado el momento de liberarse, de mirar hacia delante y olvidarse de las cosas del pasado que ya no son útiles y practicar el desapego.

Tener *diarrea* significa todo lo contrario. Las ideas se deslizan demasiado rápido y la persona se niega a conservarlas. Desearía que todo sucediese más deprisa, que todo estuviese hecho, vivido. Con frecuencia, la diarrea también suele estar relacionada con el rechazo, es decir, que el individuo se rechaza o bien se siente rechazado por los demás. El cuerpo envía el mensaje de que es inútil tener miedo, que tus miedos solo son fruto de tu imaginación. Únicamente los miedos que nos ayudan a hacer frente a un peligro real resultan favorables (consulta el capítulo 13, sobre los miedos).

Los problemas en los *riñones* suelen afectar a aquellas personas con tendencia a criticar a los demás o a sentirse decepcionadas y frustradas. Están convencidas de fracasar en todo cuanto emprenden y sienten lástima de sí mismas. «Tener riñones» es una locución verbal coloquial que significa ser esforzado, resistente, que se confía en la propia capacidad. Un riñón enfermo indica, por lo tanto, que quien piensa que «no puede» se siente incluso impotente, ya sea en lo que emprende o en su relación con otra persona. A menudo se considera a sí mismo víctima de la injusticia ante situaciones que le parecen difíciles.

Puede ser también una persona que se deja influir por las creencias de los demás y, tratando de ayudarlos demasiado, termina por carecer de discernimiento hacia sí misma. En suma, no sabe diferenciar entre lo que es bueno y lo que no para ella. Has de mostrar interés en mirar las cosas y las personas tal como son, sin crearte un ideal imaginario. Al albergar menos expectativas, tu sentimiento de injusticia tenderá a disminuir.

Los dolores en los *senos* están ligados a una inseguridad relacionada con el cuidado y la protección de tipo maternal. Quien los padece es una persona hiperprotectora y se preocupa demasiado por aquellos a los que ama, en detrimento de las propias necesidades. Con frecuencia el afectado es muy impositivo y controlador en su forma de cuidar y proteger, sea hombre o mujer. Si es tu caso, tu sentido del deber es demasiado grande, te exiges mucho. Debes aprender a actuar más relajadamente con las personas a las que quieres. No porque se independicen se los arranca del seno. El amor maternal puede permanecer intacto y ser igualmente grande, sin que te sientas obligado por ello a ejercer de madre continuamente.

Sufrir molestias en los *ojos* suele ser indicio de que te perturba lo que ves a tu alrededor. Eso quiere decir que te quedas en las apariencias de la situación y no en el sentido profundo. Si esto te afecta o interfiere en tu espacio, deberás adoptar las medidas necesarias para cambiar la situación.

Lo mismo sucede con los *oídos*, es decir, que te perturba lo que escuchas, así como con la *nariz*, que te señala que te está importunando alguien o algo que no puedes ni «oler». Tu cuerpo te demuestra que no estás bien así, que no te encuentras en la onda del amor, de la aceptación.

Un *accidente* significa que te sientes culpable. Supongamos que estás dedicándote a un trabajo manual. De repente, piensas: «¡Oh, no, olvidé llamar a mi amigo! Se lo había prometido, era importante. ¡Soy idiota!». Tan pronto como lo piensas, se produce el accidente. Te haces daño en un dedo o en la mano que normalmente te sirve para telefonear. Es siempre la parte del cuerpo que tiene una relación con la culpabilidad la que se ve afectada. ¡El ser humano cree que debe liberarse de la culpa mediante el castigo! El accidente es por tanto un aviso para que tomes conciencia de que es inútil sentirte culpable. Te pasas la vida sintiéndote culpable por diferentes cosas, cuando no lo eres. Sabes muy bien que no olvidaste la llamada a propósito. Nunca tuviste la intención de hacerle daño a ese amigo.

Lo que acabas de leer es un pequeño resumen de la metafísica, palabra que significa ir más allá de lo físico. Cuando tenga lugar algún trastorno o enfermedad, no solo deberás intentar solventar la causa física, sino también la metafísica.

En mi libro *Obedece a tu cuerpo, ámate* podrás leer la descripción completa de todos los trastornos y de todas las enfermedades conocidos. He incluido asimismo el *método de decodificación de Escucha a tu cuerpo*, que puede ayudarte a encontrar de una forma más precisa y personal la causa profunda de toda enfermedad.

Te recuerdo la importancia de *aceptar lo que descubras sobre ti, y no enfadarte por haber alimentado creencias y miedos que te han perjudicado*, no solo en el plano psicológico, sino también en tu cuerpo físico. Muéstrate simplemente feliz por tus descubrimientos y por el hecho de que, a partir de ahora, puedes remediar lo que no va bien. Cuanto más consciente llegues a ser, más te aceptarás. Por otra parte, cuanto más realices los actos considerados necesarios para acabar con las creencias que te perjudican, más rápidamente se restablecerá tu cuerpo.

Eres tú quien crea todo lo que sucede en tu cuerpo. Ahora bien, posees tanto el poder de crear lo que quieres como lo que no quieres.

LA ACEPTACIÓN DE TUS MIEDOS ES LO QUE TE LLEVARÁ HACIA LO QUE QUIERES.

No basta con conocer la causa psicológica de un problema de salud para conseguir la curación; solo el amor –la aceptación– puede hacerlo.

Si resulta que eres incapaz de establecer un vínculo entre tu enfermedad y tu forma de pensar, se recomienda no forzarlo. Lo importante es que tengas una apertura de espíritu y quieras darle continuidad. Concédete el tiempo necesario para escuchar a tu corazón antes que a tu ego. Recuerda quc este no quiere que encuentres la causa del problema, pues está seguro de que tiene razón, y teme perder su influencia sobre ti. Es él el que hace que te resistas. En el intervalo, agradécele a tu cuerpo que quiera ayudarte a descubrir una creencia que te perjudica y asegúrale que permanecerás abierto a escuchar su mensaje en cuanto te sea posible.

EJERCICIOS SUGERIDOS PARA ASIMILAR ESTE CAPÍTULO

1. Tómate tiempo para hacer una lista de todas tus molestias físicas.
2. Comprueba si estás en condiciones de comprender y aceptar el mensaje de al menos una de ellas.

3. Luego, dale gracias a tu Dios interior por los mensajes que te transmite a través de tu cuerpo, reconociendo su ayuda.
4. Repite la afirmación siguiente tan a menudo como te sea posible:

> CADA VEZ TENGO MÁS CONFIANZA EN MI CUERPO, QUE ES MI GUÍA. YO LE APORTO AMOR Y, A CAMBIO, ÉL DEJA DE REBELARSE, AYUDÁNDOME A RECUPERAR LA PAZ, LA SALUD, EL AMOR Y LA ARMONÍA.

Capítulo 20

LAS NECESIDADES DEL CUERPO FÍSICO

Con las necesidades fundamentales del cuerpo humano, daremos por terminada la parte «física» de este libro. Si no escuchamos a nuestro organismo, si no cubrimos de manera sensible sus necesidades naturales, lo obligamos a rebelarse y a «hacerse escuchar» por medio de un malestar, una enfermedad o un accidente. Las necesidades son, por orden de importancia, las siguientes:

La primera necesidad: LA RESPIRACIÓN

Si dejas de respirar durante unos minutos, ya sabes lo que te ocurrirá: te asfixiarás y morirás. Que el cuerpo necesita oxígeno para vivir es un hecho indiscutible. El aire contiene vida. Esa energía vital se denomina *prana* y está concebida para todo lo que vive sobre el planeta, incluido tu cuerpo físico. El aire es tan nutritivo que, si sabes respirar correctamente, incluso podrás llegar a ahorrarte una comida al día. De lo único que se trata es de que, siempre que respires, tomes conciencia de ello.

Respirar bien consiste de hecho en hacer una inspiración profunda sintiendo cómo las costillas se dilatan. Luego, retienes el mismo tiempo que durante la inspiración y espiras igualmente durante los mismos segundos. Por ejemplo, si inspiras durante tres segundos, retienes otros tres segundos y espiras en tres segundos. Es una respiración intercostal.

Al principio, deberás prestarle atención, pues respirar correctamente nunca ha formado parte de nuestra educación. Poco a poco, el hecho de respirar bien se volverá algo natural en ti. Además, es importante respirar un aire tan puro como sea posible. Si tu trabajo te obliga a permanecer todo el día en un lugar climatizado o en pleno centro de la ciudad, donde la atmósfera está viciada, un acto de amor hacia ti sería concederte una hora de tu tiempo para caminar o descansar en un parque o en un entorno en el que el aire sea más puro. El de la montaña es el que se considera más vigorizante.

Cuando quieras relajarte, debes espirar durante el doble de tiempo de lo que dura la inspiración. Cuando te quieras mantener despierto, has de hacer lo contrario, es decir, espirar en la mitad de tiempo de lo que ha durado la inspiración.

Los momentos en los que eres consciente de respirar bien, sería beneficioso asimismo que te repitieses mentalmente: «Aspiro la energía de la vida en mí». Cada respiración profunda te producirá cambios en tu estado de ser. Compruébalo por ti mismo y verás los beneficios que te aporta.

Ahora bien, no basta con inhalar aire para responder a las necesidades físicas, debes igualmente inhalar vida. Si te sientes asfixiado por los acontecimientos y las obligaciones, si notas problemas en los pulmones y en la respiración, es que no aspiras la vida.

Como ya he mencionado en los dos capítulos referentes a las necesidades de los planos emocional y mental, basta con que una necesidad de uno de los tres cuerpos no sea colmada para que los otros dos sufran trastornos y perturbaciones. Una insuficiencia de aire puro o de respiración profunda afecta directamente a la creatividad y a la belleza en el plano emocional, así como a la individualidad y a la verdad en el plano mental, aparte de todos los problemas físicos que están relacionados con eso.

La segunda necesidad: LA INGESTIÓN

Ingerir significa hacer penetrar el agua y los alimentos en tu cuerpo. La carencia de ambos provoca la muerte.

El agua es indispensable. Sin agua no hay vida. Pero ¿qué clase de agua le proporcionas a tu cuerpo? Desgraciadamente, la del grifo es de pésima calidad en la mayoría de las ciudades. Y la cantidad es tan importante como la calidad. El cuerpo humano precisa al menos dos litros de agua al día. Y cuando digo agua no me refiero ni a sopas ni a bebidas. Esos dos litros han de ser de agua pura, es decir, de H_2O, que es el elemento necesario para irrigar todas las células corporales. Hoy día puedes encontrar en el mercado una gran variedad de aguas embotelladas, y hay numerosos estudios, sobre todo japoneses, al respecto. Puedes realizar tu propia investigación y decidir qué agua es la mejor en tu caso.

En lo que se refiere a la ingestión de alimento, tanto la calidad como la cantidad de lo que ingieres son también de gran importancia. Desarrolla más amor hacia ti y tómate el tiempo necesario para elegir productos de calidad. Vivimos en una época en la que tenemos a nuestro alcance una gran variedad de verduras, frutas y carnes y manejamos valiosa información que nos permite seleccionar de manera consciente nuestros alimentos.

Tomemos el ejemplo de los productos de origen animal. ¿Sabes si comes carne de un animal feliz o no? ¿Procede de uno que ha sido bien tratado o de los que se crían en uno de esos enormes campos de concentración para animales? Los animales, desde el pollo hasta el buey, que no han sido criados de forma natural, que han sido maltratados y mal alimentados, han vivido con miedo durante toda su vida. Estos seres que nos comemos son de sangre caliente, lo que quiere decir que viven emociones. El miedo genera mucha adrenalina en su cuerpo, lo que se convierte en un veneno para la persona que lo ingiere. Cuando comes un animal, comes igualmente sus emociones: miedo, cólera, agresividad. Está comprobado que los grandes comedores de carne se vuelven más agresivos. Afortunadamente, hoy es posible consumir carne biológica.

Así pues, antes de introducir cualquier alimento en tu boca, te aconsejo que te detengas durante unos instantes y escuches las verdaderas necesidades de tu cuerpo. No digo que debas cambiar completamente tu alimentación ni que te hagas vegetariano de un día para otro o que no vuelvas a probar jamás el agua del grifo. No pretendo asustarte con mis palabras, sino hacer que te vuelvas algo más consciente. Tienes que actuar de forma gradual. Experimenta por ti mismo, es la mejor manera de comprobar si te sientes mejor y si lo que ingieres responde a tus necesidades.

A medida que vayas purificando tu ser interior y que aprendas a amarte más, te darás cuenta paulatinamente de que tus gustos cambian. Renunciarás poco a poco a beber el agua contaminada y a comer alimentos que no son saludables. Muéstrate siempre alerta a las necesidades de tu cuerpo. Tómate todo el tiempo que necesites y si la respuesta que obtienes no te resulta satisfactoria, no dudes en volver a cuestionarte las cosas más de una vez. Cuando, de repente, te apetezca comer algo en particular, pregúntate si esta necesidad es real o si, por el contrario, procede de alguna influencia externa. Si después de haber reflexionado, todavía sigues sintiendo ese deseo, ¡adelante!

Al igual que la variedad de alimentos y de agua que ingerimos, las ideas que asimilamos también afectan a nuestro cuerpo. Si tienes dificultades para aceptar nuevas ideas (que puedan resultarte beneficiosas), tanto tuyas como de otras personas, corres el riesgo de sufrir problemas bucales.

El siguiente ejemplo es algo que me sucedió hace tiempo. Estábamos reunidos en nuestro centro *Escucha a tu cuerpo* con el fin de tomar algunas decisiones importantes relacionadas con el futuro del propio centro. Uno de los presentes expuso una idea totalmente innovadora y yo pensé: «¡Vaya idea, no tiene pies ni cabeza! De todas formas, no importa. Al fin y al cabo, ¡soy yo quien tiene la última palabra!». Realmente, me negaba a aceptarla. Al momento, empecé a notarme una pequeña llaga en la boca. Mi reacción fue instantánea y me dije a mí misma: «Qué raro, de repente me duele la boca». Algunos minutos más tarde, la llaga había adquirido un tamaño considerable. Comprendí que la idea que me empeñaba en rechazar podía resultarme beneficiosa y merecía que me detuviera a reflexionar un poco sobre ella.

Cuando permanecemos atentos a nuestro cuerpo, advertimos todas sus señales. Es algo extraordinario. Este gran amigo interior me aconsejaba que no ignorase esa idea. Así pues, la estudié a fondo y me di cuenta de que ofrecía un sinfín de posibilidades. Al cabo de media hora, la llaga había desaparecido... Tu cuerpo te habla, debes mostrarte alerta desde sus primeras señales. Así te resultará más fácil volver al buen camino.

Una ingestión inadecuada a las necesidades de tu cuerpo afecta directamente a tu necesidad de afecto y de respeto, igual que lo que recibes del exterior y los problemas físicos ligados a ello.

La tercera necesidad: LA DIGESTIÓN Y LA ASIMILACIÓN

La masticación favorece la digestión. Se recomienda masticar la comida hasta que pierda su sabor y se vuelva líquida para facilitar la digestión y reducir el esfuerzo del estómago. Este procedimiento es particularmente apreciado por tu cuerpo. De hecho, la saliva contiene enzimas que tu organismo precisa para digerir el alimento (especialmente los hidratos de carbono).

Cada vez que tragas sin masticar (o masticando muy poco), incluso los alimentos que necesitan poca masticación, como las pastas o cualquier alimento blando, haces la digestión más difícil. Es importante masticar y mezclar bien la comida con la saliva antes de tragar.

Cuanta más comida pesada ingieres, como por ejemplo proteínas animales o alimentos grasos, más horas necesitará tu cuerpo para hacer la digestión. La asimilación la realiza el intestino delgado, que efectúa la selección de todo aquello que tu organismo requiere. Luego hace llegar esos elementos nutritivos a todas las partes del cuerpo: órganos, cabellos, piel, etc., y transfiere al intestino grueso lo que no le es útil. Si la ingestión de un nuevo alimento se realiza antes de que el cuerpo haya tenido tiempo de asimilar bien el anterior, eso afectará a la absorción de elementos esenciales que necesitas. Por esta razón es tan importante comer despacio, sobre todo cuando se tiene verdadera hambre, así como dejar de comer desde el momento en que el cuerpo nota que tiene suficiente.

Para tu cuerpo es primordial digerir los alimentos. No solo se trata de digerir la comida, sino también las nuevas ideas. En algún momento de tu vida, quizá has aceptado la idea de alguien, es decir, la has digerido, pero, de repente, has decidido oponerte a ella: «No, realmente, no tiene ningún sentido». Al negarte a digerir aquello que es nuevo para ti, te arriesgas a provocarte una indigestión: la del rechazo de esta idea. Tu cuerpo te indica que este rechazo no te resulta en absoluto beneficioso. Esta actitud puede llegar a provocarte algunos trastornos en la digestión y, si no intentas remediarla, estos trastornos pueden llegar incluso a afectar a todo tu sistema digestivo, incluidos el estómago, el hígado y el páncreas.

El hígado es el foco en el que se asienta la cólera reprimida. Encolerizarse sin reconocer ni aceptar la propia responsabilidad significa ir en contra de la gran ley del amor. Debes aprender que en cada momento las personas son tan perfectas como pueden. Cada una de sus palabras y de sus gestos expresan su manera de amarse y de amar a sus semejantes. Si no se aman y sienten muchos miedos, eso se traducirá sin duda en sus palabras. Al reconocer la intención y los límites en tu interior y en los demás, no experimentarás tanto la cólera. Además, tus problemas de digestión tenderán a desaparecer progresivamente, mientras que la digestión de nuevas ideas mejorará también de forma notable.

La falta de digestión y de asimilación afecta directamente a tu grado de pertenencia y de guía en tu vida; todos los problemas del sistema digestivo pueden estar relacionados con ello.

La cuarta necesidad: LA ELIMINACIÓN

Para conseguir una buena eliminación, tanto la masticación como la digestión son de capital importancia. La fibra también desempeña un papel esencial. Se trata de una parte de los alimentos que el cuerpo no digiere y forma una especie de hebras que ayudan a limpiar los intestinos. Para eliminar bien, uno se debe mostrar particularmente alerta a las señales corporales. Muchas personas tratan de controlar sus intestinos. Les exigen a su cuerpo que espere a encontrarse en un lugar en el que se sientan cómodos, o tienen siempre demasiada prisa... y, finalmente, se olvidan o lo dejan para más tarde. Si te reconoces en estas actitudes, no te asombre padecer estreñimiento. El organismo, a su ritmo natural, quiere eliminar cada vez que se le da alimento. Es como si recibiera el mensaje de que haga sitio para lo que vendrá luego, de ahí la importancia de comer cuando se tiene hambre y dejarlo cuando se está saciado.

Como en todos los casos, lo que sucede en el cuerpo físico es un reflejo de lo que sucede más allá de él. Quien tiene dificultad para eliminar bien está recibiendo, pues, el mensaje de que tiene tanta dificultad en eliminar los productos acumulados que ya no sirven como en desprenderse de las ideas y creencias que ya no necesita. La rapidez de la evolución actual, gracias a la era de Acuario, ocasiona muchos problemas a quienes dependen demasiado de sus viejas ideas, de todo lo que es viejo. Estamos en una época de transformación y de grandes cambios, lo que nos obliga a seleccionar lo que queremos conservar, pensar y creer, a medida que lo nuevo se manifiesta.

Una eliminación deficiente indica que en los planos emocional y mental tienes dificultad para soltar y abrirte a lo nuevo, para atreverte a desear aquello que ahora necesitas. Esto afecta también a tu cuerpo físico, tal como se ha descrito en las necesidades citadas anteriormente.

Este tipo de trastornos son un mensaje de tu superconsciencia Arom. Esta te dice: «No tienes por qué tener miedo de perder nada. Lo que tienes ahora, podrás volver a conseguirlo en cualquier momento. Déjate llevar, ábrete a lo nuevo. Atrévete a dar sin expectativas, y recibirás a cambio».

La quinta necesidad: LA EXPLORACIÓN Y LA REGENERACIÓN

Explorar es una necesidad primordial del ser humano. Aquel que permanece inactivo, y ni crea ni utiliza sus sentidos para avanzar, se enferma y cada vez se vuelve más débil. Si te has pasado algunas semanas postrado en cama, sabrás muy bien lo que quiero decir. El ser humano necesita mantenerse en movimiento y utilizar su energía. Realizar una actividad física de forma asidua resulta de lo más beneficioso para el cuerpo.

Andar es el mejor de todos los ejercicios físicos. Estos son los beneficios que nos proporciona:

- Es el ejercicio más sencillo y más suave, y es completamente gratuito.
- Equilibra todo el organismo.
- Caminar no es solo un ejercicio físico, también es una actividad relajante.
- Con un simple paseo hacemos trabajar los músculos de las piernas, del abdomen y del tórax.
- Nos oxigena y mantiene en forma nuestro corazón.
- Las vibraciones que se desencadenan a cada paso masajean el hígado, el páncreas, el bazo y los intestinos, lo cual favorece la digestión.
- Acelera el metabolismo y activa la circulación.
- Resulta indispensable para el buen funcionamiento de las articulaciones.
- Es un ejercicio que se practica sin dificultad alguna y que puede ser interrumpido a la menor señal de cansancio.
- Es una forma de luchar con eficacia tanto contra el abotargamiento del cuerpo como del espíritu.
- Mejora las defensas naturales del organismo y retrasa su envejecimiento.
- Ayuda a mantenerse en forma y disminuye los riesgos de infarto y de arteriosclerosis.
- Sus movimientos automáticos y equilibrados permiten liberar la mente.

Sea cual sea la actividad física que elijas, deberás practicarla por lo menos cuatro veces a la semana.

Puedes, por otra parte, regenerar tu organismo dejándolo descansar cuando esté fatigado. Ahora bien, como te decía en el capítulo 10, debes saber establecer la diferencia entre «estar fatigado» y «tener sueño». Si eres demasiado perfeccionista, te sentirás impelido a no descansar hasta que hayas terminado todas tus tareas, y esa no es una buena idea, pues, en la cabeza del perfeccionista, la lista no se completa nunca. ¿Cuándo, según tú, será bienvenido el período de reposo?

Tu sueño debe ser reparador para poder regenerarte. Para lograrlo, es conveniente que te acuestes con pensamientos alegres y constructivos, pues el subconsciente continúa repitiendo los pensamientos y sentimientos que tenías justo antes de dormirte. Si 6 inquieto durante el sueño, te seguirás sintiendo cansado y, por lo tanto, no muy revigorizado en el momento de despertar.

Las consecuencias de dejar de explorar y regenerar tu cuerpo físico afectan directamente a tus necesidades en los planos emocional y mental. Esas necesidades son la confianza en uno mismo, la capacidad de tener objetivos, de sentirse seguro y de poseer una razón de ser. Pueden surgir también problemas físicos en todo lo que se relaciona con ello.

Si tus actos, pensamientos y palabras te impiden avanzar en la vida, te aparecerán problemas en la parte inferior del cuerpo, desde la parte baja de la espalda hasta los dedos de los pies, así como en los brazos y en las manos. Un dolor en la cadera significa que titubeas en tu exploración. Tu cuerpo te indica que tienes miedo de adoptar decisiones importantes. Eres consciente de lo que debería hacerse, pero tus temores te impiden llevarlo a cabo. Sin embargo, no tienes nada que temer: tu Dios interior está ahí, tras cada una de tus decisiones. Si te duelen las piernas, es porque sientes un gran temor hacia el futuro. Es indudable que tienes que enfrentarte a algún cambio que podría modificar tu destino. Podría tratarse de tu trabajo, y tal vez esta nueva responsabilidad que se te presenta sea la que ha originado este dolor. Tienes miedo a avanzar.

Las piernas y los pies también poseen el mismo significado. Los dedos de los pies tienen que ver con los pequeños detalles relacionados con el futuro. Estas preocupaciones no te resultan beneficiosas en absoluto. Un dolor en el brazo es señal de que no vives con alegría tus experiencias actuales. ¿Qué quieres hacer realmente? Ya es hora de que satisfagas tus necesidades. Un dolor en el codo te indica que no eres lo bastante flexible como para aceptar una nueva experiencia. No tengas miedo de sentirte acorralado, todo tiene solución.

TODO MALESTAR TE INDICA QUE TU FORMA DE PENSAR Y DE ACTUAR VA EN CONTRA DEL AMOR A TI MISMO, EN CONTRA DE TUS NECESIDADES.

¿Te das cuenta de lo extraordinario y maravilloso que es tu cuerpo? Como no hay ni bien ni mal, ya no tienes por qué preocuparte. Hagas lo que hagas, pienses lo que pienses, digas lo que digas o sientas lo que sientas, si no te resulta beneficioso, tu Dios interior te enviará una señal. Tu única responsabilidad es la de permanecer alerta y tomar las medidas necesarias. Vigila tus dolencias, tus enfermedades, tu falta de energía, tus emociones y tu consumo de alimentos. Siempre que tu cuerpo te envía una señal es porque algo no funciona. Te avisa de que has tomado el camino equivocado. Tu Dios interior, que no busca sino tu felicidad, te llama entonces al camino recto, ¡el del amor! Él sabe que allí serás más feliz, que estarás más en paz.

Estoy segura de que conoces perfectamente esta teoría sobre las necesidades físicas y que, por este mismo motivo, quizá no dudes en exclamar: «¡Todo el mundo sabe lo que necesita su cuerpo!». Estoy totalmente de acuerdo. Pero ¿qué es lo que hacemos al respecto? ¿De qué nos sirve tener tantos conocimientos si no los utilizamos?

Hay mucha gente que cuenta con un gran número de diplomas, que asiste a un cursillo tras otro y que posee una amplia gama de teorías, pero esto no cambia en absoluto sus vidas. ¿Por qué? Porque no llevan a la práctica nada de lo que aprenden y utilizan sus conocimientos para intentar impresionar o cambiar a los demás y alimentar su ego.

No te queda ahora más que estar alerta y consciente para pasar a la acción.

EJERCICIOS SUGERIDOS PARA ASIMILAR ESTE CAPÍTULO

1. Antes de dar por terminado este capítulo y de pasar al siguiente, haz una lista con las cinco necesidades fundamentales del cuerpo físico.
2. Al lado de cada una de ellas, indica las señales que hayas podido percibir, que son indicativas de que una o varias de estas necesidades no están cubiertas.
3. Luego, toma al menos una decisión para satisfacer cada una de estas necesidades no cubiertas.
4. Estate alerta a lo que suceda durante al menos tres días, poniendo en práctica las decisiones tomadas.

5. Repite la afirmación siguiente tan a menudo como te sea posible:

A PARTIR DE AHORA HE DECIDIDO RESPETAR LAS NECESIDADES DE MI CUERPO Y DE ESTA FORMA RECUPERO LA SALUD FÍSICA, ASÍ COMO MI ENERGÍA NATURAL.

Quinta parte

LA ESPIRITUALIDAD

Capítulo 21

LA ESPIRITUALIDAD. LA MEDITACIÓN

¿Qué quiere decir concretamente «ser espiritual»? Esta es la definición que propongo: un ser verdaderamente espiritual es alguien que observa y acepta que todo lo que vive es la expresión de Dios y que lo que ve en el otro representa siempre una parte de sí mismo. Esta forma de mirar no es buena ni mala. Simplemente, es la forma de ver de alguien consciente y una manera extraordinaria de conocernos mejor y de descubrir lo que aceptamos o no aceptamos de nosotros mismos. Un ser espiritual acepta las cosas tal y como son, aunque a veces no esté de acuerdo con ellas, y se asume a sí mismo como es: acepta plenamente su manera de ser. Y, de esta forma, todo un mundo de amor se abre ante él.

Todo lo que se ha dicho desde el principio de este libro se ha hecho con el objetivo de aprender a ver, entender y sentir a DIOS en todas partes. A decir verdad, Dios es una energía creadora que se experimenta a través de todo lo que vive sobre el planeta, así como en los millones de planetas del cosmos. Imagina qué maravilloso sería vivir en nuestro mundo si la totalidad de los seres de la Tierra supieran que todo lo que viven es una expresión de Dios.

La más mínima crítica o juicio emitido hacia otra persona da por supuesto lo siguiente: yo soy Dios y esta persona no lo es. La verdadera espiritualidad se expresa de una forma totalmente diferente: yo soy Dios al igual que también lo son todos los demás seres humanos. Todos somos manifestaciones de la divinidad. Lo que ocurre es que no sabemos cómo expresarlo. En realidad, experimentamos sin cesar, hasta el día en que decidimos utilizar nuestra energía divina para manifestar lo que queremos en vez de lo que no queremos.

Pensemos en la Novena sinfonía de Beethoven. Es una obra musical genial, perfecta. ¿Acaso los errores que un pianista principiante comete al interpretarla afectan a la perfección de la pieza? ¡No! El joven neófito toca lo mejor que sabe. Mejorará con la práctica, y llegará el día en que será capaz de interpretar esta sinfonía en toda su perfección. Y esto es exactamente lo que ocurre en la Tierra. Aprendemos a expresar nuestro Dios interior, que es la perfección, a nuestra manera y a nuestro ritmo.

También podemos comparar la llegada a este mundo de todo ser humano con un rompecabezas. Imagina por unos instantes que, a partir del momento de la concepción de nuestro ser, de nuestra entidad, de nuestra alma, tuviésemos todos que resolver el mismo rompecabezas. Pero, como cada persona es distinta, cada cual lo hace a su manera: unos van más deprisa, otros más despacio, unos empiezan por un lado, otros empiezan por otro, unos se concentran en el centro y otros en los lados... Así es como actuamos en la Tierra: todos tenemos el mismo rompecabezas que construir, pero cada cual lo hace del modo que cree conveniente.

Aprendiendo a ver a Dios en ti y en todo lo que vive a tu alrededor, en los seres humanos, los animales y la naturaleza, tu vida se transformará de forma significativa. Tendrás entonces la impresión de estar constantemente rodeado de luz.

Nadie tiene derecho a juzgar lo que hacen los demás, pues todos estamos aquí para aprender cosas diferentes y por medios distintos. Si no comprendes la forma de actuar de otra persona o no estás de acuerdo con ella, simplemente es porque no resuelves el rompecabezas igual que ella. ¿Quién te dice que esta persona no está más avanzada en la resolución del rompecabezas que tú?

El símil del espejo nos indica que mirando a otra persona, nos vemos reflejados a nosotros mismos, es decir, vemos nuestras cualidades y nuestros defectos, tanto si los aceptamos como si no. Cuando la forma de actuar de otro te molesta, es porque existe una parte de ti que es idéntica a esa que te molesta y que no aceptas en él. Todo lo que aceptas deja de perturbarte aunque no sea de tu agrado.

Cuando reaccionas ante la forma de ser, de hablar o de actuar de alguien, te estás dejando dominar por un exceso de emociones. La actitud de esa persona te molesta porque refleja todo aquello que no te permites a ti mismo. Te niegas a ser de esa manera. Prohíbes a esa parte tuya que actúe así, pues, en un momento dado de tu vida, decidiste que esa forma de ser era totalmente inaceptable. O bien cuando eres así, te criticas y te sientes culpable. A partir de ese hecho, te impides ser verdaderamente tú mismo.

Al igual que un espejo, cuando veas la belleza en otra persona o cuando admires a alguien, sé consciente de ello y acepta que esa belleza también te pertenece. Lo único que te falta es decidirte a expresarla en vez de dejar que un miedo te impida reconocer esa cualidad en ti.

Los seres humanos siempre están tan ocupados en los asuntos de los demás, en el «qué dirán» y en la evolución de otras personas que no se preocupan en absoluto de sí mismos. Todos estamos en la Tierra para seguir nuestra propia evolución, es decir, para aprender a amar y a ser felices. Si todos viviésemos así, el planeta entero sería más feliz. Es mucho más fácil ocuparse de uno mismo que intentar dirigir la vida de todo el mundo.

No estoy diciendo que nunca se haga nada por los demás. Cuando alguien te pide ayuda, es importante que se la prestes lo mejor que puedas. A esto se le llama caridad humana. Estamos en la Tierra para crecer juntos. Sin embargo, debes asegurarte de que sea la otra persona la que dé el primer paso. Cuando la intención de prestar ayuda venga de ti y realmente desees llegar a hacer algo por alguien, antes de nada, pídele permiso. Por ejemplo: «Tengo que decirte algo muy importante y, sinceramente, creo que en estos momentos, te resultará de gran ayuda. ¿Me permites que te lo diga, me dejas que te dé mi opinión?». Según la respuesta de tu interlocutor, sabrás si te resultará beneficioso o no acudir en su ayuda. Si no actúas así, lo único que harás será empeñarte en echarle una mano a alguien que no siente deseo alguno de modificar su comportamiento. Malgastarás tu energía inútilmente y, además, ¡tu gesto no será apreciado en absoluto!

Debes saber, por otra parte, que no estás obligado a acceder a las exigencias de nadie, si dichas exigencias están más allá de tus límites en ese momento. Y esto es válido para todo el mundo. Así aprenderás a no esperar nada de los demás cuando les pides ayuda. Cuando uno se ocupa de las necesidades de otra persona antes que de las propias, solo se consiguen molestias, además de vivir muchas emociones negativas y frustración, pues se espera que los otros actúen de la misma forma con nosotros.

Cuanto más espiritual se vuelve uno, más fácil es *vivir el momento presente*. No obstante, a la mayoría esto nos parece algo muy difícil de alcanzar. Todo evoluciona y cambia tan deprisa en la actualidad que a menudo se oye decir: «¡Cuando yo era joven, todo parecía más sencillo y más fácil!». Si uno se queda así enganchado al pasado, arrinconado, no puede vivir el momento presente de manera armónica.

Aquel que echa en falta su pasado o que es incapaz de superar los errores que cree haber cometido vive bloqueado. Es como si conforme va subiendo la escalera, fuera cargando los escalones sobre su espalda. ¿Eres una persona excesivamente apegada al pasado? Fíjate en todo lo que vas acumulando en tu casa: ¿tus armarios, tus cajones, tu sótano y tu garaje representan el pasado? ¿Dudas a la hora de deshacerte de aquello que ya no utilizas o que conservas como recuerdo? Esto demuestra claramente que todavía sigues aferrándote al pasado.

Ahora que has iniciado una limpieza interior, también resultaría conveniente que llevases a cabo una limpieza exterior. Limpia todos aquellos lugares de la casa en los que guardes un montón de objetos del pasado y deshazte de todo aquello que no hayas utilizado desde hace un año. La energía que no se mueve es una energía mal utilizada. Cuanta más energía muevas, más te llegará. Cuanto más limpies tu casa de cosas del pasado, más sitio dejarás para las nuevas. Es la ley del vacío.

Mientras que algunas personas permanecen aferradas al pasado, otras no piensan más que en el futuro. Bien sea porque este les preocupe, o porque estén deseando que llegue pronto, pues están convencidas de que la felicidad les espera: «Cuando me case, mi vida será mejor... Cuando tenga una casa... Cuando tenga hijos... Cuando me vaya de vacaciones... Cuando me jubile...». Estas personas están muy lejos de vivir el momento presente. Planificar el futuro es algo que está muy bien, pero no debes retrasar tu felicidad hasta su llegada.

Como te dije anteriormente, ser espiritual consiste en poner el «ser» delante del «hacer» y del «tener». La persona que piensa: «Si ganase mucho dinero, montaría un negocio y sería feliz» está expresando que el tener y el hacer le son más necesarios que el ser. Esta persona, para actuar de acuerdo con las leyes naturales, debería pensar: «Quiero ser autónomo en mi carrera y económicamente. Por eso deseo tener mi propio comercio y llevar a cabo todas las acciones necesarias para conseguirlo».

¿Eres de los que creen que para ser espiritual es preciso romper con el deseo de poseer objetos? Cuántas veces he tenido ocasión de oír en mis talleres a mujeres que me decían: «Desde que he decidido ser espiritual he dejado de maquillarme, de llevar joyas, de comer carne...». Otras me cuentan incluso su voluntad de renunciar a todo lo que se relaciona con la sexualidad. Recuerda que ser espiritual consiste principalmente en ver a Dios en todo y no en privarse de tener o hacer ciertas cosas.

Por el contrario, es preciso no estar apegado a nuestras posesiones, cualesquiera que sean, sin dejar de apreciarlas por todo lo que nos aportan, pues contribuyen a lo que queremos ser.

Es inútil preocuparse por el futuro o por el mañana si en el momento presente todo va bien. Ya sabes que siempre acabas convirtiéndote en aquello que piensas y que se provoca aquello que se teme. Si hoy todo te va de maravilla, puedes pagar el alquiler, no te falta la comida, estás bien de salud y dispones de todo cuanto te hace falta, ¡bravo! Esto es lo que importa. No tienes por qué preocuparte de los próximos meses, y menos de los próximos años. Sin embargo, esto no tiene por qué impedirte planificar ciertos aspectos de tu futuro, ni trazarte una meta, a corto, medio y largo plazo. Todo debe ser realizado con la confianza de que te llegará, sin ninguna angustia ni inquietud.

Tu Dios interior sabe exactamente lo que necesitas. Cuando te ocurra algo desagradable y que sea lo opuesto a lo que tú deseas, es fundamental soltar y saber que en el plano espiritual tienes necesidad de esa experiencia para aprender algo que es importante para ti. Cuanto mayor es la dificultad, más urgente es para ti resolver ese problema. Es la forma que tiene tu Dios interior de avisarte de que, en esos momentos de tu vida, hay algo en tus palabras, tus gestos o tus pensamientos que está influido por tu ego y va en contra de las leyes del amor. De esta forma, intenta que tomes conciencia de ello.

Sobre todo, es imprescindible que dejes de creer que las dificultades, los problemas, el dolor... son castigos de Dios, y que las soluciones y los momentos de felicidad son sus recompensas. Te recuerdo que Dios es una energía para la que no existe ni bien ni mal, y por tanto no puede castigar ni recompensar a nadie. En realidad, cuando algo va mal en nuestra vida es porque hemos olvidado a Dios, hemos olvidado que somos la expresión de Dios, que formamos parte de esa gran energía divina que se experimenta al vivir toda clase de experiencias.

Cuando todo lo que dices, haces o piensas está en armonía con las leyes del amor, no tienes necesidad de ningún mensaje y solo podrán ocurrirte cosas buenas.

Terminaré este capítulo con un consejo: practica la meditación a diario. Es indispensable para tu evolución. Cuanto más aprendas a profundizar en tu interior, a amarte y a aceptarte, con más facilidad podrás llegar a oír esa voz interior.

Una meditación no es una relajación. Consiste en tomarte veinte o treinta minutos al día para detener toda actividad mental. El mejor momento para meditar es por la mañana temprano, preferentemente en ayunas y a la salida del sol. Si te es imposible meditar por la mañana, puedes hacerlo antes de alguna de las comidas. Sin embargo, no es aconsejable meditar después de haber cenado. Lo mejor es que lo hagas siempre en el mismo lugar; busca el más idóneo, uno en el que puedas aislarte con facilidad.

Nunca debes hacerlo acostado o con la cabeza apoyada. La postura correcta es sentado con la espalda lo más recta posible para permitir que tu energía pueda subir desde la parte inferior de la espalda hasta la cabeza. La meditación se puede hacer con o sin música, pero es recomendable que pronunciemos una frase o una palabra espiritual (lo que llamamos un mantra) con el fin de mantener ocupada a la mente consciente. Intenta encontrar una palabra o una frase que no aporte ninguna imagen a tu conciencia como, por ejemplo, «paz», «amor», «armonía», etc. El mantra recomendado por el centro *Escucha a tu cuerpo* es: «Yo soy Dios, Dios soy yo». Cuanto más repitas esta frase, más ayudarás a tu subconsciente a encontrar los medios necesarios para expresarla.

Al principio quizá experimentes ciertas dificultades. Al ser humano le resulta muy difícil dejar de pensar y limitarse a observar. Pero no te impacientes. Lo más importante es la perseverancia y no el éxito de tu meditación. Es igual que si practicases algún ejercicio físico. Los primeros días tendrás muchas agujetas y tus movimientos serán torpes. Si perseveras, poco a poco te irá resultando cada vez más fácil. Con la meditación sucede exactamente lo mismo. Después de algún tiempo, sean días, semanas o meses, según el grado de disciplina de tu pensamiento, empezarás a disfrutar con la meditación e incluso la echarás de menos cuando no puedas practicarla.

Siempre que meditas, silencias la voz de tu mente para escuchar la de tu corazón. Obtendrás respuestas a tus problemas o a tus preguntas más íntimas, no necesariamente durante la meditación, sino durante las horas o los días siguientes bajo la forma de una idea repentina o de una inspiración, o incluso procedente de otra persona. Manteniéndote alerta, sabrás reconocer las respuestas que se revelarán de gran utilidad para ti.

Si experimentas cierto malestar en distintas partes de tu cuerpo, no te preocupes, seguramente se tratará de un simple estrés que ha salido a la superficie con el fin de liberarse.

Obsérvalo, pero sin prestarle demasiada atención, como si estuvieses contemplando las hojas muertas que se deslizan sobre las aguas de un río. Este ejercicio te resultará muy beneficioso. Agradécele a tu cuerpo haber expulsado ese dolor.

Si sientes de repente una relajación y un calor en ese lugar, es porque acabas de liberarte de algo que te mantenía en tensión. Aun cuando no seas consciente del significado de esa tensión, poco importa: acabas de recuperar una buena dosis de energía. Si te mantienes realmente alerta y abierto a las señales de tu cuerpo, es posible que también encuentres respuesta al origen de esa tensión después de tu meditación.

Ejercicios sugeridos para asimilar este capítulo

1. Haz una lista de al menos tres comportamientos o actitudes que te molesten en los demás.
2. Después, toma nota de cómo los juzgas cuando actúan de ese modo. Acabas de descubrir tres aspectos de ti que todavía no aceptas.
3. Sé consciente de que cuando eres así, tu motivación no es hacer sufrir a otra persona. Puedes estar motivado por un miedo o por la expresión de tus límites. Reconoce que lo mismo les ocurre a los demás.
4. Haz otra lista con tres comportamientos o actitudes que admires en los demás en función del «ser». Por ejemplo: «Admiro a la gente ordenada».
5. Señala al lado de cada comportamiento qué es lo que te produce miedo ante la eventualidad de llegar a ser lo que admiras en el otro. Si te resulta difícil, puedes pedirle a un miembro de tu entorno que te ayude, pues a menudo serán más objetivos.

Recuerda que todo lo que ves en los demás es siempre un reflejo de lo que tú eres.

6. Esta es la afirmación que debes repetir con tanta frecuencia como te sea posible:

SOY UNA MANIFESTACIÓN DE DIOS. ME AUTORIZO A SER LO QUE SOY A CADA INSTANTE. PUESTO QUE SOY ÚNICO, NO EXISTE NADIE MÁS EN EL MUNDO QUE SEA COMO YO.

Capítulo 22

LA ACEPTACIÓN COMPLETA

He decidido añadir un capítulo al final de este libro para subrayar sus veinticinco años de existencia, pero también porque, al hilo de los años, me he dado cuenta de hasta qué punto la verdadera aceptación resulta difícil de alcanzar para la mayoría de nosotros.

A lo largo de estas páginas he hablado de amor y espiritualidad, pero el medio por excelencia para conseguirlos es la aceptación *incondicional*. Sin ella es imposible alcanzar la paz interior, la salud y la felicidad. Me he referido ya a la aceptación en varias ocasiones, pero quiero de todos modos aprovechar este último capítulo para asegurarme de que la comprendes bien, a fin de que puedas aplicarla en tu vida. Lamentablemente, hay demasiadas personas que mezclan la aceptación mental con la verdadera aceptación, que es de naturaleza espiritual.

Aceptar mentalmente consiste en estar de acuerdo con una situación o una persona. Esta clase de aceptación está basada en nuestros valores, en lo que se ha aprendido en el pasado. La visión espiritual de la aceptación se sitúa en el nivel del *ser*, en el nivel del corazón, allí donde no hay bien ni mal, ni juicio de ningún tipo.

Aceptar verdaderamente es tener la capacidad de darles el derecho a los acontecimientos y a las personas de ser lo que son, de vivir toda clase de experiencias sin querer modificarlas o cambiar la situación a toda costa, incluso aunque se esté en desacuerdo con ella. Permitir a las personas ser diferentes a uno mismo, sin críticas ni juicios de valor, siendo capaz al mismo tiempo de sentirte bien interiormente, indica asimismo una actitud de aceptación. Aceptar es reconocer que todas las personas afectadas por una experiencia específica tienen que aprender una importante lección de vida a través de ella.

La mente, al no ser más que memoria, no puede manejar de ningún modo esa idea de aceptación, pues se basa ante todo en lo que ha aprendido en el pasado para sacar cualquier conclusión, mientras que el amor incondicional está siempre centrado en el momento presente. Es, pues, imposible que la mente comprenda las ideas espirituales. Está más allá de su capacidad. Por eso el ego, al haber sido creado de energía mental, se niega a permitirnos aceptar de una manera diferente de la que él conoce. Utiliza todos los medios posibles para impedirnos aceptar de forma verdadera, creyendo que de este modo nos ayuda y nos protege.

Por ejemplo, sin duda te musitará al oído que si aceptas a una persona tal y como es, esta te tomará por cobarde, débil, sumiso, incluso estúpido, y probablemente tratará de aprovecharse de ti. En adelante, procura estar más alerta cuando oigas esa vocecita que repetirá ese tipo de argumentos. Ten conciencia de que es tu ego, que se niega a comprender los beneficios de la aceptación con el corazón.

A lo largo de este capítulo, deseo sobre todo compartir contigo las nuevas inspiraciones que me han llegado y mis recientes descubrimientos, a fin de ayudarte a poner en práctica la verdadera aceptación. Después de haber escrito la versión inicial de este libro, he encontrado medios más rápidos y eficaces para llegar al amor incondicional a uno mismo y a los demás. Aprovecho para dar aquí las gracias a mi equipo de animadores, que son una ayuda inestimable para desarrollar nuevas ideas. Te propongo a continuación los medios más importantes:

1. ACEPTAR NUESTRO EGO

Tal vez te plantees la pregunta siguiente, que se me formula a menudo: «Me doy cuenta de que mi ego dirige con frecuencia mi vida, pero ¿cómo puedo acallarlo e impedir que me influya hasta ese punto?». Mi respuesta es la que sigue.

Antes que nada, debemos aceptarlo y no enfadarnos por haberlo creado, y menos aún pretender desembarazarnos de él a toda costa. Querer rechazar cualquier cosa es una gran falta de aceptación. Debemos más bien comprender que, hasta ahora, hemos creído que nuestro ego constituía la mejor manera de protegernos contra el sufrimiento.

Como he dicho en un capítulo precedente, el ego se puede comparar a un criado que dirige a su señor porque este le ha ido cediendo el poder. Actualmente, con el advenimiento de la apertura de la conciencia, nos percatamos de que nosotros somos ese señor que comprende que, según el orden natural, no le corresponde al siervo tomar las decisiones. El criado debe más bien estar atento de las necesidades de su señor.

¿Cómo retomar el control de nuestra vida desarrollando una actitud de aceptación? El señor puede decirle a su siervo: «Acabo de darme cuenta de que te he dado mucho poder al dejarte decidir por mí. Quiero agradecerte haber hecho bien tu trabajo y haber tomado decisiones basándote en lo que creías que era lo mejor. No obstante, me he dado cuenta de que con frecuencia tus elecciones no respondían a mis auténticas necesidades y que me corresponde a mí ponerte al corriente de lo que necesito. A partir de ahora tomaré mis propias decisiones, y si tomara alguna que no me fuese beneficiosa, no te inquietes, no te haré responsable, pues estoy dispuesto a asumir las consecuencias. Puedes quedarte a mi lado si así lo deseas, y si te necesito ya te lo haré saber».

Como verás, gracias a este lenguaje, el criado no se sentirá de ningún modo acusado o rechazado, sino más bien reconocido por la ayuda que ha prestado a su señor en el pasado. Se sentirá incluso feliz y aliviado de poder retomar su papel de criado y dejará gustosamente que su señor recupere el dominio de su vida. Se trata simplemente de que le hables de este modo a tu ego, como si fuera una persona que se encuentra a tu lado. Recuerda que tu ego es una entidad muy viva y presente, pero, al estar constituida de materia mental, no puedes contactar con ella más que de manera mental.

Recuerda siempre que no somos nuestro ego y que debemos recuperar el contacto con nuestra esencia divina. Somos seres perfectos, únicos, y utilizamos un cuerpo de materia con sus dimensiones física, emocional y mental para vivir ciertas experiencias, con vistas a recuperar nuestra verdadera naturaleza y volver a ser un espíritu puro. Desgraciadamente, con el tiempo hemos olvidado esta realidad y hemos creído actuar correctamente al utilizar la energía mental para crearnos un ego. Recobremos, pues, el contacto con lo que verdaderamente somos.

2. LAS CINCO HERIDAS DEL ALMA

Desde hace ya muchos años trabajo con las cinco heridas del alma, que son *el rechazo, el abandono, la humillación, la traición y la injusticia*. Después de múltiples experiencias y observando a las personas que me son más próximas, mi amplia clientela y yo misma, estoy convencida de que estas cinco heridas se encuentran en la base de todos nuestros problemas, ya sean de naturaleza psicológica o física.

A lo largo de nuestra vida hemos dejado que nuestro ego nos dirigiera, creyendo que eso nos protegería contra el dolor que va asociado a esas heridas. Ahora bien, ocurre con frecuencia que cuanto más profunda es una herida, más interfiere el ego, creyendo que nos ayuda. Por ejemplo, alguien con una herida abierta de rechazo tendrá tanto miedo a ser rechazado o a rechazar que rara vez será aquello que quiere ser. Escuchará la vocecita de su ego, que lo conminará para que haga cuanto esté a su alcance a fin de no ser rechazada. Intentará pasar inadvertida en un grupo para evitar el rechazo, cuando realmente tendría cosas interesantes e importantes que compartir.

Lo que el ego lamentablemente ignora es que cuanto más se actúa por miedo... más se manifiesta ese miedo. Esa persona quedará hasta tal punto anulada que quienes la rodean circularán en torno a ella sin verla, como si no existiera. Volverá, pues, a su casa frustrada, sintiéndose todavía más rechazada y enfadada porque nadie se ha ocupado de ella.

Si quieres saber más sobre este tema, te invito a leer mi libro *Las cinco heridas que impiden ser uno mismo*, que explica en detalle cada una de las heridas aquí mencionadas. El hecho de llegar a ser consciente de ellas contribuye a aceptarse en mayor medida de forma mucho más rápida, así como a aceptar a los otros desarrollando compasión por el dolor que experimentan a causa de sus heridas no curadas.

3. EL TRIÁNGULO DE LA VIDA

En el plano espiritual, hay un triángulo importante que es innegable. En sentido figurado, la palabra «trinidad» designa «un grupo de tres principios, tres símbolos o tres cosas» que tienen un vínculo estrecho o una interdependencia.

La trinidad puede ser visualizada como el triángulo de la siguiente ilustración:

Este triángulo es una excelente herramienta para conocerte y descubrir lo que aceptas o no de ti, teniendo en cuenta que ninguno de los tres lados tiene prioridad sobre los otros. Si piensas, por ejemplo, que tu pareja miente y la juzgas por ello, es porque tú mientes a menudo, y los demás te juzgan a su vez como un mentiroso con mucha más frecuencia de la que crees. No es fácil de reconocer y de aceptar, ¿verdad?

Recuerda siempre que no es tu corazón el que tiene dificultad para aceptar, es tu ego. Como no comprende las ideas espirituales, no asumirá la verdad y preferirá continuar creyendo que son solamente los otros los que mienten. Estos tres lados del triángulo se manifiestan también en el mismo grado. Si te molesta mucho que alguien mienta, ahora sabes que es porque te sientes culpable de mentir en el mismo grado. Además, cuando los otros te tachan de mentiroso, te invaden emociones negativas. Incluso si no eres consciente de ser tachado de mentiroso, lo percibes en lo invisible, y eso origina malestar con los demás, malestar a menudo inexplicable.

¿Empiezas a comprender hasta qué punto este triángulo puede ayudarte a ser consciente y a aceptarte más? Volvamos al ejemplo de mentir. Cuando te das cuenta de que te mientes a ti mismo y de que mientes a quienes te rodean, comprendes a la vez que en el momento en que esto se produce no es porque tú seas una persona malvada o malintencionada o porque quieras engañar al otro. En realidad, has mentido porque tenías miedo de algo, lo mismo que les ocurre a los demás cuando mienten.

La aceptación no quiere decir que sea preciso que cambies tu comportamiento de inmediato. ¡Al contrario! El simple hecho de aceptar que eres mentiroso, igual que lo son a veces los demás, porque vuestros miedos son demasiado poderosos en ese momento, es lo más importante. Te concedes así el derecho de ser humano y se lo concedes también a aquellos que están a tu alrededor. Una vez que lo aceptes comenzarás a mentir cada vez menos. La transformación se hace por sí misma.

4. EL SÍMIL DEL ESPEJO SOLO ES APLICABLE AL NIVEL DEL SER

He hablado en el capítulo precedente de esta teoría. Empecé a aplicarla hace más de cuarenta años, pero fue mucho después cuando llegué a ser consciente de que no puede aplicarse más que al nivel del *ser*. Esta es la razón de que tantos se resistan a esta idea, pues cuando se les dice que son el espejo de la persona que juzgan, se quedan en el plano del comportamiento y su primera reacción es responder de la manera siguiente: «Eso es una tontería, pues yo no actúo jamás como mi pareja. Él no habla nunca, mientras que yo hablo sin parar. ¿Cómo puedes afirmar que él es mi espejo?».

Cuando le pregunto a esta mujer cómo juzga a su marido en los momentos en que no se expresa como a ella le gustaría, si me responde que lo juzga como indiferente, esto implica que él también la juzga por *ser* indiferente. Es muy posible que cuando ella habla sin parar, su marido la encuentre indiferente a él, a sus necesidades, evocando el hecho de que habla demasiado de sí misma, sin ocuparse de él, de lo que siente o de lo que desea.

Fíjate bien la próxima vez que alguien tenga un comportamiento que te moleste. Deberás entonces preguntarte: «¿Por qué lo juzgo o de qué lo acuso cuando actúa de este modo?». Si te es difícil reconocer que tú mismo eres así a veces con esa persona o si, según tú, esa persona nunca te acusa de ser así, te sugiero que compruebes con ella en qué circunstancia ha juzgado ya que tú eres así. Sé que hacer este tipo de ejercicio implica mucha observación y humildad. Tu ego estará, por otra parte, consternado, pero será una victoria tan grande para ti que a partir de ese momento no podrás hacer otra cosa que ser feliz y confiar en ti mismo, sin dejar de tener la impresión de haber crecido, de ver más claro. Es una victoria sobre todo en el plano de la evolución de tu alma, así como un gran acto de amor hacia ti mismo y hacia el otro, pues hacer este tipo de ejercicio demuestra que asumes que eres lo que has visto en él y que a pesar de ello te aceptas.

5. NO SE PUEDE LLEGAR A SER LO QUE SE QUIERE SER, EN TANTO NO SE HA ACEPTADO SER LO QUE NO SE QUIERE SER

Esta verdad se me ha mostrado como algo muy evidente tras haber pasado muchos años haciendo todo lo posible para no ser lo que yo juzgaba que «no estaba bien», que «estaba mal», que «no era correcto», que era «inadecuado», «injusto», «malo». Soy por nacimiento una persona rígida y perfeccionista y siempre he querido ser perfecta. Consecuentemente, en cuanto hacía o era algo que yo consideraba «malo», trataba enseguida de controlarme para no seguir siendo igual y no volver a actuar así.

En un principio me llevó mucho tiempo llegar a ser consciente de que me controlaba, y pasé muchos años dedicada a controlarme y culpabilizarme. Finalmente comprendí que en tanto no aceptara esas partes de mí que no me gustaban, no llegaría nunca a ser lo que quería ser. Fue en aquel momento cuando pude verificar el efecto maravilloso y extraordinario de la aceptación. No hay nada más poderoso que la aceptación total, completa, para transformar un comportamiento o una actitud hacia aquello a lo que tendemos. He sabido en lo más profundo de mí que el cambio de actitud se hace de manera automática, en el momento mismo en que nos aceptamos verdaderamente.

Volvamos al ejemplo de mentir. Este fue también mi caso, pues no podía tolerar que alguien me mintiera. Me acuerdo de que mi madre me decía a menudo: «Prefiero que me den una bofetada a que me mientan». Mi forma de pensar sobre este punto era la misma que la suya. No fue fácil para mi ego descubrir que yo era también una mentirosa. Ahora sé que mi proceso está hecho, pues cuando me doy cuenta de que alguien me está mintiendo, mi primera reacción es sentir el miedo del otro. En realidad, no es un mentiroso; tiene miedo. Cuando me sorprendo mintiendo, me pregunto enseguida: «¿De qué tengo miedo en esta situación? ¿Qué es lo que me hace mentir?». Descubro de inmediato mi temor y lo acepto diciendo: «Gracias, Dios mío, por hacerme descubrir este miedo. Soy consciente de él y algún día llegaré a superarlo».

En resumen, lo que se debe tener en cuenta es que el hecho de aceptarnos no significa que nos *condenemos* de por vida a ser de esa manera que no nos gusta. Al contrario, una vez que nos aceptamos, para nuestra sorpresa, comenzamos a convertirnos progresivamente en quien querríamos ser.

6. LA ACEPTACIÓN VERDADERA SOLO PUEDE SER ALCANZADA CUANDO NOS ACEPTAMOS, TANTO EN EL ASPECTO POSITIVO COMO EN EL CONSIDERADO NEGATIVO DE CADA ACTITUD

Esta es otra revelación que me provocó un gran entusiasmo cuando apareció. Yo creía sinceramente que me aceptaba en el aspecto positivo de una actitud y que solo era el aspecto llamado «negativo» el que debía trabajar.

Os pondré un ejemplo. Soy una persona muy rápida en general. Toda mi familia es así y yo me sentía feliz y orgullosa de serlo. No quería cambiar nada de este aspecto de mi personalidad que consideraba entonces positivo. Estaba convencida de que me aceptaba y de que aceptaba igualmente a las personas rápidas. Lo que me molestaba y me era difícil de aceptar eran las personas lentas, ya fuera cuando estaban al volante, caminando, en su manera de expresarse, de hacer una petición, en definitiva, en todo.

Ahora sé con certeza que no aceptaba mi parte rápida. He comprendido cuántas veces me he enfadado porque trataba de ir demasiado deprisa, o porque me olvidaba de cosas importantes, o cuando me caía al subir o al bajar los peldaños de la escalera yendo a toda prisa. He vivido muchos incidentes en los que mi rapidez me jugó malas pasadas, lo que me hacía enfadarme después. Esto me indica que, en realidad, no me aceptaba. He recordado igualmente la cólera que sentía cuando una secretaria cometía errores por querer ir demasiado deprisa. Yo era la primera en decirle que debía tomarse el tiempo necesario para hacer bien su trabajo y, sobre todo, que debía revisarlo antes de entregármelo. No comprendía que ese era un consejo que hubiera debido aplicarme a mí misma.

¿Quién dice que es mejor ser rápido que ser lento? Es necesario comprender que cada uno posee su propia personalidad, su propio ritmo, y, en consecuencia, debemos respetar esa dualidad. Solamente así reconocerás las veces en que verdaderamente te aceptas. Esto no quiere decir que debas ser el cincuenta por ciento de tu tiempo positivo y el otro cincuenta, negativo. Cada actitud encierra sus dos aspectos y todos debemos experimentarlos para verificar si nos aceptamos o no. Por ejemplo: ser atento, ser distraído; ser rico, ser pobre; ser generoso, ser mezquino; ser egoísta, ser altruista; ser exigente, ser conciliador; ser glotón, ser mesurado; ser amable, ser hosco y desagradable; ser paciente, ser impaciente, etc.

Vas a darte cuenta de que cuando expresas el aspecto que se considera negativo de una actitud, eso puede a veces revelarse muy beneficioso para ti. ¿Has observado que cuando tratas de ajustarte demasiado a lo que se te ha enseñado que está bien, vas a menudo al extremo de superar tus límites? Por ejemplo, si quieres ser demasiado amable, dejarás que los otros se aprovechen de ti y eso te hará vivir muchas emociones. He ahí por qué es inteligente permitirte ser los dos aspectos de una misma actitud, según las necesidades del momento.

Espero desde lo más profundo de mi corazón que las herramientas contenidas en este libro te sean útiles y que te sientas inspirado para utilizarlas para amarte a ti mismo. Te recuerdo que en tanto no vives una experiencia en la aceptación total, es decir, sin juicio de ninguna clase, sin acusación, sin culpabilidad y sin pesar, atraerás los elementos necesarios para revivir la misma experiencia hasta que te hagas consciente de las consecuencias que te son perjudiciales.

Es así como, poco a poco, llegamos a ser seres más inteligentes y plenamente responsables. Decidimos no elegir vivir más que experiencias que nos hacen felices y evitamos las que entrañan consecuencias desagradables. Como verás, es difícil, incluso imposible, disociar el triángulo «responsabilidad, inteligencia y amor».

Si no llegas a aceptar un aspecto de ti o la actitud de otra persona, a pesar de toda tu buena voluntad, tu creencia mental o tu infinito dolor, reconoce el hecho de que, por el momento, eres incapaz de ello. Demuestras así una forma de aceptación y una apertura hacia un mejor ser. Te sugiero que para comenzar experimentes esta actitud de aceptación en los campos en los que te resulte más sencillo. La aceptación total es seguir la voz del corazón que dice siempre: «Sí, te concedo el derecho».

Ejercicios sugeridos para asimilar este capítulo

1. Observa una actitud que te moleste en otra persona –en el nivel del ser– y establece el triángulo con ella.
2. Después, comprueba en qué circunstancias te has sentido culpable por ser lo opuesto de esa actitud que te molesta, es decir, las veces que has sido eso que creías aceptar, siendo positivo en tu opinión.
3. La afirmación que debes repetir tan a menudo como te sea posible para terminar este libro es la misma que la del primer capítulo. ¿Hay alguna diferencia entre lo que sientes ahora y lo que sentiste en el momento de tu primera afirmación?

SOY UNA MANIFESTACIÓN DE DIOS, SOY DIOS Y POR LO TANTO PUEDO CREAR AQUELLO QUE DESEO Y PUEDO LOGRAR UNA GRAN PAZ Y UNA GRAN FUERZA INTERIOR.

CONCLUSIÓN

Tenemos la suerte infinita de vivir durante la era de Acuario, que nos aporta la energía necesaria para dirigirnos hacia ser lo que queremos ser. Ir en contra de esta nueva energía es como nadar contra la corriente. Es un trabajo penoso y arduo. Corremos el peligro de hundirnos. Esto explica por qué todo parece ir peor en el mundo. Hemos llegado a un punto crucial en la historia de la humanidad. Vivimos en un momento de urgencia, y no podemos volver hacia atrás ni esconder la cabeza como el avestruz.

Transitamos por una época llamada a ser muy espiritual. Debemos aprender que todo lo que elegimos tener y todo lo que decidimos hacer debe estar siempre en consonancia con el objetivo de *ser lo que queremos ser*. Para conseguirlo, debemos, ahora más que nunca, hacernos conscientes de nuestro ego –que es una creación mental–, que nos impide realizar nuestro proyecto de vida, consistente en ayudar a nuestra alma a purificarse y crecer. Crecer significa amarse y amar a aquellos que nos rodean.

Debido a que hemos permitido que nuestro ego nos dirija, hemos desaprendido lo que era el amor verdadero y así hemos tenido que volver varias veces a esta Tierra en un cuerpo diferente para revivir las mismas experiencias. En verdad, cada una de nuestras vidas debería ser utilizada para aprender a amar cada vez más, en condiciones diferentes, y no dedicar nuestro tiempo a repetir las mismas historias. Es como repetir varias veces el mismo curso escolar. Si un niño se resiste a aprender, podría necesitar muchos años para llegar a obtener un diploma universitario.

La Tierra es una gran escuela de amor. El hecho de estar vivos es un auténtico privilegio. Por ello, debes utilizar cada uno de los instantes de tu vida para aprender a amar cada vez más. Si durante el transcurso de una misma vida, aquí en la Tierra, te esfuerzas en aprender, evitarás tener que volver más veces de las necesarias. Puedes incluso llegar a hacer el trabajo, es decir, a evolucionar lo que corresponde a varias vidas en el curso de una sola. Y tú, ¿qué clase de estudiante eres? A ti te corresponde decidir.

Lo más agradable es que resulta fácil. Simplemente, debes realizar actos de amor, esto es, ver a Dios por todas partes, en tu interior y a tu alrededor y aceptar a cada persona tal y como es.

Actuando así, el resto vendrá por sí solo: tus miedos y tus emociones más inútiles desaparecerán como por arte de magia, llegarás a dominar tu orgullo, vencerás las enfermedades y tus relaciones afectivas mejorarán. En definitiva, vivirás rodeado de abundancia, tanto a nivel material como espiritual. ¿Qué hay en el mundo que pueda ser más importante que esto?

Cuanto más manifiestes tu Dios interior, amándote y amando a los demás, más se desarrollará tu sol interior y más brillará a tu alrededor. Así serás una fuente de luz y de calor al servicio de quienes tengan la suerte de estar cerca de ti o en tus pensamientos.

Deseo de todo corazón que llegues a convertirte en ese hermoso sol y a conocer por fin esa gran felicidad que tanto te mereces.

Con amor,

Lise Bourbeau

LISE BOURBEAU

ÍNDICE

Taller ÊTRE BIEN (SENTIRTE BIEN)

Las enseñanzas dinámicas y concretas impartidas en el taller SENTIRTE BIEN interesarán a todos aquellos que quieran mejorar su calidad de vida. Este taller, único en su género, te proporcionará una base sólida para lograr aquello que realmente quieres.

Primer día

SENTIRTE BIEN
contigo mismo

Averiguarás cuáles son tus necesidades actuales y cómo satisfacerlas para mejorar tu calidad de vida. Explorarás diversos medios concretos, paso a paso, entre ellos el paso importante de descubrir cuánto te amas realmente.

Aprenderás sobre todo a:

- Identificar los miedos y las creencias que bloquean la consecución de tus deseos.
- Descubrir lo que te impide ser como te gustaría.
- Lidiar con la insatisfacción y lograr la serenidad.
- Utilizar sencillas herramientas que te permitirán estar bien contigo mismo.

Atrévete a dar el primer paso y ven a aprender
a sentirte tan bien como tú deseas.

Segundo día

SENTIRTE BIEN
con los demás

Descubrirás por qué tanto tus relaciones como las situaciones que vives no son siempre como tú desearías. Seguidamente, experimentarás, paso a paso, lo que es posible hacer para establecer unas relaciones satisfactorias y lograr el bienestar.

Aprenderás sobre todo:

- El verdadero concepto de responsabilidad, el cual te liberará del sentimiento de culpa.
- La importancia de saber comprometerse y descomprometerse.
- A identificar el origen de las emociones que dañan tus relaciones y también a lidiar con ellas.
- Dos métodos comprobados para hacer que tus relaciones mejoren.

¡Utiliza las relaciones difíciles como un trampolín
hacia tu bienestar interior!

Para más información sobre talleres y fechas, por favor consulta

www.ecoutetoncorps.com